# O Herói com Rosto Africano
## Mitos da África

Dados Internacionais de Catalogação na Publicação (CIP)
(Câmara Brasileira do Livro, SP, Brasil)

Ford, Clyde W.
O herói com rosto africano: mitos da África / Clyde W. Ford ;
(tradução: Carlos Mendes Rosa). - São Paulo: Selo Negro, 1999

Título original: The hero with an African face
Bibliografia.
ISBN 978-85-87478-04-7
1. África - Religião 2. Mitologia africana 3. Vida espiritual I. Título.

99-4755                                                      CDD-299.6

Índices para catálogo sistemático:
1. Religiões africanas                    299.6
2. Mitologias africanas                   299.6

www.summus.com.br

Compre em lugar de fotocopiar.
Cada real que você dá por um livro recompensa seus autores
e os convida a produzir mais sobre o tema;
incentiva seus editores a encomendar, traduzir e publicar
outras obras sobre o assunto;
e paga aos livreiros por estocar e levar até você livros
para a sua informação e o seu entretenimento.
Cada real que você dá pela fotocópia não autorizada de um livro
financia o crime
e ajuda a matar a produção intelectual de seu país.

# O Herói com Rosto Africano

## Mitos da África

CLYDE W. FORD

*Do original em língua inglesa*
*THE HERO WITH AN AFRICAN FACE*
Copyright © 1999 by Clyde W. Ford
Direitos desta tradução reservados por Summus Editorial


Tradução: **Carlos S. Mendes Rosa**
Capa: **Maria Julia Barbosa**
Foto de capa: **Vantoen Produções**
Editoração eletrônica: **Acqua Estúdio Gráfico**
Consultoria editorial: **Miriam Santos Leiner**
Editora responsável: **Heloisa Pires Lima**


## Selo Negro Edições

Departamento editorial
Rua Itapicuru, 613 – 7º andar
050006-000 – São Paulo – SP
Fone: (11) 3872-3322
http://www.selonegro.com.br
e-mail: selonegro@selonegro.com.br

Atendimento ao consumidor
Summus Editorial
Fone: (11) 3865-9890

Vendas por atacado
Fone: (11) 3873-8638
e-mail: vendas@summus.com.br

Impresso no Brasil

# Sumário

Prefácio .................................................. 7

Agradecimentos ...................................... 17

Um mapa dos povos e dos mitos da África ............... 18

Guia de pronúncia das palavras africanas ............... 20

Lista de ilustrações e quadro ........................... 21

◎◎

1   As Vozes dos Ancestrais .......................... 27

2   O Herói com Rosto Africano ...................... 46

3   Mitos de Morte e Ressurreição ................... 70

4   A Elevada Aventura da Alma ..................... 91

5   O Coração do Guerreiro Sagrado ................ 111

6   A Maneira dos Animais Supremos ............... 145

7   A Deusa na África ............................... 168

8   Orixás: Mistérios do Eu Divino .................. 203

9  Mitos do Princípio e do Fim da Criação .............. 238

10  Fecha-se o Círculo Sagrado ................................ 266

◎◎

*Notas e licenças* ........................................................ 277

*Bibliografia* ................................................................ 287

*Crédito das ilustrações* ........................................... 291

*Índice remissivo* ...................................................... 293

# Prefácio

Os pequenos sonhos, dizem os habitantes da floresta de Elgon, na África Central não têm grande importância. Mas, se uma pessoa tiver um "sonho grande", toda a comunidade deve ser reunida para ouvi-lo. Então, como um elgoni sabe que foi um sonho grande? Ao acordar, há um sentimento instintivo sobre a sua significação para o grupo — mantê-lo em segredo é um pensamento que nunca ocorre. Este livro começou como um "sonho grande" para mim.

Meu interesse pela sabedoria africana sobre o sagrado, especialmente como ela transparece na mitologia africana, resultou do meu esforço para compreender a relação entre a cura pessoal e a cura social. Como quiroprático e terapeuta, procurei responder como indivíduos e grupos, particularmente os afro-americanos, poderiam curar-se de traumas e sofrimentos duradouros. Eu sabia que o ponto de virada do processo de cura individual geralmente ocorria no momento em que as "histórias pessoais" de traumas transformavam-se de ladainhas sobre a condição de vítima em lendas sobre o poder. Eu sentia que alguma coisa parecida deveria aplicar-se à cura social, embora fosse mais difícil ter idéia de quais seriam as "histórias sociais".

Quando me voltei para a experiência histórica dos afro-americanos, deparei com uma série de episódios, cada um fundindo-se lentamente no outro: "Captura na África",

"Transporte Monstruoso na Travessia do Atlântico", "Os Horrores da Escravidão", "Rumores de Rebelião e Revolta", "Promessas Desfeitas de Liberdade", "O Enraizamento do Racismo" e "A Luta em Curso por Liberdade e Justiça". O que eu não conseguia perceber era a história maior em que esses episódios se encaixavam. Seria fácil inseri-los num relato de vitimização centrado nas atrocidades do racismo e da opressão, e igualmente fácil inseri-los em uma narrativa de negação que afirmasse que esses fatos ocorreram há tanto tempo e, portanto, não deveriam nos perturbar agora.

Porém, ao ponderar como retratar a experiência histórica e atual dos descendentes de africanos numa história que transcendesse a vitimização e a negação, eu me perguntei: "Se uma só pessoa tivesse vivido todas essas experiências, como eu descreveria sua vida pessoal?" Apercebi-me de que essa sucessão de acontecimentos me fazia lembrar da viagem épica de um herói ou de uma heroína, e foi essa idéia que me levou, em princípio, à mitologia. Isso porque a viagem heróica é a quintessência perfeita da mitologia de todos os tempos: a saga de um herói ou de uma heroína que voluntária ou involuntariamente se aventura para além das fronteiras da época, encontra e derrota forças espetaculares e depois regressa com alguma dádiva preciosa, conquistada a duras penas. "Há um bálsamo em Galaad", diz um cântico religioso afro-americano. Ao enfocarmos a experiência dos afro-descendentes numa perspectiva heróica da mitologia, podemos admitir que o Galaad é o lugar em que o trauma da nossa história deve ser curado.

Entretanto, a mitologia parece um anacronismo. No linguajar comum atual, o termo *mito* remete mais a gratuitas adulterações do que a verdades perenes. Os deuses e as deusas, os céus e os infernos, os diabos e os demônios, os heróis e as heroínas mitológicos deram espaço, há muito tempo, aos microscópios, aos telescópios e ao intelecto do homem moderno. Hoje, as tênues reminiscências do nosso passado mítico cintilam apenas ocasionalmente — nas telas de cinema, ao rememorar os nossos sonhos mais íntimos ou nos olhos da criança que se atormenta com o que a espreita debaixo do berço ou da cama. É bem verdade que é melhor deixar que a ciência compreenda o reino finito do tempo e do espaço; esse nunca foi o objetivo da mitologia. Mas é na busca do reino infinito, atemporal e incomensurável da alma humana que brilha a mitologia, pois a aventura pública do herói por intermédio do mito tem sido há muito uma esplêndida metáfora para a aventura privada da alma pela vida. Tradicionalmente, o contar público dos mitos fornece uma âncora tanto para os indivíduos quanto para as coletividades. Os mitos *são*, realmente, as "histórias sociais" que curam. Isso porque nos dão mais do que o desfecho moral que aprendemos a associar há muito tempo às quadrinhas infantis e aos contos de fadas. Lidos apropriadamente, os mitos nos deixam harmonizados com os eternos mistérios do ser, nos ajudam a lidar com as inevitáveis transições da vida e fornecem modelos para o nosso relacionamento com as sociedades em que vivemos e para o relacionamento dessas sociedades com o mundo que partilhamos com todas as formas de vida. Quando enfrentamos um trauma, individual ou coletivamente, as lendas e os mitos são uma maneira de restabelecer a harmonia à beira do caos.

No entanto, temos poucos mitos inspiradores na civilização ocidental, afro-descendente ou não, além das do judaísmo e do cristianismo, e comumente lemos (e mal interpretamos?) a mitologia das religiões ocidentais como fato histórico em vez de verdade mitológica. Alguns mitos africanos sobreviveram à era da escravidão e passaram a fazer parte do folclore dos afro-descendentes, mas dizem mais respeito à nossa sobrevivência durante aquela época brutal do que à nossa situação atual. Assim, imaginei que poderíamos resgatar uma mitologia da África tradicional para utilizarmos no presente.

Contudo, a literatura não recebe bem a mitologia africana. Os mitologistas ocidentais, inclusive o falecido Joseph Campbell, escrevem pouco e quase sempre com zombaria sobre a mitologia africana, rebaixando as contribuições africanas ao nível das lendas populares, em lugar de colocá-las no patamar das "mitologias superiores", reservado para as culturas orientais e ocidentais. Campbell é particularmente enigmático com relação à África. Durante toda a vida, apesar de ter feito mais do que qualquer pessoa para incentivar o interesse popular pela mitologia, apenas raramente ele mencionou a África em sua profusão de estudos eruditos. Confesso que suas idéias sobre mitologia me influenciaram, ainda que ele tenha dito tão pouco sobre o importante papel da África. Aliás, apliquei os temas universais que ele abordou aos mitos africanos, sobre os quais ele nunca se importou em investigar. E considero os resultados surpreendentes e profundos.

A África é o maior continente habitado do mundo, com vários milhares de idiomas e grupos populacionais. Assim, a própria idéia de escrever um livro sobre mitologia africana é um tanto pretensiosa. Hoje discute-se intensamente sobre o uso do termo *África* para descrever coisas como "arte africana", "cultura africana" ou "mitologia africana". Alguns estudiosos argumentam que esse uso reduz a diversidade desse continente a uma mancha indistinta, enquanto outros contra-argumentam com a existência de um vigoroso *ethos* pan-africano.[1] Não pretendo entrar em tal discussão neste livro, mas quero indicar o caminho que percorri nesse labirinto conceitual. Acredito que a mitologia possa e deva ser pesquisada e compreendida em dois níveis principais: o das idéias elementares contidas nos mitos e o da expressão local dessas mesmas idéias.[2] Assim, por exemplo, uma cultura africana pode ter um mito da criação em que conste uma "teia de aranha" que liga a terra ao céu, enquanto em outra cultura as aranhas são abomináveis e a mitologia da criação contém uma "árvore central" que liga esses dois mundos. Aqui, a "idéia básica" é a de um Eixo do Mundo que interliga humanidade e divindade; a teia de aranha e a árvore fundamental são duas das "expressões locais" possíveis.

Este livro identifica e investiga essas idéias elementares presentes em mitologias da África, ao mesmo tempo que compara e examina as expressões locais dessas idéias elementares. Por essa razão, parece-me justificado o uso que faço da designação *mitologia africana*, e tentei ir um pouco além ao enfocar a *mitologia africana tradicional*, que entendo como as mitologias existentes antes do contato em larga escala entre a África e os mundos cristão e muçulmano. Por questão de espaço, este volume se concentra nas mitologias da África subsaariana, excluindo, em grande parte, as diversas contribuições maravilhosas e importantes do Egito, do Norte da África e do "chifre" da África.

Tentei incluir mitos africanos que tenham por personagens centrais tanto homens quanto mulheres, mas, independentemente do sexo dos protagonistas, esses heróis e heroínas tocam a todos nós. Do mesmo modo, tentei usar uma linguagem comum de dois gêneros e pronomes neutros,* mas, onde as frases ficaram com construção estranha, adotei o uso mais comum.

Faço distinção neste livro entre as lendas populares e os mitos africanos — aquelas, essencialmente histórias para divertir, enquanto estes são histórias que contêm símbolos universalmente reconhecíveis com significação psicológica e espiritual. Reconheço que o limite entre as duas é quase sempre arbitrário, de modo que meu comentário sobre os mitos centra-se nessa dimensão psicológica e espiritual, pois é nela que reside a sabedoria sagrada da mitologia africana. Há muitas maneiras de abordar um mito; procurei contrabalançar o assombro de uma criança diante de uma história atraente com o interesse do psicólogo por aquilo que os mitos revelam sobre a mente humana e os anseios da pessoa que busca indícios para sua realização espiritual. As interpretações desses mitos são minhas, e quase sempre opõem-

---

* Em português essa "neutralidade" da linguagem é mais difícil do que em inglês, pois a generalização usualmente se faz pelo masculino. (N. do T.)

se à avaliação dos antigos compiladores dessas histórias, que as desprezaram por considerá-las divagações de pessoas incultas, primitivas. Há uma fartura de discernimento e perspicácia nessas fábulas; basta conhecer o código dos símbolos em que essa sabedoria se esconde. Além do mais, não existe uma forma correta de analisar ou compreender um mito, já que eles vivem na mente do observador, quase como um sonho tem vida na mente de quem sonha. De maneira alguma esgotei as interpretações possíveis desses mitos, e encorajo o leitor a deixar que eles falem por si mesmos. Se tocarem seu coração ou sua mente de maneira diferente das idéias que apresento, receba-os como um presente africano ancestral, independentemente das minhas explicações.

Talvez você se pergunte o que esses mitos representavam para os povos e as culturas de onde vieram e se estamos certos em interpretá-los hoje em termos de idéias essenciais e temas universais. Não é fácil afirmar com absoluta certeza o que esses mitos significavam para aqueles que os criaram, nem o que significam para os membros atuais de suas culturas de origem. Isso se deve, em parte, ao fato de algumas delas não existirem mais — a guerra ou a fome dizimou-as — ou ao fato de os próprios mitos não terem sobrevivido à avalanche da vida moderna. Alguns etnólogos e antropólogos visitaram sociedades africanas por cinqüenta anos ou mais, depois de um conjunto de mitos ter sido coletado, e acabaram descobrindo que ninguém mais se lembrava do significado das "velhas histórias". E há ainda o desafio de em quem confiar nessas sociedades para os muitos conhecimentos da sabedoria mítica; nem todos apreendem as tradições mitológicas masculina e feminina com a mesma profundidade.

Quando possível, recorri à visão dos escritores africanos sobre as tradições míticas de sua cultura, e eles confirmaram a minha crença de que podemos ir além do apelo da história para analisar esses mitos, de que a intenção de seus criadores ia além disso. Em pelo menos um caso os criadores de mitos deixaram registrado o que pretendiam dizer, muito embora os próprios mitos fossem transmitidos por tradição oral. Esse registro se encontra na arte rupestre do povo san, na África Meridional, onde imagens gravadas e pintadas têm refletido, há milhares de anos, os mitos e os rituais desse povo. Os sans, sobre os quais discorro no Capítulo 6, sem dúvida lançavam mão do mito, das imagens e do ritual para explorar as profundezas da mente e a esfera mais ampla do espírito humano.

Por fim, outra fonte afirma a idéia de que os criadores e os seguidores mais antigos dos mitos africanos os compreendiam em termos de idéias elementares, e essa fonte é a transformação da sabedoria mítica africana que ocorreu como resultado do tráfico de escravos pelo Atlântico. Os elementos vitais das tradições míticas dos iorubás, por exemplo, foram transferidos em massa da África para o Caribe e as Américas Central e do Sul. Quando os senhores de escravos das Américas proibiram a menção das figuras míticas tradicionais dos iorubás, como o deus-herói Obatalá, esses africanos descobriram santos cristãos cujos atributos correspondiam aos das figuras míticas originais. Assim, puderam cultuar seus deuses tradicionais como se estivessem celebrando os santos cristãos. Esse sincretismo — como é nomeada a fusão de preceitos e práticas diferentes — foi possível porque os africanos dominavam a sua espiritualidade e percebiam a profundidade das idéias essenciais sob a relativa superficialidade das expressões locais.

Não se surpreenda se você já conhecer muitos dos temas desses mitos africanos — de outras tradições mitológicas, de sua formação religiosa ou espiritual ou mesmo de seus sonhos. Ao observar essas similaridades provenientes de locais tão diferentes do mundo e da África, poderíamos muito bem perguntar: Qual é a fonte original desses mitos? Esse também é um assunto muito debatido pelos estudiosos da mitologia, que apresentaram duas teorias principais: a da *difusão* e a da *origem simultânea*. A primeira afirma que uma série de mitos se espalhou pelo mundo por meio de viagens, do comércio, da conquista e de outras formas de relacionamento humano. Em contraposição, a teoria das origens simultâneas diz que homens de regiões diferentes criaram mitos parecidos porque os elementos essenciais da mitologia são os mesmos em toda a parte: todos os homens nascem e morrem, experienciam o prazer e a dor na vida, passam da escuridão da noite à luz do dia, assombram-se com o Sol, a Lua e os corpos celestes e habitam a Terra com outros seres humanos, animais e plantas. Todos esses grandes mistérios e inevitabilidades da vida alimentam as histórias que os cria-dores de mitos contam. Minha inclinação está mais para esse último ponto de vista, ainda que existam evidências convincentes das duas teorias em toda a mitologia africana; e, especialmente em meio a grupos com grande proximidade lingüística e geográfica, há muitos indícios da difusão.

Há também a questão correlata da antigüidade desses mitos. Esta é difícil de responder. A mitologia africana teve início, como todas as mitologias, pela tradição oral, cujas raízes são, por natureza, difíceis de precisar. Da mesma maneira que um músico de jazz pode fazer improvisos sobre uma música antiga, impregnando-a com seu estilo único e ao mesmo tempo preservando as características fundamentais do original, aqueles que transmitiram os mitos oralmente deram-lhes um colorido próprio de seu estilo de contar. Se registrarmos a improvisação — e foi a improvisação dos mitos africanos que ficou registrada —, como descobriremos a idade do original? Há uma exceção a essa situação entre os sans, cuja arte rupestre pode ser datada, e, uma vez que essa arte é produto da mitologia deles, conseqüentemente a idade dos mitos também pode ser determinada. Os resultados, discutidos mais adiante, são bastante surpreendentes, pois métodos científicos modernos dataram parte dessa arte rupestre em trinta mil anos. Certamente, nem todas as mitologias africanas que investigaremos são tão antigas assim, mas algumas até podem ser, uma vez que os temas míticos encontrados entre os sans foram encontrados também em outras tradições que visitamos.

Os mitos apresentados neste livro provêm de várias fontes, principalmente de publicações das transcrições e das traduções de missionários, etnógrafos e antropólogos. Precisamos, então, considerar a formação de muitos desses antigos copistas: eram em maioria missionários ou exploradores do sexo masculino e cristãos; eram induzidos a incluir ou excluir aspectos da sabedoria mítica africana de acordo com seu próprio vies masculino, cultural e religioso.

Para a apresentação dos mitos neste livro, com freqüência fui obrigado a fazer adaptações das formas previamente publicadas, em especial nos casos em que considerei que as traduções eram muito literais e pesadas e a linguagem canhestra empanava o brilho da história. Apresentar os mitos com minha própria voz é o mesmo que manter a tradição oral que os fez surgir. Quando reescrevi uma lenda, tentei acompanhar ao máximo o seu sentido original, e as notas no final deste livro relacionam as fontes de onde retirei as histórias. Mas, ao tratar de mitologia africana, é difícil obedecer aos padrões acadêmicos. Múltiplas versões de um mesmo mito podem aparecer em fontes diferentes sem menção alguma; quem, então, deve receber o crédito de ter publicado um mito pela primeira vez? Uma obra com direitos reservados pode incluir mitos que foram publicados anteriormente sem reserva de direito ou mitos tão amplamente difundidos que são de domínio público nas comunidades em que se originaram; de quem, então, o autor deve obter permissão? Nestes casos, fiz o melhor que pude para honrar as tradições responsáveis pelos mitos. Com respeito por outros autores nesse campo, espero que minha tentativa de tratar a mitologia africana seriamente seja uma pequena contribuição para dar-lhe o lugar devido entre as grandes mitologias do mundo.

# Agradecimentos

Muitas pessoas me ajudaram na realização desse "grande sonho". Minha editora, Toni Burbank, ajudou a alimentá-lo e dar-lhe forma o tempo todo; foi um prazer enorme para mim, como autor, trabalhar com ela. Minha amiga Marilyn Ferguson sempre me incentivou a contar as histórias que mais me tocassem; também contribuiu muito para tornar esse sonho realidade. Jane Dystel, minha agente, disse uma só palavra quando lhe falei do meu projeto — "Maravilhoso!" —, e é assim que ela tem sido comigo. Nunca houve assistente de pesquisa mais inteligente, efusiva e habilidosa do que Stephanie Harmon, que me auxiliou em todas as etapas desta obra. Dani Riggs, terapeuta junguiano e grande amigo, leu e releu trechos deste livro. As longas conversas com ele me ajudaram a esclarecer e apurar minhas opiniões e idéias. Conheci Kykosa Zanelanga perto do fim desta empreitada, mas seu incentivo e sua crítica construtiva melhoraram o produto final. Kykosa garantiu-me que eu não precisava me preocupar: "Os ancestrais estão conduzindo sua mão", disse. Os bibliotecários da Biblioteca Wilson, da Western Washington University, na minha cidade natal, Bellingham — principalmente Dennis Perry e Kim Marsicek —, agüentaram os vários desafios de um escritor e foram sempre atenciosos. Entre as outras pessoas a quem agradeço estão o artista gráfico Peter Frazier, da Confluent Communications, Larry Estrada, Milton Krieger, Roland Abiodun e Babila Mutia. E também à minha companheira, Chara Stuart, que sempre lia o manuscrito e me dava aquele incentivo e apoio que só o amor permite.

# Um mapa dos povos e dos mitos da África

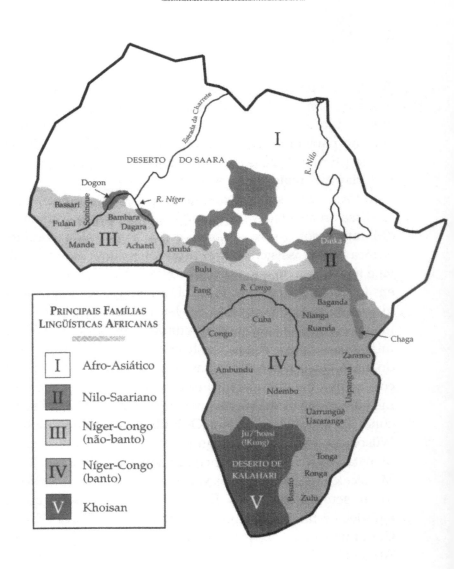

A comparação da mitologia dos vários grupos na mesma família lingüística resulta no seguinte panorama bem genérico da mitologia africana:

## I. AFRO-ASIÁTICO

A mitologia do Egito Antigo se sobressai nesse tronco lingüístico. Um dos temas principais era o da viagem da alma após a morte. O mito-chave era o de Osíris e Ísis, com um deus morto e ressurrecto (Osíris), o parto virginal de seu filho (Hórus) e uma imagem como a da Virgem Maria (Ísis segurando Hórus). Encontram-se idéias correlatas em outras mitologias dessa família lingüística, por exemplo, a partilha do mundo em três reinos: o mundo debaixo (almas que partiram ou os mortos), o mundo intermediário (seres vivos) e o mundo de cima (deuses e deusas).

## II. NILO-SAARIANO

Um aspecto primordial dessa mitologia encontra-se no mito da criação difundido por toda essa família lingüística: no princípio o céu e a terra eram muito próximos; a humanidade alcançava a divindade, e vice-versa, por uma corda que ligava os dois reinos, mas os homens abriram mão de seu dever para com a divindade e a corda se rompeu. Há um conceito refinado de Deus (*nhialic*, em dinca) que transcende a noção antropomórfica de uma pessoa divina, incorporando a idéia de Deus como modo ou estado de ser.

## III. NÍGER-CONGO (NÃO-BANTO)

Algumas das mitologias mais atraentes, ricamente complexas e psicologicamente sofisticadas do mundo, provêm dessa família lingüística. Na mitologia bambara, o universo surge do som fundamental "Yo" e nele se dissolve (reminescente da mitologia indiana e da palavra "Om"); na mitologia dogon, a criação surge por uma série de palavras divinas e o corpo humano é visto como um oráculo divino: as aldeias e as casas dogons são dispostas numa planta que imita o corpo; e a mitologia dos iorubás ostenta um panteão de divindades que personificam os principais arquétipos do inconsciente humano, pressagiando as introspecções da psicologia moderna.

## IV. NÍGER-CONGO (BANTO)

Encontra-se uma rica variedade de sagas heróicas na mitologia banto, contando aventuras nas terras celestiais da divindade e no mundo debaixo dos espíritos, mortos, repleto de monstros abissais devoradores e de heróis e heroínas dotados de dons sobrenaturais. Um tema também recorrente é o simbolismo banto para o Sol e a Lua como diferentes aspectos da consciência — Sol (imortal), Lua (mortal).

## V. KHOISAN

O nome é uma junção de *Khoi* (hotentotes) e *San* (boximanes). Animais supremos prevalecem na mitologia dos quase extintos boximanes; os louva-a-deus e os elãs são os dois de maior preeminência. A mitologia também abarca a revelação divina da "dança sagrada", pela qual dançarinos em transe descrevem a experiência direta com a divindade, parecida com a dos místicos do Oriente. Uma característica singular da mitologia san é sua ligação direta com a arte rupestre dessa região; algumas das pinturas e gravuras rupestres têm trinta mil anos de idade, e os mitos correspondentes são provavelmente tão antigos quanto elas.

# Guia de pronúncia das palavras africanas

Com vários milhares de idiomas e dialetos na África, é virtualmente impossível formar um código amplo de regras de pronúncia das palavras africanas. Ainda assim, as breves indicações a seguir podem contribuir para a leitura de muitas de palavras no texto.

Em geral, as palavras são pronunciadas foneticamente, com articulação de todos os sons vocálicos e consonantais. A maioria das vogais é breve. Quando se pretende dar um som mais prolongado às vogais, elas podem vir juntas, como *oo*, ou levar um sinal diacrítico, como em *ō*. Os "cliques" articulados típicos da família lingüística khoisan são representados por quatro sinais ortográficos, indicando de que parte da cavidade oral a língua se afasta bruscamente para emitir o som:

| SÍMBOLO | DESCRIÇÃO | COLOCAÇÃO APROXIMADA |
|---|---|---|
| / | Dental | Parte interna dos dentes |
| // | Labial ou lateral | Em direção à bochecha |
| ! | Alveolar | Parte interna das gengivas |
| ‡ | Alvéolo-palatais | Mais para trás no palato |

# Lista de ilustrações e quadro

| | |
|---|---|
| Mapa dos Mitos | Mapa das cinco mais importantes famílias lingüísticas da África, pontuando também as comunidades cujas tradições mitológicas são citadas no texto. Para mais informações sobre os grupos lingüísticos africanos, ver Greenberg (1996) e Willis (1993). *p. 18* |
| Dedicatória | Escravos capturados andando em direção a uma fortaleza escravista. Ilustração de Tom Feelings reproduzida de *The Middle Passage* (1995). *p. 20* |
| Figura 1 | A deusa egípcia Nut engolindo o sol durante a noite no oeste, fazendo-o nascer no leste, na aurora. Seus raios brilham em Hátor, símbolo da vida e do amor. *p. 37* |
| Figura 2 | A Kwa Ba (Acuaba). Símbolo achanti do poder feminino, encontrado por Kwasi Benefo em sua aventura mítica. *p. 59* |
| Figura 3 | Cosmograma congo, mostrando a relação entre Nza YaYi (o mundo cotidiano), Mputu (a terra dos mortos) e Kalunga. Ver no Capítulo 10 mais detalhes sobre este cosmograma e outros parecidos. Conforme MacGaffey (1983). *p. 77* |
| Figura 4 | Casal sentado dos dogons do Mali, simbolizando os primeiros ancestrais, dos quais partiu a criação de tudo. *p. 94* |
| Figura 5 | Estátua de bronze e ferro de guerreiro sentado, do Mali. *p. 114* |

| Figura 6 | Imagem de guerreiro em arte rupestre do Norte da África. *p. 123* |
| Figura 7 | Cinturão feito de conchas de búzio, como o *karemba* de Muisa. *p. 131* |
| Figura 8 | Um cetro de conga parecido com o descrito na epopéia de Mwindo. *p. 132* |
| Figura 9 | Pintura rupestre dos sans da Dança do Elã-Macho. A figura maior, no centro, é uma jovem que menstrua pela primeira vez; as figuras com varas são homens, segurando simbolicamente os chifres de um elã. *p. 157* |
| Figura 10 | Arte rupestre dos sans retratando a caça ao elã. *p. 158* |
| Figura 11 | Arte rupestre dos sans mostra um elã moribundo, rodeado por xamãs entrando em transe. *p. 159* |
| Figura 12 | Um xamã com linhas de força espiritual (*N/um*) penetrando-lhe o corpo. *p. 163* |
| Figura 13 | Pintura rupestre de dois xamãs voando com cauda de andorinha. *p. 164* |
| Figura 14 | Representação de como um xamã vê um corpo alongar-se durante o transe. *p. 165* |
| Figura 15 | Xamãs do Paleolítico: (a) *A Feiticeira de Trois Frères*, Ariège, França; e (b) o xamã da África Meridional, Província do Cabo, África do Sul. *p. 166* |
| Figura 16 | Deidade andrógina, figura de madeira dos dogons do Mali. *p. 172* |
| Figura 17 | Afresco de deusa com chifres das montanhas Tassili, no Fezzan central, região a nordeste da dos soninques, feita durante o período 8000–6000 a.E.C.* Será que a imagem dela é parecida com Wagadu, a deusa perdida cantada pelos bardos soninques? *p. 176* |
| Figura 18 | Aido-Hwedo em forma de uroboros, em um baixo-relevo nos muros do palácio do rei Gezo de Abomé. *p. 184* |

---

\* Abreviatura usada pelo autor em lugar de a.C. (antes de Cristo) e explicada mais adiante. (N. do T.)

| | |
|---|---|
| Figura 19 | A Deusa Fálica na África. Par de chifres *ngona* de antílope, encontrado por arqueólogos alemães e levados para o Afrika Archive, em Frankfurt. O da esquerda é de um macho; o da direita, de uma fêmea. Em Frobenius (1968). *p. 187* |
| Figura 20 | Entalhe do Paleolítico sobre rocha retratando a ligação entre um caçador e a Deusa-Mãe por um cordão umbilical. De Argel. *p. 193* |
| Figura 21 | O símbolo do Ifá conhecido como Ossá-Ogunda, associado à Mulher-Búfala Vermelha, que seria desenhado por um babalaô com pó consagrado. *p. 200* |
| Figura 22 | Gamela de adivinhação do Ifá com imagens de Exu, animais e deuses na borda. *p. 221* |
| Figura 23 | Imagens do *trickster*: o orixá Exu no entabuamento e nas portas de templos iorubás. Conforme Arriens em Frobenius (1968). *p. 222* |
| Figura 24 | Um oxé de Xangô usado por devotos do deus. *p. 230* |
| Figura 25 | Barrete de Exu e as principais correspondências da sabedoria sagrada iorubá. *p. 237* |
| Figura 26 | O plano dogon do mundo revelado na figura de pedras cuspidas por um deus criador morto e ressurrecto. *p. 256* |
| Figura 27 | Planta ideal de uma aldeia dogon, disposta, segundo Ogotemmêli, à imagem do corpo humano. *p. 257* |
| Figura 28 | Cruz *yowa*, dos congos, simbolizando o Cosmo e a viagem da alma humana. Conforme Thompson (1983). *p. 270* |
| Figura 29 | Etapas do ciclo da criação representadas no cosmograma congo. *p. 271* |
| Figura 30 | Sobrevivência da simbologia congo nas Américas: (a) desenho no chão em Cuba; (b) símbolo afro-cubano na parte inferior de uma *prenda*. Conforme Thompson (1983). *p. 274* |
| Quadro 1 | Principais correspondências entre a tradição iorubá e sua sobrevivência nas Américas. *p. 218* |

*Para os ancestrais que me convocaram para esta viagem mítica, e para a orientação, o apoio e as bênçãos que deles recebi em todo o percurso.*

# 1 As vozes dos ancestrais

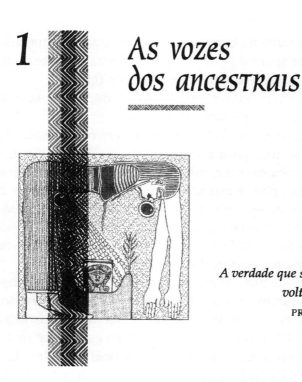

*A verdade que se perdeu de manhã
volta para casa à noite.*

PROVÉRBIO AFRICANO

No verão de 1968, na costa oeste da África, parei diante da fortaleza escravista de Elmina, lugar onde vários milhares de africanos iniciaram sua travessia para o desanimador e traiçoeiro desconhecido. O Atlântico açoitava os rochedos à volta desse sinistro monolito de pedras claras castigadas pelo tempo. Construído pelos portugueses em 1482, serviu ao comércio de pessoas escravizadas por quase quatrocentos anos. Um zelador, um velho sagaz, levemente encurvado, surgiu das sombras trazendo uma lamparina a óleo. "Por aqui", entoou ele, num murmúrio agudo, trêmulo, olhando para mim e indicando com o dedo. Atravessei a entrada dessa fortaleza sombria e iniciei a descida para o inferno.

Um corredor longo e estreito descia para o recinto em que ficavam detidos os escravos homens. Era escuro e úmido, e não havia como andar ereto. Tive de me agachar tanto que quase fiquei de quatro, e, quando o zelador se curvou, a alça de ferro da lamparina rangeu. Quase na metade desse corredor apertado, o velho parou abruptamente diante de uma porta de madeira reforçada com ferro.

"Quando um escravo morria", sussurrou, "abria-se esta porta e o corpo dele era lançado ao mar."

O murmúrio ritmado das ondas nos envolvia à medida que descíamos mais para a câmara interna do forte, a uns quinze metros abaixo do nível do mar. Aí o velho reduziu a chama da lamparina, e quando meus olhos se adaptaram à escuridão, só consegui vislumbrar uma abertura do tamanho do meu punho no topo de um poço que subia da caverna em que estávamos. Por essa abertura diminuta chegava o pouco de ar e luz permitidos nessa cova ingrata.

Enquanto me movimentava para medir esse lugar medonho, senti alguma coisa sob meus pés e ouvi um ruído, como ao pisar em folhas secas, só que mais forte e metálico. Incapaz de enxergar, abaixei-me e tateei no escuro até meus dedos descobrirem um, depois dois, depois três elos. Era uma corrente! Eu tinha pisado nos restos enferrujados de correntes usadas para escravizar. Quanto mais eu andava por esse calabouço netuniano, mais descobria correntes enferrujadas por todo lado.

A princípio, o zelador não disse nada. Claro que ele já havia visto isso: os filhos dos escravos caminhando sobre as correntes de seus pais. Que palavras descreveriam essa cena?

"Sabe", enfim disse ele, numa fala lenta, cadenciada, "os seus ancestrais talvez tenham estado nesta sala."

Mas eu já havia ido além das palavras do zelador, pois meu corpo ficara pesado e meus pés pareciam agrilhoados ao chão. Então, pensei ter ouvido vozes. Primeiro eu estava certo de que era o barulho do mar. Mas apurei o ouvido e discerni um som como um murmúrio baixo de conversas distantes. O rumor aproximou-se cada vez mais — uma, depois duas, depois três ondas de vozes; um som confuso de homens nem gemendo nem suspirando, mas conversando. Concentrei-me ainda mais para escutar, quando, de repente, uma mensagem cortou a escuridão, ricocheteando nas paredes de barro, indo e vindo, uma após outra, sincronizada com o compasso do mar.

"Seja lá o que fizer, meu filho", as vozes pareciam dizer em uníssono, "faça sua vida valer para nós... Seja lá o que fizer, meu filho, faça sua vida valer para nós... Seja lá o que fizer, meu filho, faça sua vida valer para nós..." O eco foi sumindo lentamente.

Eu estava coberto de suor, os olhos cheios de lágrimas, o coração disparado, e não conseguia entender o que estava acontecendo. Pelo que sentia, eu parecia estar fincado ali horas a fio, mas, na realidade, tudo se passou em instantes.

"É, eu sei", disse eu brandamente, sem saber ao certo para quem era a resposta. Então, virando-me para o zelador, afirmei com mais firmeza: "É, eu sei".

Durante anos refleti sobre aquelas vozes — não tanto de onde vinham ou se eram verdadeiras, mas sobre a mensagem que me trouxeram. Também se isso era uma graça ou um fardo para mim. Seja qual tenha sido o trauma que afligiu aquelas vozes, ele ainda permeia gerações há muito distanciadas do seu sofrimento. Será que essas feridas poderiam ter sido impostas não só a corpos negros mas à alma coletiva da humanidade?

## O Mito e o Passado Afro-descendente

A dimensão do trauma no passado afro-descendente é assustadora, mesmo pelos parâmetros de selvageria do mundo moderno — o Holocausto judeu, os campos de extermínio cambojanos, a "limpeza étnica" nos Bálcãs ou a carnificina em Ruanda. Segundo estimativas modestas, de 30 a 60 milhões de africanos foram escravizados durante o tráfico sobre a África. Desse total, um terço morreu nas marchas por terra, do local de captura aos postos litorâneos, como a fortaleza de Elmina, de onde eram embarcados;

outro terço morreu durante a desumana viagem transatlântica conhecida como a Travessia ou enquanto a aguardavam. Sob qualquer parâmetro, foi um holocausto de proporções inéditas e indescritíveis.[1]

A enormidade desse trauma foge ao meu alcance. Em lugar dela, preferi debater-me com uma única questão: se a experiência dos afro-descendentes pudesse ser reduzida a uma só personagem, como seria a vida dela? Trágica, sofrida, triste, singular, arriscada, queixosa, triunfante? Tudo isso estaria correto em épocas diferentes. Porém, vem a todo momento, como o insistente movimento das ondas, a palavra *heróica*. A princípio ela me parece estranha, porque sinto nossa história em grande parte como uma tragédia imensurável. Mas, ao refletir sobre a sobrevivência da minha personagem à Travessia, vem à mente, "uma viagem por um oceano negro"; e, ao pensar na sobrevivência ao sofrimento durante a escravidão, "a noite escura da alma"; e não é que ela entrou nas "entranhas da fera" para lutar por liberdade, justiça e igualdade na América? Essas frases denunciam a viagem de um herói.

Ao longo dos tempos e em todo o mundo, o herói desponta nos mitos e nas lendas como aquele que deu as costas à segurança do presente para se aventurar na incerteza do futuro, para aí reivindicar uma vitória ou uma dádiva para a humanidade que deixou para trás. Por motivos nem sempre conhecidos com antecedência, o herói é convocado ou impelido para uma trajetória repleta de aventura, lançando-se de encontro a uma profusão de forças fantásticas. As histórias mostram-no abandonando a segurança da terra natal e beirando um limite que ele precisa ultrapassar. Quase sempre esse limite é o fundo das águas, onde um monstro, como uma baleia ou uma serpente marinha, protege ciosamente as tenebrosas profundezas. Segue-se uma batalha, e o herói é engolido inteiro ou em pedaços para as entranhas do monstro. Ele imerge nesse abismo no pior momento; é "a noite escura da alma", e o destino do herói é incerto. Mas, ao lembrar-se de um juramento crucial, do poder de um amuleto ou da ajuda de deuses ou deusas, o herói combate e acaba escapando da morte certa com uma vitória dificílima nas mãos.

Conhecemos muito bem esses contos sobrenaturais de seres descomunais. Eles sempre nos entretêm e inspiram, mas devem ser sempre levados a sério? Ao analisá-las, vemos que essas aventuras de heróis são mais do que o enredo da história; elas falam, por metáforas, da aventura humana pela vida. Os desafios do herói são nossos, as inevitáveis transições que cada um de nós enfrenta na vida: nascimento, amadurecimento, entraves, conquistas, dor, prazer, casamento, envelhecimento e morte. Assim, a coragem, a sagacidade, a sabedoria, a força, a determinação, a fé, o amor, a compaixão e muitos outros traços que o herói demonstra para responder aos desafios da jornada simbolizam aqueles recursos pessoais a que todos nós devemos recorrer para enfrentar os desafios da vida. Em última análise, a busca do herói não se dá num caminho isolado, mas naquele percorrido por toda a humanidade; não é uma vitória sobre forças externas, mas, sim, internas; não é uma viagem a mundos distantes, mas ao âmago do *self* de cada um.

Emociona levar em consideração a experiência dos descendentes africanos desse ponto de vista. Este é um modo de a história que eu gostaria de mudar ou vingar — e a qual acalento — poder tornar-se o grão que alimenta o moinho da minha própria jornada. Como a viagem do herói, a experiência afro-descendente me faz defrontar com questões como morte e vida, bem e mal, dor e sofrimento, triunfo e tragédia, trauma e cura, servidão e liberdade, desigualdade e justiça — não apenas como questões abstratas associadas há muito com meus antepassados, mas como inquietações atuais relativas à minha vida e à viagem do "herói dentro de mim".

A primeira vista pode parecer estranho retratar a experiência afro-descendente pela mitologia. É triste que a sociedade moderna tenha perdido o encanto pelo poder do mito.

Hoje usamos essa palavra mais como sinônimo de falsidade do que como expressão de verdades eternas.

Lidos por um ângulo, os mitos são histórias fantasmagóricas de deuses e demônios, seres humanos descomunais, animais incríveis, lugares irreais e uma sucessão inacreditável de acontecimentos fortuitos. A ciência moderna garante que os mitos são falsos: mesmo à velocidade da luz, poderíamos viajar 3,5 bilhões de anos e nunca chegar ao paraíso dos deuses ou ao inferno dos demônios, porque continuaríamos no universo conhecido. Os arqueólogos e os biólogos moleculares encontraram provas fósseis e evidências genéticas contundentes que nos ligam não a uma raça extraterrestre de divindades que visitou o planeta, mas aos muito mais mundanos primatas. E os astrofísicos estão chegando rapidamente a um consenso quanto à origem do próprio Universo, criado não do barro por um deus, mas à força de uma explosão nuclear há uns 4 ou 5 bilhões de anos.

Porém, numa outra leitura, os mitos são absolutamente verdadeiros — não como fatos, mas como metáforas; não como física, mas metafísica. Porque a reflexão mitológica começa onde pára a investigação científica. A mitologia volta-se para as questões eternas da humanidade: qual a relação entre a vida humana e o grande mistério do ser por trás de toda vida? Como devemos entender a relação entre o planeta que habitamos e o Cosmo em que nos encontramos? Como devo vencer as etapas da minha vida? E como minha vida se coaduna com a sociedade em que vivo? Não se pode colocar essas questões ao telescópio ou ao microscópio; é melhor viver as respostas e depois transmiti-las aos que virão — e essa é a trajetória do mito. Assim, a mitologia tem sido tradicionalmente um meio de tornar saudável o indivíduo e a sociedade ajudando as pessoas a harmonizar as circunstâncias da vida com essas inquietações mais amplas, mais permanentes. E é exatamente esse tipo de cura que se pode obter ao abordar a experiência dos afro-descendentes pela mitologia.

Até hoje os bacongos,[2] por exemplo, relatam uma história do destino de seus irmãos capturados e vendidos a navegadores brancos. Contam que os escravos eram primeiro levados aos domínios de Mputu e daí despachados "para uma ilha onde havia uma floresta sem alimento, com mar por todo o lado".[3] Hoje *Mputu* é uma palavra de valor mítico para os bacongos, a qual se refere aos europeus mas também à terra dos mortos; e morte, aqui, não significa apenas o falecimento de alguém, mas o mundo subterrâneo dos poderes do inconsciente e das causas invisíveis que encontraremos várias vezes em nosso passeio pela mitologia africana. Essa palavra é uma redução de *Mputuleezo*, uma variante quicongo de "português", embora também signifique "água turbulenta", alusão tanto às águas do Atlântico, por onde vieram os europeus e desapareceram os africanos, quanto às águas míticas que separam a esfera da consciência desperta da esfera da inconsciência, o mundo iluminado do dia-a-dia do mundo dos espíritos, cujas vozes podem ser ouvidas no ruído das ondas quebrando.[4] Mputu é também o mundo para o qual viajam as figuras heróicas das lendas dessa região da África, onde lutam contra seres mágicos e forças fantásticas para obter o poder ou a graça almejada e regressar. E, segundo o saber bacongo, a viagem da alma humana a leva inevitavelmente para Mputu depois da vida, para lá renascer num ciclo contínuo de vida, morte e renascimento (ver no Capítulo 10 uma descrição mais detalhada do conhecimento mítico dos bacongos).

Assim, no coração e na mente dos descendentes bacongos, os escravos eram heróis, jogados na paisagem árida de Mputu para lá enfrentar forças misteriosas. Vez ou outra, diz o mito, esses heróis desesperançados eram auxiliados pela intervenção divina: "Deus lhes deu a civilização [...] e alimento [...] e todo o necessário".[5] E ainda hoje os bacongos consideram os afro-descendentes almas-heróis de ancestrais que partiram para Mputu e voltarão para casa, como se espera dos heróis. "Estamos esperando por eles", disse um velho em Kinshasa, "este país é só deles, de ninguém mais".[6] Eis uma mitologia empregada para curar o trauma de seres humanos arrancados de sua comunidade.

## LÍNGUA, MITOLOGIA E RAÇA

Há um momento tocante no filme *Malcolm X* em que mostram um dicionário a Malcolm, na prisão, com a definição da palavra *negro*. Sente-se que ele percebe de imediato o imenso fardo carregado pelos afro-americanos relacionando semântica e valores culturais; toda definição de *negro* é negativa, enquanto toda definição correspondente de *branco* é positiva. Substitua qualquer dos sinônimos para a palavra *negro* encontrado no dicionário e para a expressão "povo negro". Assim você terá uma idéia do poder oculto nos termos que usamos ao nos referirmos a nós mesmos e aos outros. Mas nós, como Malcolm, fechamos o dicionário e aceitamos as definições, deixando de perguntar por que será que *negro* e *branco* carregam pesos tão diferentes.

Ao não fazer essa pergunta, não nos damos a oportunidade de ir além da história da raça, além, até, da política, da economia, da sociologia ou da psicologia racial. As raízes e o poder simbólico dessas duas palavras podem ser mais bem compreendidos no contexto mitológico, apesar de raramente a mitologia estar presente no discurso moderno sobre raça, se é que já esteve. É uma pena, pois a mitologia tem o potencial de mostrar o quão profundamente antigo na antigüidade essas questões raciais emergem — e de nos municiar com respostas altamente originais.

O uso moderno das palavras *negro* e *branco* pode ser rastreado por meio da mitologia até o Oriente Médio ainda no século VI a.E.C.* Na antiga Pérsia (atual Irã), o zoroastrismo tornou essencial em sua mitologia a distinção e o conflito

---

\* Em todo o texto, uso a.E.C. (antes da Era Cristã) e E.C. (Era Cristã) para indicar as datas antigamente especificadas como a.C. e d.C.

entre a população negra e a branca. Zaratustra, criador dessa doutrina, afirmava que existem basicamente duas forças em vigor no mundo: Ahura Mazda e os deuses benévolos da luz; e Angra Mainyu e os deus malévolos das trevas (também chamados de devs). Essas duas forças têm-se enfrentado desde o início da criação, mas o deus da luz acabará triunfando sobre o deus das trevas, e é dever do homem de bem identificar-se inequívoca e inteiramente com as forças da luz.[7]

Essas idéias prementes sobre o conflito inevitável entre o bem e o mal influenciaram a mitologia que sustenta todas as religiões dos filhos de Abraão — as "Três Grandes" religiões da civilização ocidental: cristianismo, judaísmo e islamismo. O *Avesta*, texto sagrado do zoroastrismo, pintou esse conflito em preto-e-branco.[8] Na época em que se intensificaram os contatos entre a Europa e a África, nos séculos XV e XVI, já estava bem firmada uma mitologia européia de deificação e de demonismos: os deuses tinham pele branca, os diabos, pele negra, e era dever dos deuses subjugar os diabos. Grande parte da história do Ocidente incorpora essa mitologia simples, mas devastadora, que lança as pessoas de pele branca contra as de pele negra — uma cultura mitológica que nos assola até hoje e continua registrada, como Malcolm descobriu, até nas páginas do dicionário.

Felizmente, contudo, a história não pára aí, pois descobri com surpresa raízes mais autênticas da palavra negro [*black*, em inglês]. O dicionário *Webster's* não registra nenhuma derivação anterior à palavra *blah* do alto alemão antigo, mas menciona a provável relação com a palavra latina *flagare* e a grega *phlegein*, ambas com o significado de "queimar". Mas outros lingüistas rastrearam a palavra negro como cor, na raiz grega *melan*, da qual derivamos a palavra moderna *melanina* (o pigmento da pele predominante nas pessoas negras).[9] Melanto, deusa grega, por exemplo, é ligada à negrura da terra fértil. Mas aí vem a surpresa, porque esses termos relacionados com a raiz da palavra *melan* podem derivar ainda de uma palavra egípcia que se escreve *M3nw*, que significa simplesmente "Montanha no Oeste".[10]

Ora, o sol desaparece no oeste, por trás das montanhas a oeste, e, portanto, desliza para a escuridão mítica do mundo debaixo. É um tema constante nas mitologias de muitas culturas de todo o mundo. Na mitologia budista, por exemplo, Amitabha, o muito venerado Buda da Luz Infinita, é associado a esse movimento do sol poente para o oeste; ele manifesta compaixão infinita por todo o tipo de vida e encarna na terra na figura do Dalai Lama. A viagem do sol para o mundo debaixo é, então, especificamente relacionada aos ciclos de morte e renovação da vida: o ciclo diário da consciência humana do mundo iluminado pelo dia para o mundo escuro dos sonhos, de onde retorna outra vez; o lançamento de semente ocorre na escuridão fértil da terra, ou seja, no útero da mulher; assim é a jornada que a alma humana deve empreender para realizar sua própria natureza divina.

Na mitologia em que se origina essa derivação de *negro*, Nut, a deusa egípcia do céu, engole simbolicamente o sol no oeste todas as noites, carrega-o como numa gravidez durante a noite inteira e o faz nascer de novo no leste, na aurora (ver Figura 1). A mitologia egípcia também preocupava-se profundamente com a viagem da alma para o mundo debaixo, a caminho da divindade, e o *Livro dos Mortos* egípcio dedica-se primordialmente à consecução dessa passagem. Mesmo os escravos afro-descendentes descreveram sua passagem furtiva, heróica, para a liberdade como viajar pela "Ferrovia Subterrânea". Vemos a recorrência des-se tema da viagem ao mundo debaixo em toda a mitologia do herói africano.

A questão é que, visto pelos olhos da mitologia africana, assim como de outras mitologias não-ocidentais, *negro* não tem intrinsecamente uma conotação negativa; aliás, o contrário é que é verdadeiro, pois o reino do mundo debaixo é visto como uma possibilidade real de passagem para o mundo iluminado acima. Outra vez, coloque esses novos sentidos da

*Figura 1*. A deusa egípcia Nut engolindo o sol durante a noite no oeste, fazendo-o nascer no leste, na aurora. Seus raios brilham em Hátor, símbolo da vida e do amor.

palavra *negro* na expressão "povo negro" e o que temos agora? Um povo das montanhas do oeste; um povo do pôr-do-sol; um povo do período dos sonhos; um povo da terra semeada; um povo do útero fecundado; um povo em viagem pelo mundo debaixo em direção à realização divina; um povo de luz infinita; um povo de infinita compaixão.

Mas ainda há mais. *Niger* é outra palavra de origem que significa negro, não grega, mas latina, da qual derivamos a palavra *negro*. Também aqui a mitologia revela uma palavra cuja graça, força e beleza se perderam há muito tempo. Dizia respeito ao nome Nigretai, um grupo étnico temido de guerreiros da Líbia, admirados pela beleza de sua pele negra. Mas a origem de todas essas palavras é uma raiz sem vogais semítica, *ngr*, que tem o significado poético de "água que corre areia adentro".[11] Ela se refere especificamente ao rio Níger, cujo estranho curso, em forma de U, deve ter convencido os antigos viajantes de que o rio terminava nas areias do deserto.[12] Então, acrescentemos agora esse significado à lista de acepções de *negro* e *preto*: povo da água que corre areia adentro — uma imagem maravilhosa do poder transformador da água em trazer vida à terra árida.

Então, para grande surpresa, desponta do amplo campo da mitologia ocidental uma conotação similar do significado e da força de *negro*, confirmada por textos de alquimia da Europa medieval. Sabemos por eles que o primeiro passo essencial da alquimia era conhecido como *melanosis* ou *nigredo* — nos dois casos, um enegrecimento. Ora, a alquimia era uma metáfora elaborada construída em torno dos mistérios da química, mas, na verdade, voltada para os mistérios da transformação humana; a conversão de um metal não-precioso (como o chumbo) em ouro simbolizava a transformação das preocupações humanas mais triviais em anseios mais elevados da alma. Entretanto, o momento inicial dessa transformação consistia em enegrecer o metal não-precioso por meio do fogo, reduzindo-o a uma substância mais primitiva; só a partir dessa matéria primitiva se conseguiria obter a transmutação em ouro.

Se interpretarmos essa alquimia da perspectiva na psicologia humana, o que sempre foi intenção da alquimia, a *melanosis* e o *nigredo* diziam respeito ao processo de transição do mundo da atividade consciente cotidiana para as camadas mais profundas, mais primárias do inconsciente humano, para que aí se solucionassem as inquietações básicas da existência ordinária para finalmente emergir transformado. Qualquer pessoa que enfrentou um tormento na vida, foi dormir e, mergulhada no sonho, teve uma compreensão do problema e acordou com a solução conhece intimamente esse processo de escurecimento que antecede a transformação. E, já que *negro* era originalmente definido como a direção do sol poente, simbolizando a imersão da consciência humana no sonho e na esfera do inconsciente, ou como as águas que trazem vida a areias estéreis, fechamos o círculo da África à Europa com uma noção inteiramente diferente de preto, negro, como um símbolo poderoso de renovação e transformação.

"Que mito você está vivendo?", perguntava sempre o psicólogo Carl Jung. Em outras palavras, quais são os símbolos, as imagens, as metáforas e as histórias que lhe tocam mais profunda e ardentemente, que informam sua vida? A isso eu responderia agora: "Essa mitologia negra recuperada".

Precisamos exatamente desses símbolos e dessas histórias hoje em dia. Após a publicação do meu livro *We Can All Get Along: 50 Steps You Can Take to Help End Racism* (Podemos progredir: 50 medidas que você pode tomar para ajudar a acabar com o racismo) me perguntaram o que faria diante da violência racial que assola os jovens de tantas comunidades afro-americanas. "Contar uma boa história para eles", respondi à minha entrevistadora.

"Uma boa história?", perguntou ela com ironia. "Mas esses jovens não estão mais em idade de ouvir histórias antes de dormir, não é verdade?"

"Contar uma história", insisti, "que não seja daquelas que eles conhecem pela televisão e pelos anúncios, nas quais o valor da vida humana é julgado pela posse ou pelo consumo de produtos; nas quais o valor americano da alma de alguém é proporcional aos dólares que ele tem no bolso."

Contar uma história para eles, pensei comigo mesmo, em que eles também sejam heróis e heroínas capazes de seguir os passos dos heróis e heroínas de todos os tempos, mesmo que defrontem os implacáveis monstros da fome, da pobreza, da injustiça e do racismo. Melhor ainda, contelhes uma história dos heróis e heroínas dos quais somos herdeiros.

*É preciso um povoado para criar uma criança*, diz um provérbio africano, hoje famoso graças a Hillary Clinton. Mas há uma máxima africana mais profunda que se refere não só à educação de crianças, mas também ao relacionamento do indivíduo com a sociedade. Ela diz simplesmente: *Existo porque existimos, existimos porque existo.*[13] Essa mensagem, difundida por toda a mitologia e a espiritualidade africanas, deveria ser a base das histórias que contamos aos jovens heróis e heroínas do nosso meio. Porque, ao entender que minha existência depende da dos outros e a existência deles depende da minha, devo também entender que ao ser violento com os outros estou sendo violento comigo mesmo.

## As Origens da Mitologia Africana

Com um interesse aprofundado por mitologia e especialmente pela jornada do herói, senti-me empolgado em me centrar nas contribuições da África para a mitologia mundial. Mas qual não foi minha surpresa ao consultar *Herói de mil faces,* do falecido Joseph Campbell, talvez a mais famosa obra moderna sobre mitologia, e ler esta frase de abertura:

> Quer ouçamos com o divertimento a mistificação onírica de algum feiticeiro de olhos injetados do Congo, quer leiamos com um arrebatamento apurado traduções esparsas dos sonetos do místico Lao-tsé...[14]

Essas palavras foram as minhas Simplegades — as ameaçadoras rochas móveis pelas quais o herói grego Jasão teve de passar antes de chegar ao Mar das Maravilhas, a caminho da reconquista do Velocino de Ouro. Fechei o livro com o coração apertado.

Todavia, se o herói tem mil faces, muitas devem ser africanas, embora raramente se veja um herói com rosto africano. Passaram-se muito meses antes que eu juntasse coragem para enfrentar Campbell de novo; desta vez me apeguei à idéia de que, se as introspecções mitológicas eram realmente universais, como afirmava Campbell, então deveriam necessariamente conter a mitologia africana, muito embora ele tivesse reduzido as contribuições africanas a "mistificações". Munha persistência me recompensou. A miopia de Campbell com relação à África não poderia empanar sua imensa contribuição à mitologia, e a omissão dele me deu a oportunidade de examinar a mitologia africana de uma forma original e significativa.

Essa viagem deve começar na pré-história dos homens, pois a África desfruta uma posição de destaque no registro ancestral da humanidade. Arqueólogos, paleontólogos e biólogos moleculares reuniram uma quantidade impressionante de provas fósseis e genéticas de que a África é sem dúvida o berço da espécie humana. Como útero, a África literalmente deu à luz os primeiros heróis e heroínas humanos; as primeiras viagens heróicas ocorreram lá. Esses heróis ancestrais arriscaram-se sozinhos na maior das aventuras, já que buscavam nada menos do que o nascimento da humanidade.

*Diáspora* é uma palavra usada freqüentemente para indicar o deslocamento forçado de milhões de africanos de sua pátria durante os quatrocentos anos de tráfico de pessoas pelo Atlântico. Significa literalmente plantar sementes por dispersão, e é uma descrição poética da jornada heróica do povo africano. Ainda assim a escravidão não foi a primeira nem a única diáspora africana; as outras talvez tenham tido um significado mítico muito maior. Há dois milhões de anos, nossos predecessores humanos aventuraram-se para fora da África pelo "chifre" — a península à nordeste, entre a África e o Oriente Próximo. Os heróis da primeira diáspora africana viajaram para a Europa e a Ásia para plantar as primeiras sementes da humanidade, mas essa missão acabou fracassando; o grupo morreu aos poucos. Pelos menos duas outras levas humanas fizeram um êxodo da África para a Europa e a Ásia durante o seguinte 1,8 milhão de anos, entre elas os Neanderthal, mas seu destino foi também a extinção. Nesse processo evolutivo não faltou perseverança, uma das lições da jornada do herói. Assim, há cem mil anos outra viagem heróica teve início na

África, seguindo os passos dos que haviam partido antes. Esses *Homo sapiens* que partiram da África foram bem-sucedidos. Chegaram à Europa, à Ásia e às Américas, e mais adiante; os rebentos dessa árvore humana plantada durante aquela diáspora africana se enraizaram e floresceram, e todos os que vivem hoje podem identificar nesse tronco suas ascendências.[15]

Depois, há quinhentos anos, com o início do tráfico de escravos, a África mais uma vez respondeu à convocação para a viagem do herói — desta vez não voluntariamente, mas à força —, e também essas sementes humanas espalhadas se arraigaram mesmo ao solo mais ameaçador e inamistoso. Se, no espírito dos alquimistas medievais, todos os seres humanos devessem submeter-se a uma *melanosis* ou *nigredo* "genético", eles veriam sua herança genética reduzida a uma origem comum, primeva, proveniente da África. Em última análise, somos todos o ouro transmutado da matéria-prima da África — todos filhos de alguma diáspora africana — e devemos a vida a todos esses heróis e heroínas africanos.

Porém, a África gerou mais do que apenas uma nova forma de vida chamada *Homo sapiens*; também uma nova forma de consciência passou a existir com essa criatura. Durante os dois milhões de anos do surgimento dos primeiros precursores da humanidade ao aparecimento do *Homo sapiens*, o volume do cérebro dobrou. Esse aumento resultou numa profunda transformação de consciência, cuja singular idade é sua capacidade de contemplar a própria origem. Assim, nós, humanos, fomos as primeiras criaturas capazes de nos debruçar sobre questões tão profundas como a relação da nossa vida com a fonte misteriosa da qual brota toda a vida e para onde ela retorna ao morrer. Nessa reflexão encontram-se a base da mitologia e os princípios da sabedoria sagrada.

## OS PROTETORES DA CHAMA

A sabedoria mítica da África abrange um campo amplo. Aí se encontram epopéias tão grandiosas quanto Gilgamesh, heróis tão intrépidos quanto Hércules, heroínas tão perturbadoras quanto Vênus, aventureiros tão notáveis quanto Ulisses e deuses e deusas tão prolíferos quanto os panteões da Índia e da Grécia antiga.

Além do mais, há no conjunto da mitologia tradicional africana temas que ainda hoje se propagam. Aí estão fábulas da criação miraculosa do mundo, menções ao parto virginal, lições do pecado original, narrativas da morte e ressurreição de um líder espiritual, relatos do dilúvio, registros da viagem da arca e os símbolos do cálice, da espada e da cruz. Mas não se engane; tudo isso não evidencia uma cristianização precoce da alma africana. Esses temas apareceram na África muito antes do advento do cristianismo e repetem-se em todas as grandes mitologias do mundo, ainda que alguns cristãos desejassem que acreditássemos que a fé deles tem um único dono.

Se o cristianismo nos apoiou durante a noite escura da escravidão, também considero o cristianismo incomodamente rígido e estranhamente cego diante de questões do espírito humano. Ele persiste dogmaticamente, em grande parte, na interpretação literal de sua mitologia. Devemos acreditar, por exemplo, que a criação miraculosa do mundo, o parto virginal do seu líder espiritual e, por fim, sua morte, ressurreição e ascensão ao céu realmente ocorreram. Esses mesmos temas, porém, aparecem na mitologia africana, mas a ênfase encontra-se na interpretação metafórica, e não na literal. A mitologia africana permite-me aproximar-me da minha espiritualidade sem uma atitude de "se a Bíblia diz, então está dito". Aliás, a mitologia africana até me ajudou a compreender e apreciar mais o cristianismo.

Há não muito tempo, estive numa igreja batista em Seattle ouvindo um amigo cantar *spirituals* tradicionais afro-americanos numa voz de barítono lírico bem apurada. Durante a maior parte do concerto, eu me senti em êxtase, fitando a enorme cruz de madeira atrás do púlpito. Fiquei remoendo a idéia bambara, do oeste africano, de que o centro da cruz simboliza o *kuru* (o ponto de Deus); aí, dizem os bambaras, a vida surge da divindade com o nascimento e retorna à divindade com a morte e, mediante essa transformação cíclica, conquistamos a imortalidade. Que maravilha refletir sobre essa imagem enquanto se ouve Tony cantando a respeito de um salvador do mundo que morre na cruz. Senti a resplandecência do espírito humano no momento em que a mitologia tradicional africana proferia um sermão, ainda que numa canção, mais intenso que qualquer outro que eu ouvira; e, afinal, a mesma mensagem se encontra no coração do cristianismo, só que quase sempre soterrada pela crença dogmática.

Ainda assim, numa época em que a tecnologia permite a transmissão instantânea de informações a qualquer ponto da Terra, por que se importar com a mitologia africana, provinda de uma era em que a informação só ia da boca do contador de histórias para uma platéia reduzida? Uma breve história da criação contada pelos bulus de Camarões sugere uma resposta:[16]

◎◎ Zambi, filho do deus supremo Mebe'e, criou um chimpanzé, um gorila, um elefante e dois homens — um europeu e um africano —, e cada um deles ganhou também o nome de Zambi. A essas criaturas Zambi deu meios de sobrevivência — fogo, água, alimento, armas e um livro. Antes que fosse tarde, Zambi voltou para ver como estava a Terra. "Onde estão", perguntou ele a cada criatura, "os meios de sobrevivência que lhes dei?"

O chimpanzé e o gorila tinham jogado tudo fora, menos as frutas, e Zambi os expulsou da floresta para sempre. O elefante não conseguia lembrar o que tinha feito com suas coisas. O europeu ficou com o livro, desprezou o fogo, enquanto o africano desprezou o livro e ficou com o fogo. Assim, os europeus ficaram sendo os protetores do livro, e os africanos, os protetores da chama. ◎◎

O livro simboliza o esforço humano de dominar o mundo natural, e a humanidade também, pela razão e pelo intelecto; essa é a trajetória que a civilização ocidental adotou. O fogo, por outro lado, é um pedaço do Sol trazido para a Terra, um representante terreno do deus-sol, criador da vida. O fogo, portanto, simboliza aquela energia cósmica imortal que constitui tudo que é vivo; representa o poder sagrado que origina a vida pela criação, a mantém e a consome nas chamas da destruição; e simboliza a sabedoria sagrada que vê, para além do mundo humano criado, o mistério divino que o originou. O fogo significa a queima intensa da luz da alma humana.

Para dominar o mundano, diz o mito, os europeus sacrificaram o sagrado. Para se agarrar ao sagrado, os africanos sacrificaram o mundano. E agora, que defrontamos o milênio, não podemos esperar que todos os enigmas pessoais e sociais sejam solucionados apenas virando a página do livro da intelecção e da razão; a alma também precisa ser burilada, e nisso a sabedoria mítica da África mantém acesa uma chama que talvez ajude a iluminar o caminho.

# 2 O herói com rosto africano

> Não precisamos nem mesmo aventurar-nos sozinhos; os heróis de todas as épocas já o fizeram antes de nós; conhecemos o labirinto a fundo; precisamos apenas seguir a pista do caminho do herói.
>
> JOSEPH CAMPBELL

O fogo da mitologia não se extingue facilmente, pois sua chama é alimentada pela fonte inexaurível da psique humana. Embora nós, humanos modernos, tenhamos dado parca atenção ao chamado do mito, somos, ainda assim, tocados por sua força. Temos apenas de fechar os olhos para dormir e aí, no mundo interno do inconsciente, podemos receber todas as noites a visita de formas e forças poderosas do reino mítico. O mito é um sonho coletivo; o sonho, um mito pessoal. E, se você já foi sacudido por um sonho cheio de significado e de força, então já experienciou o néctar inebriante desse reino que escapa ao domínio da consciência. E, se você alguma vez tentou trazer à sua vida diária a percepção, as sensações e as realizações de um sonho, então já foi iniciado na busca do herói ou da heroína que se aventuram nas trevas do desconhecido para regressar com uma dádiva singular que revigorará por completo o eu ou a sociedade.

Há outros momentos em que nem precisamos mergulhar no sono para encontrar o mito. Num consultório, por exemplo, com o médico por guia, o paciente pode ultrapassar a fronteira entre a consciência alerta e o reino do mito. Então, médico e paciente, agora guia e viajante, podem ver-se em meio a uma viagem extraordinária. Com formação em quiroprática e psicoterapia, já fiz essas viagens.

Walter era um endocrinologista de 42 anos. Depois de cerca de um ano de um tratamento malsucedido pela medicina convencional, sua filha insistiu que ele procurasse uma terapia alternativa para a dor irritante que sentia nas costas. Por ser médico, ele obviamente estava reticente sobre consultar um quiroprático. No entanto, depois do exame inicial, dos raios X e de me crivar de perguntas sobre minha formação clínica, Walter concordou em submeter-se a um tratamento.

A primeira sessão foi modesta; usei uma profusão de técnicas que conheço para tratar de dor na parte inferior das costas, e Walter foi embora sentindo-se extremamente relaxado, dizendo que a dor havia passado. Na sessão seguinte, enquanto eu lhe fazia uma tração suave na base inferior das costas e massageava-as, pedi a ele que se concentrasse nessa parte, como se fosse uma paisagem. Passaram-se cinco minutos de silêncio, e então lhe perguntei onde ele estava.

"Estou numa caverna", disse "uma caverna com paredes cheias de cores."

Walter caminhou por essa caverna, tocou nas paredes e afirmou que havia pouquíssima luz lá dentro. Quando perguntei se ele tinha como sair dali, ele refletiu por mais ou menos um minuto e me disse que havia um buraco no chão da caverna.

"Vou passar por ele", disse, quase com alegria, "vou passar por ele."

Para Walter, atravessar o chão da caverna era como Alice atravessando o espelho. A experiência dele se intensificou imediatamente, e em intervalos bem espaçados ele me contava o que estava acontecendo.

"Não acredito", disse sem pensar. "Estou voando, estou voando!"

Em seguida ele ficou em silêncio por uns vinte minutos, enquanto eu continuava a subir com as mãos por sua coluna. O corpo dele se movimentava bastante, às vezes suave, às vezes freneticamente. De vez em quando, ele quebrava o silêncio com uma exclamação: "Isso é incrível, incrível demais!"

Minhas mãos sustentavam o peito e a parte superior das costas de Walter quando sua viagem interna estava para acabar. O corpo dele parou de se mexer, a respiração mudou e ele suspirou.

"Voltei à entrada da caverna", disse ele, "mas não sei se quero entrar de novo."

A sessão terminou cinco minutos depois, e Walter ainda estava sentado fora da caverna ponderando se devia entrar. Quando o vi na próxima vez, ele foi muito claro sobre o que significara aquela sessão.

"Eu estava fora do meu corpo, voando", disse ele, maravilhado. "Já havia ouvido sobre experiências como essa, mas nunca tinha acreditado. Mesmo assim, realmente me senti fora do meu corpo. Eu podia me ver deitado na sua mesa e podia vê-lo, mas eu estava flutuando acima."

"A caverna representava a minha vida neste momento", revelou ele, em tom triste. "Perdi muita coisa depois de entrar na faculdade de medicina. Adoro o que faço, mas estou sempre sob tensão. Além do mais, deixei de lado coisas de que eu gostava muito, como pintura, música e leitura."

"O buraco no chão da caverna era a passagem para o meu eu verdadeiro", observou, "e a experiência de sair do corpo me deu a oportunidade de me sentir de novo ligado à minha alma. Minha indecisão em voltar a entrar na caverna foi uma manifestação genuína do meu conflito interno de continuar a vida sob tensão e desligado do espiritual."

Walter disse-me em seguida que, depois das nossas sessões, decidira reaver aquele lado que ele abandonara pela carreira. Ela já havia voltado a pintar, a ler e encontrava tempo para tocar violino de novo. Walter é de uma cultura asiática com forte tradição espiritual e, embora sempre ouvisse os parentes mais idosos falar sobre espiritualidade, nunca deu muita atenção a isso. Depois das nossas sessões, essas conversas familiares ganharam um sentido diferente para ele.

"Agora sei o que meus antepassados queriam dizer com estar ligado ao Espírito de alguém", afirmou. "Esse processo está só começando comigo."

Eis, então, a resposta ao chamado do mito não nas profundezas do sono, mas na claridade da consciência desperta. Eis, também, o poder do mito de separar as águas da experiência cotidiana e iluminar um novo caminho.

## EM BUSCA DO HERÓI AFRICANO

O herói com rosto africano tem muito em comum com os heróis de todas as épocas e de todas as terras, porque a busca do herói não depende das particularidades de tempo e espaço. Dito com simplicidade, a busca do herói é orquestrada em três movimentos: um herói é convocado a deixar o chão familiar e aventurar-se em terras desconhecidas; lá, o herói encontra forças estupendas e, com auxílio mágico, obtém uma vitória decisiva sobre o temível desconhecido; a seguir, de posse dessa dádiva, o herói volta para sua terra de origem.[1] Partida, conquista, regresso — a evidência desses três movimentos está exposta em todas as aventuras do herói africano. E a mitologia africana pinta com cores próprias a carreira do herói.

Nessa viagem, o herói com rosto africano pode auxiliar-nos a transpor as vicissitudes da vida: ajudar-nos a encontrar força e coragem onde imaginávamos encontrar apenas fraqueza e medo; a nos aventurarmos mais fundo em nós mesmos onde imaginávamos apenas resvalar durante a vida inteira; despertar nossos deuses onde imaginávamos apenas combater nossos demônios.

◎◎ Uncama plantou um canteiro de painço, mas, quando o painço começava a amadurecer, um porco-espinho sempre o comia. Não importava quando Uncama acordava, pois ele chegava à horta e o porco-espinho já havia devorado o painço. Por fim, ele esperou por um dia em que houvesse muito orvalho. Nesse dia, levantou-se e disse: "Hoje, afinal, vou poder segui-lo facilmente se ele tiver comido da horta, porque, por onde ele tiver passado, não haverá orvalho. Enfim vou descobrir onde fica a toca dele". ◎◎

Assim começa uma fábula zulu da viagem de Uncama para o mundo debaixo.[2]

Seja na vida, seja no mito, a busca do herói principia com algum chamado ou chamariz que leva o herói a seu destino: pode haver uma doença imprevista; um monstro talvez apareça para aterrorizar o sertão; um encontro casual pode abrir uma porta que mude a vida; talvez surja um animal incomum, cujos rastros o herói acompanha rumo a uma grande aventura, como no início desse mito zulu.

◎◎ Então Uncama, armas na mão, saiu no encalço dos rastros deixados no orvalho pelo porco-espinho saqueador e, ao descobrir sua toca, apertou o passo, em direção às profundezas, já sem hesitação, dizendo: "Vou segui-lo até encontrá-lo e matá-lo". Na toca, Uncama penetrou no mundo subterrâneo, entrando na terra das almas que partiram. ◎◎

Os zulus fazem parte dos integrantes mais ao sul da vasta família lingüística banto, que partilha muitas crenças, inclusive a da energia especial e do poder sagrado do reino subterrâneo que Uncama visitou. Esse é o mundo espiritual das almas que partiram chamado pelos bantos de *mossima*, que significava "o abismo", mas passou a significar simplesmente "um buraco no chão", "uma toca" ou "o buraco do animal selvagem" — daí a relação óbvia nesse mito entre a toca do porco-espinho e a chegada de Uncama a essa terra dos espíritos.[3]

A curiosidade e a determinação de Uncama em punir o animal fizeram-no seguir até chegar a uma aldeia. Ele entrava numa espécie de purgatório, um mundo habitado por almas partidas mas com a aparência do mundo dos vivos.

◎◎ "Ei! Que lugar é este?", perguntou ele. "Estou atrás de um porco-espinho, mas acabei dando numa casa."

Nesse momento, Uncama ficou com medo e começou a voltar, andando de costas pela trilha que havia percorrido, pensando preocupado em seu destino: "Não me deixe misturar a essa gente, pois não os conheço; talvez até me matem". ◎◎

Pena, esse viajante de outrora volta para casa, passando pelo portal de sua aventura feito por um animal. Volta para surpresa de sua mulher e de sua comunidade, porque já haviam queimado suas roupas e seus objetos, achando que ele estava morto. E ele conta sua história para esses compadres espantados:

◎◎ "Vim de um lugar muito distante — onde vivem aqueles debaixo do chão. Segui um porco-espinho; cheguei a uma aldeia e ouvi cachorros latindo, crianças chorando; vi pessoas andando, e havia fumaça de comida sendo feita. Então eu voltei. Tive medo, achei que iam me matar. *E é porque tive medo e voltei que vocês estão me vendo hoje.*" ◎◎

As viagens mitológicas em que se desce ao mundo debaixo dos mortos são simbolismos do movimento que vai do mundo iluminado da realidade cotidiana para o mundo obscuro do inconsciente; aí, no instante em que dormimos, morremos para o mundo da consciência desperta e despertamos para o mundo maravilhoso das formas evanescentes e seu simbolismo. O desafio enfrentado por aqueles que conseguiram percorrer os corredores da psique é reivindicar uma dádiva ou um dom presente nesse mundo interior:

uma descoberta ou revelação que vai liberar as energias aprisionadas no labirinto das crises pessoais ou sociais; o sinal de um novo caminho que propicie o fortalecimento em que os velhos métodos falharam. Mas a aventura de Uncama, interrompida por seu medo, é marcada pelo fracasso da busca; ele segue a pista do porco-espinho até o mundo debaixo, mas se vê amedrontado e retorna.

Lembro-me de um sonho meu de alguns anos atrás. Tive sorte de crescer em contato com meu bisavô; éramos muito próximos. Ele morreu quanto eu tinha vinte anos, e pouco tempo depois eu estava naquele estado entre dormindo e acordado, chamado hipnogógico, quando senti a presença dele em meu quarto e acreditei que estava vendo o seu corpo. Isso me assustou e, nesse estado semiconsciente, pedi-lhe que fosse embora, e ele foi. Só muitos anos depois ele voltou a aparecer em meu sonhos.

Na esfera do mito, o terreno sempre se adapta ao viajante — trata-se da salvaguarda inseparável da narrativa mítica, mesmo para andarilhos ingênuos e desprevenidos como Uncama. A aventura em que o herói se lança é exatamente aquela que ele tem condições de enfrentar. O além apresenta-se por inteiro para Uncama, mas ele é incapaz de preencher os requisitos para adentrá-lo porque seguiu as pegadas do porco-espinho por mera curiosidade e fúria. A jornada do herói não é para o caminhante medroso, curioso mas inconsciente do destino, nem é uma viagem que se realize sob o domínio da raiva, mas sim uma viagem para ser apreciada com o espírito de grande aventura.

A jornada de Uncama ao mundo debaixo, motivada pela raiva, contrapõe-se magnificamente à fábula achanti da viagem de Kwasi Benefo a Assamandô, o mundo das almas que partiram. É a história de um herói cuja busca é motivada por amor, sofrimento e uma grande compaixão:[4]

◎◎ Um jovem vivia com os achantis. O nome dele era Kwasi Benefo. Suas plantações prosperavam, ele tinha um rebanho grande. Só lhe faltava uma mulher para lhe dar filhos, para cuidar da casa e, quando chegasse a hora, para chorar sua morte. Kwasi Benefo saiu à procura dela. Na aldeia, encontrou uma moça que o encantou bastante. Eles se casaram. Eram um casal feliz. Mas a jovem enfraqueceu e em pouco tempo a morte a levou. Kwasi Benefo sofreu muito. Comprou para ela um *amoasie*, peça de seda vegetal para lhe cobrir os genitais, e uma fieira de contas para lhe colocar na cintura, e com essas coisas ela foi enterrada.

Kwasi Benefo não conseguia esquecê-la. Procurava por ela em casa, mas ela não estava. Seu coração não se encontrava mais no mundo dos vivos. Os irmãos conversavam com ele, o tio conversava com ele, os amigos conversavam com ele, dizendo: "Kwasi, tire isso da cabeça. O mundo é assim mesmo. Encontre outra mulher".

Enfim Kwasi Benefo conseguiu superar. Foi a outra aldeia. Conheceu outra moça lá e tomou as providências. Trouxe-a para casa. Ele voltou a sentir-se satisfeito com a vida. A mulher tinha boa índole. Cuidava muito bem da casa. Tentava contentar o marido de todas as maneiras. Kwasi Benefo dizia: "É, vale a pena viver". Mas, algum tempo depois de engravidar, a moça adoeceu. Ficou macilenta. A morte levou-a. Kwasi Benefo sentiu dor no coração. Essa sua mulher também foi enterrada com o *amoasie* e as contas.

Ninguém conseguia consolar Kwasi Benefo. Ele se trancou em casa. Não saía por nada. A gente lhe dizia: "As pessoas morrem mesmo. Ponha-se de pé e saia de casa. Junte-se aos amigos, como sempre fez". Mas Kwasi Benefo não queria mais viver.

Os familiares da moça que havia morrido souberam do desgosto de Kwasi Benefo. Disseram: "Ele está sofrendo demais. Esse homem amava nossa filha. Vamos arrumar outra mulher para ele". A família mandou mensageiros a Kwasi Benefo, que o levaram para a aldeia dela. Disseram a ele: "Pode-se ficar de luto, mas não dar a vida por isso. Temos outra filha; ela será uma ótima esposa para você. Leve-a. Assim você não vai ficar sozinho. O que passou, passou, não dá para voltar atrás. O amor que se teve fica no coração, não vai embora. Deixe os mortos viverem entre os mortos e os vivos entre os vivos". ◎◎

Nessas palavras de consolo ao perturbado Kwasi Benefo estão implícitas referências à sabedoria sagrada do *akan* (a família lingüística dos achantis). Da mesma maneira que os bantos, os achantis acreditam que os mortos habitam um mundo que é a imagem espelhada do mundo dos vivos, apenas subterrâneo; nesse mundo, a morte ocorre em etapas ao longo de várias gerações. Desde que se consiga invocar o nome de um ancestral falecido, este quer dizer que ele não está exatamente morto. Esses ancestrais invisíveis (chamados *nsamanfo* em akan) podem, então, ser forças na vida dos vivos. E nos sonhos ou estados de profundo devaneio o espírito de uma pessoa viva (*sunsum*) pode juntar-se a esses *nsamanfo*.[5]

Kwasi Benefo sentiu a presença de sua mulher que passara para o mundo dos ancestrais:

◎◎ "E então, como posso ter outra mulher se aquela que morreu me chama?"

Eles responderam: "Sim, é assim que as pessoas se sentem. Mas com o tempo vai mudar".

Kwasi Benefo voltou, então, para sua casa e suas terras; eventualmente diminuiu a dor pela morte da mulher, e ele voltou à aldeia da família dela em busca da filha cuja mão lhe havia sido bondosamente oferecida. Os dois se casaram, e ela deu à luz um filho lindo, cujo nascimento foi festejado em toda a aldeia de Kwasi Benefo.

"Levo uma vida boa", disse Kwasi Benefo à mulher e aos amigos. "Quando foi tão boa assim?"

Porém certo dia, quando Kwasi Benefo cuidava da sua lavoura, algumas mulheres da aldeia correram para lhe dar a notícia de que tinha caído uma árvore.

"E por que chorar por uma árvore que caiu?", pensou ele. Então a preocupação tomou-lhe a alma. Ele disse: "Vocês deixaram de me contar alguma coisa?"

Elas contaram: "Sua mulher estava voltando do rio. Ela sentou-se sob a árvore para descansar. Um espírito da floresta enfraqueceu as raízes, e a árvore caiu sobre ela". Kwasi Benefo correu para a aldeia. Foi até sua casa. Sua mulher estava deitada sobre a esteira e não havia vida em seu corpo. Kwasi Benefo caiu no choro. Jogou-se no chão e lá ficou, como se a vida lhe tivesse abandonado também. Não ouvia nada, não sentia nada. As pessoas disseram: "Kwasi Benefo morreu". Os curandeiros chegaram. "Não, ele não está morto. Está pairando entre aqui e lá", disseram. Trabalharam em Kwasi Benefo. Conseguiram revivê-lo. Ele se levantou, tomou as medidas necessárias, fez realizar um velório, e no dia seguinte sua esposa foi enterrada com o *amoasie* e as contas.

Depois disso Kwasi Benefo caiu em profundo desespero. Que terrível destino se abatera sobre sua vida? Que mulher se disporia a se casar com ele? Que família confiaria a filha a ele? Até seus amigos passaram a olhá-lo com desconfiança. Seu rebanho, suas lavouras, até seu filho — que sentido faziam para ele depois dessa tragédia e dessa perda?

Ele abandonou a casa, abandonou a lavoura. Levou o filho para o lugar onde a família da sua mulher vivia e deixou-o lá. Embrenhou-se na mata. Andou por muitos dias, sem ligar para onde estava. Chegou a uma vila distante, mas saiu de lá rapidamente e embrenhou-se ainda mais na mata. Por fim, num lugar ermo, parou. Ele disse: "Este lugar, muito longe das pessoas, é onde vou ficar". Construiu uma casa tosca. Colheu raízes e sementes para comer. Fez arapucas para caça miúda. Sobreviveu assim. Suas roupas viraram farrapos, e ele passou a vestir peles de animais. Com o tempo, quase esqueceu que se chamava Kwasi Benefo e havia sido um agricultor próspero. Sua vida estava em frangalhos, mas ele não se importava. Foi assim que aconteceu com Kwasi Benefo. ◎◎

Foram assim os "anos de selva" do exílio voluntário de Kwasi Benefo. Esse homem zeloso entendera mal os sinais da sua vida, interpretando sua dor e sofrimento imensos como um aviso para abandonar o mundo, renunciar a todas as posses materiais e recolher-se à vida de um eremita asceta. Mas a jornada do herói não termina aí:

◎◎ Passados vários anos, Kwasi Benefo saiu da reclusão na floresta e viajou para uma aldeia distante onde ninguém o conhecia; lá, voltou a cultivar a terra e casou-se pela quarta vez. Mas, quando a quarta mulher adoeceu e morreu, a determinação de Kwasi Benefo acabou.

"Como posso continuar vivendo?" Abandonou a lavoura, a casa e o gado e viajou de volta para a aldeia onde havia nascido. As pessoas ficaram surpresas, pois pensavam que ele havia morrido. A família e os amigos reuniram-se para comemorar sua volta, mas Kwasi Benefo disse: "Não, não vai haver festa nenhuma. Voltei só para morrer na minha aldeia natal e ser enterrado aqui, perto dos túmulos dos meus ancestrais". ◎◎

Esse é o ponto crucial de toda a aventura, pois, uma vez que Kwasi Benefo desiste de saber como sua vida se desenrolaria, abre-se o caminho para que ele receba uma grande dádiva, nascida da dor e do sofrimento de que ele tão desesperadamente quis se safar.

◎◎ Uma noite, deitado sem dormir, veio a ele a idéia de ir a Assamandô, a terra dos mortos, e rever as quatro jovens que haviam convivido com ele. Pôs-se de pé. Saiu de casa e deixou a aldeia. Foi ao lugar da floresta chamado Nsamandau, onde os mortos eram enterrados. Chegou lá; prosseguiu. Não havia trilhas para seguir. Não havia luz. Era tudo escuridão. Atravessou a floresta e chegou a um local com luz tênue. Não vivia ninguém lá. Não havia nenhum som no ar. Nem vozes de pessoas, nem pássaros, nem animais rompiam o silêncio. Kwasi Benefo seguiu em frente, até que finalmente chegou a um rio. Tentou atravessá-lo, mas não conseguiu, porque a água era muito funda e corria muito rápido. Ele pensou: "Aqui termina minha viagem". ◎◎

Kwasi Benefo seguiu a isca da própria dor e do próprio sofrimento em direção a um novo, desconhecido e potencialmente perigoso reino, onde "não havia trilhas para seguir", onde "não vivia ninguém", onde "era tudo escuridão". Esse é o primeiro passo para uma pessoa que foi chamada a uma vida de auto-realização genuína fora do âmbito das expectativas e das exigências sociais ou pessoais; é esse, na verdade, o começo real da busca heróica de Kwasi Benefo, para a qual o sofrimento e o exílio haviam sido apenas uma preparação. Aqui, também, devemos compreender o simbolismo desse mito, porque, como o mundo debaixo, as florestas simbolizam o inconsciente, e portanto o mito insinua uma viagem interior para além da dor e do sofrimento da vida humana.

Incerto de como seguir adiante, Kwasi Benefo senta-se à beira do rio — o primeiro grande limite na aventura desse herói africano. Na outra margem está o que ele busca, mas para chegar lá ele precisa primeiro encontrar um jeito de cruzar o rio.

◎◎ Nesse momento ele sentiu um borrifo de água no rosto e levantou a cabeça. Na margem do outro lado estava sentada uma velha com uma panela de cobre ao lado. A panela estava cheia de roupas íntimas femininas e fieiras de contas. Com essas indicações, Kwasi Benefo soube que ela era Amokye, a pessoa que recebia as almas das mulheres mortas no Assamandô e pegava de cada uma delas o *amosie* e as contas. Era por isso que as mulheres preparadas para o enterro eram vestidas daquela maneira, para que cada uma delas pudesse dar o *amosie* e as contas para Amokye ao cruzar o rio.

Amokye perguntou a Kwasi Benefo: "Por que você está aqui?"

E ele respondeu: "Vim aqui para ver minhas mulheres. Não consigo mais viver, porque toda mulher que mora em minha casa a morte leva. Não consigo dormir, não consigo comer, não quero nada do que o mundo dos vivos oferece aos vivos".

Amokye disse a ele: "Ah, você deve ser Kwasi Benefo. Sim, ouvi falar de você. Muitas pessoas que passaram por aqui falaram da sua desgraça. Mas você não é uma alma, está vivo, então não pode atravessar o rio".

Kwasi Benefo disse: "Então vou ficar aqui até morrer e virar alma".

Amokye, a guardiã do rio, se compadeceu de Kwasi Benefo: "Já que você está sofrendo tanto, vou deixá-lo atravessar". Ela fez a água correr mais devagar. Depois, ficar mais rasa. E disse: "Vá por ali. Lá você vai encontrá-las. Mas elas são como o ar: você não vai conseguir vê-las, mas elas saberão que você veio". ◎◎

Geralmente o primeiro desafio do herói é cruzar uma fronteira dessas, e também quase sempre a guardiã da fronteira não é tão benevolente quanto Amokye. Muitos mitos africanos a representam como uma mulher idosa que, quando não é uma velha enrugada compadecida, é uma feiticeira hedionda que frustra e impede o avanço do herói. Outros mitos africanos, e boa parte da mitologia mundial, retratam esse guardião da fronteira como um ogre ou monstro que, se não for subjugado, ameaça de morte o herói.

No indivíduo, o guardião da divisa representa as forças da nossa psique que impedem o acesso às camadas mais profundas e mais perigosas da percepção, da revelação e da autodescoberta — a "costa longínqua" da nossa busca interior. É essa parte da nossa personalidade que freqüentemente encontramos ao entrarmos, ou sermos lançados, numa aventura que tem o significado de uma virada na vida, um momento em que devemos, como Kwasi Benefo, cruzar o rio para a nossa terra dos mortos pessoal. Pergunte a qualquer pessoa que tenha mudado de carreira, encerrado um relacionamento longo ou tenha-se recuperado de doença ou ferimento grave; ela lhe dirá que é como uma morte, o falecimento do antigo eu, de modo que um novo possa nascer em seu lugar. O medo, como o de Uncama na lenda anterior, pode impedir a travessia da fronteira, assim como uma auto-estima baixa, a falta de confiança nas próprias capacidades ou o abandono da esperança e da fé. A própria auto-revelação pode fazer-nos sofrer — nem sempre é fácil aprender a ser responsável pela própria dor; pode ser difícil admitir o que precisamos fazer para mudar. Ainda assim, cruzar tais limites e defrontar tais desafios e descobertas são a essência da viagem do herói interno.

Esse tema da travessia para a terra dos mortos foi aproveitado pelo escritor nigeriano Amos Tutuola em seu romance inovador de 1952, *O bebedor do vinho de palmeira*, geralmente elogiado como marco do início da modernidade na literatura africana. A personagem principal de Tutuola lança-se numa busca heróica

*Figura 2*. A Kwa Ba (Acuaba). Símbolo achanti do poder feminino, encontrado por Kwasi Benefo em sua aventura mítica.

à procura do homem que lhe servia vinho de palmeira; isso o leva, em uma série de aventuras, à Cidade dos Mortos, onde o guardião da fronteira lhe diz que a entrada é proibida aos "viventes", a mesma advertência que Amokye fez primeiramente a Kwasi Benefo. O beberrão de vinho de palmeira começa então a andar lentamente de costas, refazendo os próprios passos, como Uncama, mas enfim convence o guardião a deixá-lo ficar e encontra seu antigo taberneiro, quase como Kwasi Benefo vai ao encontro de suas esposas. Referências similares e diretas à mitologia africana são o alicerce das obras de muitos escritores atuais da África, como Chinua Achebe, Wole Soyinka e Ben Okri, e seria difícil apreciar inteiramente a profundidade da literatura africana atual sem se reportar à mitologia sobre a qual ela é construída.

Embora Kwasi Benefo fosse um "vivente", ele também pôde entrar na terra dos "mortos":

◎◎ Kwasi Benefo atravessou o rio e seguiu adiante. Chegou a Assamandô. Deu com uma casa; entrou. Fora da casa ele ouviu o burburinho de uma aldeia em atividade. Ouviu pessoas chamarem outras; ouviu enxadas no campo, o matagal sendo aberto e grãos socados por pilões.

Um balde de água apareceu, e toalhas de rosto surgiram repentinamente à sua frente. Ele lavou a poeira da viagem. Fora da casa, então, ouviu suas esposas cantando uma canção de boas-vindas. O balde e as toalhas sumiram, e em seu lugar ele viu uma cuia com comida e um moringa d'água. Enquanto comia, suas esposas continuavam a entoar elogios a Kwasi. Elas contavam sobre as qualidades do marido que ele havia sido na terra dos vivos; falavam de sua bondade. Quando ele já estava satisfeito, a cuia e a moringa desapareceram, e então apareceu uma esteira de dormir para Kwasi. Suas esposas sugeriram que descansasse. Ele se deitou sobre a esteira. As mulheres voltaram a cantar, e na canção disseram a Kwasi para continuar vivendo até sua morte natural, quando sua alma viria para Assamandô desembaraçada do corpo. Quando essa hora chegasse, disseram, elas estariam esperando por ele. Enquanto isso não acontecesse, disseram, Kwasi deveria casar-se de novo, e desta vez sua mulher não morreria.

Ouvindo essas palavras ternas das mulheres que ele amava, Kwasi Benefo caiu em sono profundo. Quando enfim acordou, não estava mais em Assamandô, mas de volta à floresta. Levantou-se. Pegou o caminho de volta ao seu lar na aldeia. Pediu aos amigos que viessem ajudá-lo a construir uma casa nova. Quando estava concluída, mandou mensageiros às pessoas que pertenciam a sua comunidade fraternal, dizendo que em determinado dia suas terras seriam preparadas. Os homens reuniram-se naquela data. Limparam e queimaram os campos dele; começaram a sulcar a terra. Kwasi Benefo semeou-a. Começou o cultivo, e suas lavouras prosperaram. Ele voltou a se misturar às pessoas. Com o tempo, encontrou uma esposa. Tiveram filhos. Todos sobreviveram. Essa é a história de Kwasi Benefo. É assim que os velhos a contavam. ◎◎

Então Kwasi Benefo atravessa destemidamente a entrada do mundo debaixo e escuta as palavras de conforto e incentivo das mulheres que lá chegaram antes dele. Com essa dádiva sublime, ele retorna refeito ao mundo iluminado dos mortais comuns, testemunha viva do poder salvador e transformador do sofrimento, da compaixão e do amor.

Podemos ouvir ecos dessa lenda de herói nas palavras de Martin Luther King Jr., herói atual, que, em seu discurso "Eu Tenho um Sonho", encorajou os ouvintes a "agir com a crença de que o sofrimento imerecido redime". Com essas palavras, King, o pregador batista, colocou no contexto social e político o simbolismo cristão de um Jesus disposto à crucificação. A temática principal desse mito achanti cruza-se com temas similares sobre dor e sofrimento presentes no cristianismo, no budismo e nas tradições espiritualistas mundiais, que apontam um caminho que atravessa e ultrapassa as mágoas inevitáveis da vida.

## Os Heróis dos Mitos e das Nações

Os "heróis culturais" oferecem a compreensão da alma das sociedades que os gerou. Nas suas vidas ou pelas narrativas a respeito deles, encontramos a história interpretada, os valores transmitidos e as aspirações moldadas. Basta perguntar quem são os heróis culturais de hoje — atletas ricos?, artistas mais ricos do que eles?, empresários da alta tecnologia ainda mais ricos? —, e logo se descobre o que mais se cobiça e valoriza na cultura moderna. Os heróis culturais de outrora eram investidos de responsabilidades maiores do que entreter a platéia ou amealhar fortuna, e os mitos em que estão envolvidos transmitiam mais do que a idéia de como descobrir o caminho da fama e da riqueza.

Kimanaueze é um herói cultural desse tipo entre os ambundus de Angola, presente num ciclo de mitos compilados e traduzidos no final do século XIX pelo lingüista e agente comercial Héli Chatelain. Do mesmo modo que a maioria dos mitos africanos transmitidos por muitas gerações, é virtualmente impossível precisar a origem dessa história ou dos fatos que cercam seu herói principal. Mas é bastante improvável que tenha existido uma pessoa com o nome de Kimanaueze. É mais provável que essa figura mítica tenha chegado a nós por várias fontes que se fundiram ao longo dos anos. Assim, o ciclo de mitos que envolve Kimanaueze é tão rico quanto singular; por intermédio dele, de seu filho e de seus netos podemos descobrir alguns aspectos do conhecimento e da cultura mítica dos ambundus desde a criação do mundo até a ocupação colonialista de Angola pelos portugueses, iniciada nos séculos XVI e XVII. O mito a seguir, versão adaptada e resumida da tradução de Chatelain, vem da metade desse ciclo de mitos e fala de um neto de Kimanaueze, Sudika-mbambi, a Criança-Prodígio.[6]

◎◎ Vamos contar sobre Kimanaueze, o velho, o predileto dos amigos, que gerou um filho, Kimanaueze, o jovem. Um dia, o velho Kimanaueze disse: "Meu filho, quero que você vá a Luanda fazer negócios lá".

"Agora, pai?", perguntou o jovem. "Ora, faz pouco tempo que eu trouxe uma esposa para casa."

"Vá!", ordenou o pai, e o Kimanaueze mais novo viajou a Luanda para fazer um negócio para o pai.

Enquanto o filho estava fora, vieram os makishis e saquearam a casa da família.* Quanto voltou de Luanda, o jovem Kimanaueze não encontrou ninguém — sua família

---

\* *Makishi* é o plural de *kishi*, que em banto significa monstro ou ogre que come gente, às vezes descrito como multicéfalo e capaz de regenerar suas cabeças decepadas.

tinha sido morta —, mas viu a distância uma mulher perambulando pelo campo. Chamou-a e, quando ela se aproximou, percebeu que era sua mulher. Enfurecido, perguntou que terrível fatalidade se abatera sobre sua família. E ela explicou aos prantos que só ela escapara ao ataque dos makishis.

Sozinho, sem família, Kimanaueze e sua mulher lutaram pela sobrevivência. Ela acabou engravidando e, quando chegou o dia do parto, ouviu vozes saindo de sua barriga:

> *Mãe, aí vem minha espada.*
> *Mãe, aí vem minha faca.*
> *Mãe, aí vem minha* kilembe.[†]
> *Mãe, aí vem meu bastão.*
> *Mãe, agüente firme, aí vou eu.*

Capaz de falar já ao nascer, a criança veio ao mundo com estas palavras: "Eu sou Sudika-mbambi. No chão, ponho meu bastão. No céu, ponho um antílope".

Mas a mulher de Kimanaueze ouviu mais palavras saindo de sua barriga:

> *Mãe, aí vem minha espada.*
> *Mãe, aí vem minha faca.*
> *Mãe, aí vem meu bastão.*
> *Mãe, aí vem minha* kilembe.
> *Mãe, fique firme, aí vou eu.*

E nasceu o segundo filho, dizendo: "Eu sou Kabundungulu".

Sudika-mbambi disse então: "Minha *kilembe*, finque-a nos fundos da casa". E aí, voltando-se para sua mãe, perguntou: "Mãe, por que está me olhando assim?"

---

† *Kilembe* é uma planta mítica, uma "árvore da vida", que passa a existir com o nascimento de uma pessoa; o crescimento e o destino da *kilembe* refletem a vida do indivíduo com o qual ela está associada.

"Você é a criança que eu acabo de dar à luz e já está falando. Como pode?", disse ela.

"Não se espante", tranqüilizou-a Sudika-mbambi. "Você verá todas as coisas milagrosas que eu vou fazer."

Então ele disse ao irmão: "Vamos cortar umas estacas para fazermos uma casa para nossos pais".

Os gêmeos pegaram as espadas e entraram na mata para cortar as estacas. No momento em que Sudika-mbambi cortou umas estaca, as outras se cortaram sozinhas. E com o irmão mais novo também repetiu-se o mesmo fenômeno. Os irmãos fizeram um feixe com as estacas e o levaram para a clareira onde ergueriam a casa dos pais. Voltaram à mata para cortar mato e fazer o telhado de colmo.

Com o material de construção já reunido, Sudika-mbambi começou a fincar as estacas da choupana. No momento em que fincou uma estaca, a casa inteira se fez sozinha. Ele amarrou uma corda à volta das estacas, e todas as outras cordas se amarraram sozinhas. Ele colocou um maço de capim; o telhado inteiro se entrelaçou por si só. A casa estava pronta.

"Agora, entrem na casa que construí para vocês", disse ele à mãe e ao pai. "E você, Kabundungulu, meu irmão mais novo, fique com nossos pais enquanto vou combater os makishis." Dirigindo-se à família, Sudika-mbambi lembrou a eles: "Olhem a minha *kilembe*. Se vocês virem que ela murchou, saberão que eu morri". ◎◎

O nascimento e a infância fantásticos de Sudika-mbambi profetizam seu poder; inícios desse tipo prenunciam deuses potentes e lendários salvadores do mundo. Hércules, ainda bebê, mata uma serpente enviada contra ele pela irada deus Hera. Siegfried, o herói da cultura nórdica, cresce rapidamente no momento do nascimento e atinge uma estatura enorme e, ainda criança, mata o dragão Regin. Krishna, a adorada encarnação em criança do deus supremo hindu Vishnu, subjuga logo depois de nascer um monstro sob o olhar de uma ama-de-leite, cujos seios estão cheios de veneno. Da mesma maneira que a mãe de Sudika-mbambi ouviu a voz do filho predestinado em seu útero, também Maria ouviu o anjo anunciar o filho predestinado a entrar em seu útero: "Deveis conceber em vosso útero e fazer nascer um filho, e devereis chamá-lo Jesus. Ele será importante e conhecido como Filho do Supremo". Nascido das costelas de sua mãe, o Buda é colocado no chão pelos deuses e coberto com um tecido dourado; a seguir, depois de dar sete passos para o leste, ele aponta para cima com a mão direita e para baixo com a esquerda, proclamando: "Mundos de cima, mundos debaixo, saibam que eu sou o senhor de todos os mundos!".

Tutuola também toca nesse tema do nascimento milagroso em *O bebedor de vinho de palmeira*; em meio a sua busca, o anônimo personagem principal fica alguns anos numa cidade, e passa pela seguinte situação:

> Percebi que o dedo polegar esquerdo da minha mulher estava inchando como se fosse uma bóia, mas não lhe doía. Um dia, ela me acompanhou até a quinta onde eu estava tirando vinho de palmeira do barril e, para minha surpresa, quando o polegar dela, inchado daquele jeito, tocou num espinho da palmeira, explodiu de uma vez e dali vimos sair um menino que, ao mesmo tempo que saiu do dedão, começou a falar conosco como se tivesse dez anos de idade.
>
> Uma hora depois de ter saído do dedão, ele crescera até um metro e pouco, e sua voz nesse momento era tão nítida quanto bater numa bigorna com um martelo de aço. Aí, a primeira coisa que ele fez foi perguntar à mãe: — "Você sabe meu nome?"[...][7]

Os humanos que criaram lendas tão sobre-humanas não fazem força para apresentar uma biografia plausível do herói lendário. Os detalhes fantásticos do nascimento do herói, como todas as idéias essenciais encontradas nos mitos, não são concebidos para o olho da razão, mas, sim, para o olho da introspecção. E a vida do herói não é exposta só para seguirmos seu exemplo, mas para que a usemos numa contemplação toda nossa. O nascimento miraculoso do herói, então, vem a ser uma reflexão sobre o extraordinário, sobre faculdades latentes que habitam em nós, e suas conquistas simbolizam a realização do nosso potencial humano.

A aventura angola continua:

◎◎ Então Sudika-mbambi partiu para encontrar os makishis. Andando pela estrada, deu com quatro Kipalendes,* cada um dos quais enalteceu seus poderes mágicos. Sudika-mbambi disse-lhes que eram bem-vindos para combater os makishis junto com ele.

Sudika-mbambi e os quatro Kipalendes acamparam no meio da mata.

De manhã, reuniu os Kipalendes e ordenou a um deles que ficasse guardando o acampamento, e os outros três o acompanharam para enfrentar os makishis.

Enquanto estavam longe combatendo os makishis,[8] uma velha e sua linda neta apareceram diante do Kipalende que guardava o acampamento.

"Vamos lutar", bradou ela. "Se você vencer, poderá se casar com minha neta."

Mas o Kipalende não era páreo para a velha, que o surrou para valer. Antes de se ir, ela levantou uma pedra pesada e colocou-a em cima dele, para que ele não pudesse se mexer. Enquanto isso, Sudika-mbambi, com seu dom de clarividência, viu o Kipalende sob a pedra. "Venham, precisamos voltar", disse ele aos outros de repente. "O amigo de vocês está em apuros; está preso sob uma pedra."

"Você está mentindo, Sudika-mbambi", retrucaram eles. "Estamos muito longe dele. Como você pode saber?"

"Eu sei", disse decidido Sudika-mbambi.

Então Sudika-mbambi e os Kipalendes suspenderem o ataque aos makishis e voltaram ao acampamento, encontrando o companheiro ainda embaixo da pedra.

---

\* *Kipalendes* são seres sobrenaturais.

"Mas quem fez isso com você?", perguntaram ao compadre.

"Uma velha esteve aqui com a neta e disse: 'Vamos lutar! Se você me vencer, poderá se casar com minha neta'. Lutei com ela, mas ela me derrotou."

"Uma velha o venceu?", riram os outros, e foram dormir.

Nos três dias seguintes aconteceu exatamente a mesma coisa. Toda manhã Sudika-mbambi saía com três Kipalendes para combater os makishis, e um Kipalende ficava guardando o acampamento. Toda manhã a velha aparecia com a neta, desafiava o Kipalende de sentinela, derrotava-o e colocava uma pedra sobre ele.

Por fim, na manhã do quinto dia, Sudika-mbambi disse aos Kipalendes: "Hoje vocês quatro vão combater os makishis enquanto eu fico na retaguarda para encontrar essa velha".

Logo depois de os Kipalendes partirem, a velha apareceu.

"Vamos lutar", exultou ela. "Se você me vencer, poderá se casar com minha neta."

Sudika-mbambi e a velhota lutaram, só que desta vez ele venceu, matando a feiticeira e tomando a neta para si.

"Hoje eu ganhei a vida", comemorou a jovem. "É que minha avó costumava me trancar numa casa de pedra, e eu não tinha como sair. Mas hoje fui libertada por Sudika-mbambi, com quem quero me casar."

Sudika-mbambi atendeu ao desejo dela. E quando os Kipalendes voltaram da batalha, anunciaram: "Hoje os makishis foram aniquilados; nunca mais vão fazer maldades e provocar sofrimento".

Analisando tudo que acontecera, Sudika-mbambi, filho de Kimanaueze, o jovem, dirigiu-se a sua mulher e aos Kipalendes, dizendo apenas: "Hoje está tudo bem". ◎◎

O combate decisivo de Sudika-mbambi ocorre não contra os makishis, como se esperava, mas contra a velha que protege a neta possessivamente. Esse triângulo amoroso conhecido que envolve uma linda e jovem princesa, uma mãe ou madrasta perversa e um jovem príncipe que vem em socorro da princesa aparece na tradição popular e em mitos ao redor do mundo; a façanha máxima do herói, obviamente, é conquistar a mão da linda donzela. Em oposição à velha benevolente que encontramos na lenda de Kwasi Benefo, aqui a bruxa protege ciosamente a vitalidade de que ela não mais desfruta — da mesma maneira que as forças debilitantes da nossa personalidade impedem o acesso ao nosso dinamismo. Podemos perceber na conquista da jovem por Sudikambambi a possibilidade de nós mesmos vencermos nossas restrições internas e liberarmos a energia represada.

Quando estava na faculdade, eu dava aulas em Nova York, durante o verão, para secundaristas afro-americanos que haviam repetido o ano anterior e eram rotulados de "alunos problemáticos". Num período, dei um curso de geometria sem um só livro de matemática; em vez do livro, cada aluno tinha um exemplar dos discursos de Malcolm X. Meu raciocínio era que primeiro esses jovens deveriam aprender a apresentar um problema e depois elaborar uma justificativa lógica — coisa em que Malcolm X era extremamente bem dotado, coisa que a maioria dos garotos "de rua" sabiam fazer bem, coisa que, afinal, é a essência da geometria do colegial. Ela poderia ser chamada de geometria "*rap*".

De início, ficaram encantados, depois um pouco revoltados, durante as duas primeiras semanas de um curso de oito. Em meio à alegria de ler os discursos de Malcolm surgiam protestos dos jovens, do tipo: "Talvez você não saiba nada de geometria, porque isso não é aula de geometria nenhuma".

"Como é que você pode saber?", respondia eu bem-humorado. "Você bombou em geometria mesmo!"

Mais ou menos no momento em que comecei a traçar uma relação entre a lógica de Malcolm e a comprovação da simetria entre dois triângulos, um aluno chamado Victor se aproximou e disse com voz mansa: "Sr. Ford, acho que entendi aonde o senhor quer chegar. Posso tentar dar a próxima aula?"

Fiquei embasbacado! Eu tinha a minha frente um aluno classificado pelo sistema educacional como "incapaz de aprender" que pedia para ensinar a minha turma. Contei ao Victor o que eu havia planejado para a aula seguinte e dei a ele instruções sobre os principais pontos que eu gostaria que os alunos entendessem. No dia seguinte, assisti estupefato à aula dele nesse curso de geometria, muito mais convincente do que as minhas — porque o Victor estava empolgado com o recém-descoberto dom da compreensão. Eu dei só mais umas poucas aulas até o final do verão, rendendo-me sempre à chama de conhecimento acesa nesse adolescente notável. Em meio ao mais humilde dos ambientes podem despontar heróis com poderes milagrosos.

# 3  Mitos de morte e ressurreição

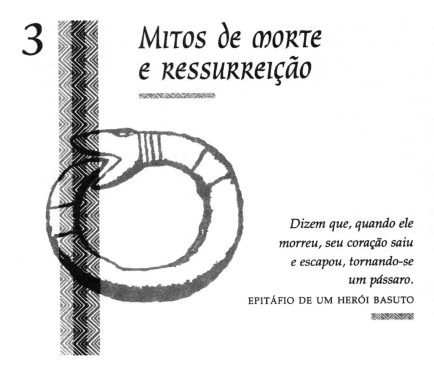

*Dizem que, quando ele morreu, seu coração saiu e escapou, tornando-se um pássaro.*

EPITÁFIO DE UM HERÓI BASUTO

Chega um momento na vida do herói em que seus poderes minguam diante de um monstro abissal devorador; uma baleia, um dragão ou um ogre comedor de gente surge para devorá-lo inteiro ou em pedaços. Essa descida simbólica às entranhas da fera é o momento central da aventura do herói; é o útero do seu renascimento, a provação da sua transformação, o momento da sua reinvenção. Não importa como ele se veja nesse lugar angustiante; se conseguir escapar, sairá inteiramente mudado.

O tema de morte e ressurreição do herói aparece com muita freqüência na mitologia da África, refletindo, sem dúvida, as numerosas oportunidades dadas pela vida de testemunhar essa regularidade. As plantações morrem, mas renascem todo ano; as mulheres perdem parte do corpo todo mês, mas ela se renova; a Lua mostra sua sombra, mas também renasce iluminada todo mês; a consciência humana morre para o mundo iluminado do dia, renasce para o mundo noturno dos sonhos e depois ressuscita de novo para o mundo iluminado. Então não é surpresa alguma que a sabedoria mítica africana sustente que a vida humana corresponde a esse ciclo infindável da natureza, marcando a vida não linearmente, do nascimento à morte, mas ciclicamente, do mundo dos vivos ao mundo dos ancestrais, ao mundo dos ainda não-nascidos, ao mundo dos vivos outra vez.

Na aventura a seguir, Lituolone, personagem heróico basuto, entra na barriga do monstro disforme Kammapa para salvar a humanidade:[1]

◎◎ Houve um tempo em que um monstro enorme e disforme, Kammapa, espalhava terror por toda a parte. Com um apetite insaciável por seres humanos, devorou todas as pessoas da terra, menos uma, uma velha que se escondera. Ela era a única pessoa que sobrou na terra e, sem a participação de um homem, ela deu à luz uma criança que nasceu coberta de amuletos sagrados. A velha sabia que essa criança era especial e chamou-a de Lituolone, nome apropriado para um deus. Na noite do dia em que nasceu, a criança já se tornara um homem forte que dizia coisas muito sábias.

"Mãe", disse Lituolone, "além de nós dois não existe mais ninguém na terra?"

"Meu filho", respondeu a mulher, com voz trêmula, "há não muito tempo os vales e as montanhas eram cheios de gente, mas a fera cujo rugido faz tremer as rochas devorou-as todas".

Ao ouvir isso, Lituolone pegou uma faca e saiu à procura do monstro, sem dar ouvidos às súplicas da mãe. Os dois combateram, mas era uma luta desigual — Kammapa venceu Lituolone, engolindo-o inteiro. Mas, mesmo dentro da enorme fera, Lituolone não morreu, e abriu caminho para fora rasgando as entranhas do monstro e libertando da barriga do animal a si mesmo e ao restante da humanidade.

Por ter-se libertado e a todos os outros, Lituolone tornou-se chefe da comunidade, mas as pessoas não o viam com bons olhos, por temer o poder de alguém que nascera só de uma mulher, alguém que não tivera infância, alguém que derrotara o imenso monstro disforme Kammapa. Assim se decidiu que Lituolone deveria morrer sendo jogado numa fossa profunda. Mas Lituolone safou-se. Então seus detratores fizeram uma grande fogueira no centro da aldeia para aí lançá-lo. Mas, em meio ao tumulto para capturar Lituolone, outro homem foi pego por engano e lançado à fogueira. Mesmo assim os perseguidores de Lituolone não desistiram; tentaram em seguida jogá-lo de um precipício. Mais uma vez Lituolone se salvou quando seus atacantes se desentenderam loucamente e empurraram um deles de cima do penhasco; desta feita Lituolone restituiu a vida do infeliz. Então decidiu-se organizar uma grande caçada, o que queria dizer que o grupo de caçadores, tendo Lituolone por chefe, se ausentaria da aldeia por vários dias. Certa noite, enquanto o grupo preparava-se para dormir numa caverna, persuadiram Lituolone a ficar num local distante da entrada. Quando acharam que o chefe dormia, saíram furtivamente e acenderam uma enorme fogueira na boca da caverna. Mas, quando olharam em volta, viram Lituolone entre eles observando o fogaréu.

Por fim Lituolone percebeu que nada diminuiria esse ódio profundo por ele, e sentiu-se cansado de enfrentar as tentativas de matá-lo. Então, entregou-se sem resistência, dispondo-se a ser morto. Dizem que, quando morreu, seu coração saiu e escapou, tornando-se um pássaro. ◎◎

Perguntei uma vez a uma cineasta amiga minha, quando saíamos do cinema, como ela vê um filme. Ela me disse que assiste ao filme três vezes: "Da primeira vez, para apreciar a história; da segunda, para avaliar os atores e a direção; e da terceira, para observar os enquadramentos que o diretor escolheu na edição final".

Eu faço com os mitos uma coisa parecida: da primeira vez, eu o leio para apreciar a história; da segunda, para procurar símbolos significativos; e da terceira, para refletir sobre a relação entre o mito e a trajetória da minha vida. Essa narrativa basuto sobre um herói presta-se bem a esse enfoque, pois, apesar de curta, a história é rica em símbolos universais da jornada heróica, cobertos aqui de matizes africanos: o mundo clama por um salvador que resgate a humanidade da ameaça de Kammapa, o monstro devorador, guardião e senhor das profundezas escuras; um homem-deus extraordinário gerado por um parto virginal para atender ao chamado da humanidade; o herói que entra em combate com o monstro e é engolido inteiro para dentro da barriga da fera; a vitória do herói, libertando do monstro o restante da humanidade; e o regresso do herói à comunidade — não como um salvador bem-vindo, mas como um pária estigmatizado.

Encontramos no parto virginal de Lituolone o modelo máximo do nascimento milagroso do herói, assinalando o despertar do espírito humano. O despertar espiritual é necessariamente "virgem", uma vez que se nasce não de outro, mas de si mesmo, de uma forma de autoconsciência para outra. Entre aqueles que "ouviram o chamado" da vida espiritual e "renasceram" encontram-se não só os cristãos "renascidos", ou convertidos, mas todos os que atentaram para um esforço interno profundamente significativo e se viram renascer com uma nova vocação na vida. Isso é o parto virginal.

Por outro lado, o monstro Kammapa dessa lenda simboliza tudo aquilo que impede a humanidade de ouvir ou atender o chamado para se aventurar na vida; é o "nevoeiro" da confusão do ser humano comum. Ao dezenove anos, fui trabalhar como engenheiro de sistemas na IBM, então a maior empresa de computadores do mundo. Aos 26, animei-me a deixar esse mastodonte empresarial para me dedicar à minha formação e a uma nova carreira como quiroprático. Todos os meus gerentes e colegas tentaram me dissuadir dessa decisão. Quando ficou claro que eu ia embora mesmo, a reação foi bem diferente. No último dia de trabalho, na entrevista de saída com o primeiro-gerente, fiquei estupefato ao ouvi-lo dizer: "Clyde, eu o invejo. Tudo que eu sempre quis na vida foi abrir uma livraria". Depois, numa entrevista parecida com o segundo-gerente, ouvi: "Gostaria de seguir a sua carreira. Sempre sonhei em me mudar para o Texas e explorar petróleo". Quando voltei à minha mesa pela última vez, virei-me para me despedir de uma colega, uma jovem um pouco mais velha do que eu. "Eu gostaria de sair daqui", queixou-se ela, "mas o que ganho está bom demais e sinto-me presa". Esses foram os lamentos da humanidade devorada e aprisionada na barriga da fera "Big Blue".*

Espontaneamente ou não, o herói também deve entrar na barriga da fera, não para se lamentar, mas para abrir caminho para fora. Uma encantadora variante tonga desse tema conta sobre um ogre que engoliu um pastor. O garoto era aparentemente indigesto, e o ogre sentia-se tão mal que pediu a seus amigos ogres que o abrissem, libertando o menino e, ainda, outras pessoas e o rebanho que ele havia devorado.[2] Um mito zulu conta sobre uma heroína que buscava seus filhos, devorados por um elefante; ela também foi devorada pelo paquiderme. Dentro dele, "viu florestas imensas e rios enormes e muitos planaltos; de um lado havia muitas rochas; e havia diversas pessoas, que tinham construído aldeias lá, e muitos cachorros, e um grande rebanho; todos estavam dentro do elefante; também lá ela avistou seus filhos".[3] Então, ela extirpou e assou o fígado do elefante para que todos o comessem, matando a fera e libertando todos os seres aprisionados lá dentro. São momentos cruciais de morte cedendo ao renascimento — transições das quais os heróis e todos os que eles tocam saem refeitos.

"Os oprimidos não podem ser oprimidos eternamente", escreveu Martin Luther King Jr. em *Letter from the Birmingham Jail* (Carta Escrita na Cadeia de Birmingham). Ele tinha ido a Birmingham, Alabama, em 1963 para fazer frente a essa cidade de um segregação violenta, onde lançavam jatos d'água sobre a multidão negros, atacados também pelos

---

* *Big Blue* é o apelido empresarial da IBM. As grandes baleias-azuis são também conhecidas na língua inglesa por *Big Blue*. (N. do T.)

cães da polícia, que rosnavam e abocanhavam pernas e braços. Luther King ficou encarcerado na barriga da fera, brandindo a espada da não-violência diante do monstro do racismo e da opressão. "A ação direta não-violenta", escreveu ele na cela, "procura criar tal crise e tal tensão produtiva que todas as comunidades [...] sejam forçadas a enfrentar o problema".[4]

King acabou saindo da barriga da fera e, ainda que o monstro da injustiça não tenha sido aniquilado, a coragem desse herói da atualidade permitiu que se conquistassem algumas vitórias preliminares. Luther King foi agraciado com o Nobel, mas não foi um herói bem recebido em todo o mundo. Sua mensagem incansável de que a liberdade e a justiça para todos os norte-americanos estavam intimamente ligadas à liberdade e à justiça para a população negra norte-americana nem sempre teve boa receptividade.

Quando um atirador se ergueu dentre os surdos à sua mensagem, um Luther King extenuado, como Lituolone, parecia entregar-se espontaneamente. "Não sei o que vai acontecer agora", disse ele profeticamente a uma platéia em Memphis, Tennessee, poucas horas antes de morrer. "Mas não dou a mínima", prosseguiu, "hoje estou feliz; não tenho receio de nada. Não tenho medo de homem nenhum".[5] Alguns diriam que, quando morreu, seu coração também escapou como um pássaro e conscientizou os muitos que continuaram seguindo seu heroísmo.

E, assim, os símbolos revelados nos mitos ancestrais ainda são válidos para as inquietações da vida moderna, não só para a vida dos heróis da atualidade mas para a vida do herói que o indivíduo de hoje leva dentro de si. Ao lermos o mito de Lituolone, podemos perguntar-nos: que monstro devora minhas qualidades humanas? As exigências impessoais de uma carreira infrutífera? O sorvedouro emocional de um relacionamento insatisfatório? A dor física de um trauma não-resolvido? O vazio de um sonho não realizado? Uma doença social inaceitável como o racismo, a violência, a pobreza ou a falta de moradia? E podemos refletir sobre nosso parto virginal: que traço heróico meu eu devo fazer nascer para enfrentar esse monstro numa batalha? Coragem? Destemor? Fé? Esperança? O fim da negação? A crença em meu valor? E então poderíamos perguntar: estou preparado para entrar na barriga da fera e lutar por uma vitória minha? Que lados meus eu posso sacrificar nessa investida de vida ou morte? Estou preparado para enfrentar a ridicularização e o escárnio eventuais daqueles que não entenderiam minha busca heróica? Nessas perguntas se encontram os desafios e as recompensas de morte e ressurreição do herói africano.

## RESGATE NO MUNDO DOS ESPÍRITOS

Nem mesmo Sudika-mbambi, o herói-mirim de bravura lendária, conseguiria escapar à barriga da fera ou às provações da morte e ressurreição do herói. Ter conquistado da feiticeira ciumenta uma noiva foi apenas o começo de sua jornada heróica, como vemos na continuação dessa saga:

◎◎ Na verdade, os Kipalendes estavam com inveja de Sudika-mbambi. "Uma simples criança nos superou", reclamaram eles. "Temos de matá-la, mas como?" Eles prepararam uma armadilha para acabar com Sudika-mbambi cavando um buraco no chão e cobrindo-o com uma esteira. "Venha, Sudika-mbambi, sente-se aqui", disseram. Quando Sudika-mbambi sentou-se, caiu no buraco e rapidamente os Kipalendes o cobriram com terra, e ficaram com a jovem para si.

Quando Kabundungulu foi verificar a *kilembe* de seu irmão mais velho, percebeu que a árvore da vida começava a murchar. Ele se lamentou: "Meu irmão vai morrer". Mesmo assim, regou a árvore e ela começou a ficar verde de novo.

Enquanto isso, no fundo do buraco, abriu-se para Sudika-mbambi um caminho que levava a Kalunga-ngombe, o rei da morte. Na estrada ele topou com uma velha que capinava. "Como vai, vovó?", cumprimentou-a Sudika-mbambi, pedindo-lhe em seguida que indicasse o caminho.

"Daqui saem duas trilhas", disse ela, "uma larga e uma estreita. Pegue a trilha estreita; não pegue a larga, se não vai se perder. E quando você por fim chegar à casa de Kalunga-ngombe, você deve levar um vaso de pimenta e um vaso de sabedoria". ◉◉

Chegamos aqui a um momento crítico, não só da narrativa, mas para a compreensão dos desdobramentos da sabedoria mítica africana. Kalunga-ngombe é um rei mítico que governa o reino de Kalunga, tido tanto como subterrâneo quanto como submarino. Kalunga é também a fronteira, simbolizada pelo oceano, que separa o mundo cotidiano do território mítico de Mputu, o mundo para o qual passaram os escravos africanos capturados, segundo a sociedade congolesa que eles deixaram. Portanto, Sudika-mbambi, sua captura pelos Kipalendes e sua passagem para Kalunga podem ser vistos como uma metáfora da captura dos africanos escravizados e sua passagem para as Américas na Travessia do Atlântico.

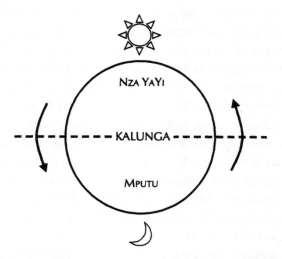

*Figura 3.* Cosmograma congo, mostrando a relação entre Nza YaYi (o mundo cotidiano), Mputu (a terra dos mortos) e Kalunga. Ver no Capítulo 10 mais detalhes sobre este cosmograma e outros parecidos. Conforme Mac-Gaffey (1983).

Na verdade, tudo nos leva a acreditar que os escravos africanos provenientes de sociedades em que narrativas como a de Kalunga floresceram compreendiam sua captura e seu sofrimento nesse contexto mítico. "Não há uma distinção clara", observa o etnógrafo Wyatt MacGaffey, "entre a travessia marítima dos escravizados e a passagem das almas, entre o mercador de escravos e a feiticeira, entre a América, geograficamente, e a terra dos mortos".[6]

Assim, esse mito de Sudika-mbambi não só acompanhava a sociedade ambundu, na qual nasceu, mas também a vida dos africanos arrancados dessa sociedade pelos horrores do tráfico transatlântico. E o círculo sagrado que teve início com a luta do herói mitológico Sudika-mbambi permanece intacto até hoje, na luta da vida real dos heróis e das heroínas afro-americanos por liberdade e justiça nos Estados Unidos.

As tentativas dos Kipalendes de matar Sudika-mbambi na verdade o levaram ao verdadeiro desafio de sua missão, que tem lugar no mundo debaixo de Kalunga, a terra dos mortos. Seu progresso lá é acompanhado por meio de sua *kilembe*, que permanece no mundo iluminado da face da terra. Aqui a árvore representa o centro psicológico do herói, manifestação pessoal de outro símbolo mítico universal: a Árvore Cósmica, Árvore do Mundo ou Árvore da Vida. A árvore, afinal, é uma representação compacta do tríplice palco mítico em que se desenrola o drama da busca do herói: as raízes da árvore penetram fundo na terra e coincidem com o reino inferior do subsolo ou mundo debaixo, as profundezas do inconsciente humano; o tronco proeminente representa o reino intermediário da terra, o campo da consciência desperta, cotidiana; e as folhas, voltadas para a luz, fazem as vezes do mundo de cima, do paraíso, o domínio enaltecido do espírito humano.

Cada um de nós precisa encontrar ou inventar sua *kilembe*, esse instrumento de medição da nossa vitalidade nesses três reinos, já que as medidas fornecidas por nossa sociedade quase sempre falham quando dizem respeito às inquietações profundas da nossa alma. Talvez a riqueza não seja a medida mais importante da nossa estada no reino intermediário do cotidiano; talvez o medo impeça de obter as recompensas possíveis por penetrar no mundo subterrâneo do nosso inconsciente; e deve haver maneira melhor de deixar o espírito humano brilhar do que aderir incondicionalmente ao dogma e à doutrina. Certamente toda *kilembe* deveria ser tão única e bela como a vida do indivíduo, cuja essência vital ela espelha.

A *kilembe* de Sudika-mbambi murcha momentaneamente quando, no princípio, ele se vê apanhado na armadilha dos Kipalendes, mas depois volta à vida ao se abrir para ele um caminho para viajar ao mundo debaixo — a mesma senda para o inconsciente que se abriu para Uncama, Kwasi Benefo e Walter, o que viajou no meu consultório. Sudika-mbambi é recebido e auxiliado na fronteira do mundo debaixo por uma personagem já familiar, a velha do caminho, que o orienta sobre a direção a tomar e sobre os objetos mágicos de que ele precisa para garantir sua segurança. Ao chegar à casa de Kalunga-ngombe, Sudika-mbambi lhe pede a filha em casamento — símbolo do desejo do herói de conhecer e abraçar tudo que se encontre nesse domínio do inconsciente.

◎◎ "Bem", disse o Senhor da Morte, "você se casará com minha filha, mas só se tiver um vaso de pimenta e um vaso de sabedoria".

Quando Sudika-mbambi mostrou as coisas pedidas, Kalunga-ngombe disfarçou a surpresa com uma risada e mandou prosseguir os preparativos. Mas, na manhã seguinte, ele mudou de idéia, dizendo: "Se você quiser minha filha, primeiro terá de salvá-la da grande serpente, Kinioka kia Tumba!"

Quando Sudika-mbambi chegou à morada de Kinioka, vendo que a enorme serpente não estava, sentou-se para esperar por ela. Kinioka, não querendo se render, mandou enxames de insetos contra Sudika-mbambi: primeiro uma legião de formigas operárias, depois de formigas-açucareiras, depois de abelhas, depois de vespas. Sudika-mbambi repeliu-as todas. Então, surgiu uma das cabeças de Kinioka, chiando, com as presas à mostra. Sudika-mbambi decepou essa cabeça, mas outra apareceu em seu lugar: e Sudika-mbambi decepou-a também.

Ele retornou com a filha de Kalunga-ngombe, mas este queria testar Sudika-mbambi ainda mais. Desafiou-o a matar Kimbiji kia Malenda, o crocodilo, senhor das profundezas subterrâneas. Sudika-mbambi atraiu Kimbiji usando um leitão como isca, mas o crocodilo era forte demais e puxou Sudika-mbambi para a água, onde ele foi engolido inteiro. ◎◎

As provas a que Kalunga-ngombe submeteu Sudika-mbambi fazem lembrar a batalha de Hércules com a serpente monstruosa de várias cabeças, a Hidra de Lerna. Mas, ao enfrentar esse réptil colossal, os poderes de Sudika-mbambi a princípio falharam. Esse é o ponto crítico de toda a saga, pois ele é sugado para a barriga do monstro e sua *kilembe* murcha; agora, ele é o herói morto devorado pelas forças descomunais do desconhecido.

Não é que também nós precisamos morrer sucessivamente para renascer? Morrer primeiramente para o útero escuro da nossa criação a fim de renascer para o mundo exterior iluminado; depois, morrer para a nossa dependência da infância, a fim de renascer como um adulto dono de si; e, mais uma vez, para o nosso eu responsável por nós mesmos, procurando renascer como um parceiro, companheiro ou pai responsável pela coletividade; e de novo e de novo, no eterno ciclo de morte e renascimento em todos os aspectos da nossa vida, até que finalmente morremos para a vida em si, para renascermos outra vez no mistério transcendente do qual principiamos. Não podemos nos prender se temos de nascer mais uma vez. Devemos prosseguir e, quando necessário, deixar-nos cair nas garras da morte — morte do nosso modo de pensar ultrapassado; morte de um conjunto de crenças opressivas; morte do nosso modelo restritivo de consciência; morte da nossa condição social individual. Só então haverá esperança de ressuscitarmos.

◎◎ A única esperança de Sudika-mbambi estava em casa, em seu irmão mais novo, Kabundungulu, que percebeu que a árvore de Sudika-mbambi estava seca. Cansado de ficar esperando, desta vez Kabundungulu quis descobrir o que realmente acontecera a seu irmão. Seguiu os passos de Sudika-mbambi e acabou chegando ao acampamento dos Kipalendes; estes, é claro, alegaram não saber o paradeiro do irmão mais velho.

"Mentirosos", retrucou Kabundungulu. "Vocês o mataram. Abram o túmulo."

Kabundungulu forçou os Kipalendes a cavar o túmulo de Sudika-mbambi; então ele pulou para dentro e pegou a estrada que seu irmão seguira para o reino de Kalunga-ngombe. Encontrou a velha, que lhe apontou o caminho para a morada de Kalunga-ngombe, e lá ele exigiu do Senhor da Morte que lhe contasse onde estava o irmão.

Kalunga-ngombe contou ao jovem herói que seu irmão mais velho havia sido devorado por Kimbiji. Então Kabundungulu atraiu o monstruoso crocodilo usando um porco como isca, pegou sua faca e dilacerou Kimbiji. Dentro da fera, encontrou os ossos de Sudika-mbambi, juntou-os, e bradou: "Meu irmão mais velho, levante-se!"

Assim, Sudika-mbambi ressuscitou; e Kalunga-ngombe enfim deu sua filha.

Voltando da terra de Kalunga pelo mesmo caminho, os dois irmãos saíram pelo buraco em que Sudika-mbambi fora apanhado e acertaram contas com os quatro Kipalendes, botando-os para correr e resgatando a primeira esposa de Sudika-mbambi. Por fim, ao chegar ao lar, o caçula disse: "Meu irmão mais velho, dê-me uma esposa, pois você tem duas, e eu nenhuma".

Mas Sudika-mbambi ofendeu-se com esse pedido e disse a seu irmão mais novo para nunca mais falar nisso.

Kabundungulu persistiu, não com o irmão, mas com suas mulheres, e, nos dias em que Sudika-mbambi saía para caçar, Kabundungulu entrava na casa dele para copular com elas. Chegou o dia em que uma das esposas de Sudika-mbambi queixou-se a ele de que Kabundungulu estava sempre buscando os prazeres da cama. Isso enfureceu Sudika-mbambi, que imediatamente foi tirar satisfações com Kabundungulu. Os dois começaram a lutar, ferindo-se de morte, mas os poderes de cada um deles não suplantava os do outro. Por fim, eles se cansaram de lutar e concordaram em se separar — o irmão mais velho, Sudika-mbambi, tomou o rumo leste; o caçula, Kabundungulu, seguiu para o oeste.

Hoje, quando vem a tempestade, o trovão que soa no leste é Sudika-mbambi; o eco do trovão que responde é Kabundungulu, o irmão mais novo, que fora para o oeste. ◎◎

Com um arremate encantador, este mito ancora a narrativa sobre o céu ao identificar Sudika-mbambi com o trovão e Kabundungulu com seu eco. Assim como o sino do Ângelus toca para lembrar aos católicos romanos o mistério divino do salvador do mundo que morreu e ressuscitou, também o trovão pode lembrar a um ambundu a busca misteriosa do deus-herói Sudika-mbambi, que também morreu e ressuscitou. Cada estrondo desse deus-trovão torna-se, então, uma dádiva, anunciando que a missão desse herói com rosto africano não é de mais ninguém, senão de não nós mesmos.

### A Oferenda de Fogo aos Deuses

Os chagas, povo banto da Tanzânia que habita as encostas do monte Kilimajaro, contam sobre Murile, outro deus-herói que morre e ressuscita:[7]

◎◎ Marido e mulher que viviam na terra dos chagas tiveram três filhos, dos quais Murile era o mais velho. Um dia ele saiu com a mãe para apanhar inhame e, ao perceber um tubérculo muito bom entre os que eram separados para semear, disse: "Veja, este aqui é tão bonito quanto meu irmãozinho!" A mãe riu da idéia de comparar um tubérculo de inhame a um bebê; mas ele escondeu a raiz e, mais tarde, quando ninguém estava olhando, colocou-o numa árvore oca e cantou uma canção mágica junto ao tubérculo. No dia seguinte foi verificar e viu que a raiz se transformara em uma criança. Desse dia em diante, em todas as refeições ele enfurnava um pouco de comida e, assim que podia, sem que o vissem, levava-a até a árvore e alimentava o bebê, que crescia e amadurecia dia a dia.

Mas a mãe de Murile ficou muito preocupada notou que o garoto emagrecera muito e, mesmo quando perguntava, a resposta nunca era convincente. Então, um dia, seus irmãos mais novos perceberam que quando passavam para Murile o prato de comida, em vez de comê-la de uma vez, ele a punha de lado. Contaram à mãe, que mandou segui-lo quando ele saísse depois do jantar e vissem o que fazia com a comida. Eles obedeceram e o viram alimentando o bebê na árvore oca; voltaram e contaram à mãe. Ela foi imediatamente àquele lugar e estrangulou a criança que fazia seu filho passar fome.

Quando Murile foi até a árvore no dia seguinte e encontrou a criança morta, ficou profundamente amargurado. Voltou para casa e se sentou lá, chorando copiosamente. A mãe lhe perguntou por que estava chorando, e ele disse que era a fumaça que lhe ardia os olhos. Então pediu para que fosse sentar-se do outro lado da lareira. Mas, como ele continuava chorando e reclamando da fumaça, todos lhe disseram que pegasse a banqueta do pai e se sentasse fora de casa. Ele pegou a banqueta, saiu para o quintal e lá se sentou. ◎◎

Por mais estranha que pareça a comparação de um inhame com uma criança, os chagas a compreendem facilmente. Quatro dias após o nascimento, o cordão umbilical seco dos bebês chagas é separado do corpo por uma parteira mais experiente, que o coloca numa cabaça cheia de grãos eleusinos (painço africano), onde deve ser deixado em repouso por vários meses, até que a criança seja levada da choça da família pela parteira e seja apresentada cerimoniosamente ao bananal do lugar. Lá, se a criança for um menino, os restos do cordão umbilical, junto com uns poucos grãos com os quais ficou guardado, são colocados nos tubérculos de inhame; se for uma menina, as mesmas coisas são colocadas nas raízes de uma espécie de bananeira. A planta, consagrada nesse rito, fica conhecida para sempre como a "raiz" daquela criança, e os frutos dela não podem ser comidos.

O significado desse rito africano é evidente até na denominação européia do cereal, pois *eleusino* remete aos ritos misteriosos fundamentais da Grécia antiga celebrados no templo sagrado da cidade de Elêusis. Séculos atrás, os noviços eram iniciados no grande mistério da vida durante a representação ritual do mito de Deméter, deusa da fertilidade da terra, e Perséfone, filha de Deméter que morreu e ressuscitou, simbolizando as energias vitais debaixo da terra que se manifestam nos ciclos da semeadura (morte) e da colheita de novas safras (ressurreição). Toda essa escola dos mistérios, que o historiador grego Heródoto classificou como empréstimo cultural do Egito antigo, manifestava-se então em ritos em que se bebia uma infusão fermentada de cevada. A semente da cevada, transformada em bebida, simbolizava a deusa que morreu e ressuscitou, e era usada para lembrar aos participantes desse rito a importância da morte e da ressurreição em sua vida, da mesma maneira que o grão de painço era usado na vida dos chagas. Pode-se identificar um tema similar nos sacramentos cristãos da Comunhão Sagrada, em que o trigo transformado em pão é ingerido simbolicamente como o corpo do salvador morto e ressurrecto.

Assim, a parteira chaga executa ritos equivalentes aos mistérios de Elêusis e da missa católica romana. Uma liturgia moderna para acompanhar a associação do cordão umbilical com grãos de painço seria mais ou menos assim:

Assim como o grão é o produto do corpo da terra, que morre ao final de cada época de plantio só para gerar uma vida nova no início da próxima safra, também você (criança) é produto do corpo de sua mãe (simbolizado pelos restos do cordão umbilical), que morre todo mês (a menstruação) para gerar uma vida nova em você.

Então, a mistura do cereal e do cordão umbilical ao tubérculo da planta poderia ser expressa nestas palavras:

Assim como estas raízes penetram fundo no mistério de onde surge para gerar frutos, que também você lance raízes profundas no mistério de onde sua vida surge para gerar frutos. Que esta planta e raiz sirvam para lembrá-la por toda a vida de sua ligação com o grande mistério do ciclo da vida e de sua participação nele, que produz a morte e produz a vida infinitamente, desde o momento do seu nascimento até que você seja plantado outra vez, com a morte, neste mistério permanente.

Usando a idéia que já conhecemos com a saga ambundu de Sudika-mbambi, podemos dizer que, com esse rito, a sociedade chaga fornecia a cada criança uma *kilembe* própria, a sua árvore da vida.

Então, com esses símbolos fundamentais explicados dessa maneira, podemos prever que o tema da morte e da ressurreição figurará com destaque ao longo de todo esse mito, e o restante da narrativa confirma essa previsão. Por causa do amor e do carinho de uma mãe protetora, Murile é ceifado da "raiz" de sua vida, o que o leva a uma viagem de autodescoberta.

◎◎ Então ele disse: "Banqueta, suba bem alto, como a corda do meu pai quando ele pendura sua colméia na floresta!". E a banqueta subiu no ar junto com ele e ficou presa aos galhos de um árvore. Ele repetiu as mesmas palavras, e a banqueta subiu de novo. Nesse momento seus irmãos saíam da choça e, ao verem-no, correram de volta para dizer à mãe: "O Murile está subindo para o céu!"

A mãe não acreditou nos filhos e correu para fora para ver com os próprios olhos, e começou a suplicar ao filho que descesse. Os outros familiares de Murile também lhe pediram que voltasse para o chão, em vão, pois Murile continuava subindo, dizendo a todos os que deixava para trás: "Não volto nunca mais".

A banqueta o levou para cima até que ele sentiu o chão firme sob os pés, e então olhou em volta e se viu no reino dos céus. Caminhou até topar com algumas pessoas que juntavam lenha. Perguntou-lhes o caminho para a aldeia do chefe-Lua, e elas disseram: "Pegue alguns gravetos para nós que lhe contaremos". Ele juntou um fardo de gravetos e elas o orientaram a seguir em frente até chegar a umas pessoas ceifando capim. Ele fez isso e cumprimentou os capinadores ao se aproximar deles.

Depois de ajudá-los Murile recebeu a instrução de seguir até encontrar os meninos pastores, depois mulheres colhendo favas, pessoas cortando painço, outras colhendo folhas de bananeira e meninas pegando água. Ajudou cada um deles, e eles o fizeram chegar cada vez mais perto da aldeia do chefe-Lua.

As carregadoras de água disseram: "Siga nesta direção até chegar a uma casa onde as pessoas estão comendo". Ele encontrou a casa e disse alto: "Saudações, proprietários! Por favor, mostrem-me o caminho para a aldeia do chefe-Lua". Eles prometeram indicá-lo se se sentasse e comesse com eles, o que Murile fez. Por fim, seguindo as instruções dessa gente, ele chegou a seu destino e encontrou umas pessoas comendo comida crua. Perguntou por que não usavam fogo para cozinhar e ficou surpreso ao saber que elas não sabiam o que era fogo.

"Se eu preparar uma comida bem gostosa no fogo, o que vocês me darão?", perguntou Murile.

"Nós lhe daremos bois e cabras e ovelhas", respondeu o chefe-Lua.

"Então", ordenou Murile aos aldeões, "tragam-me muita lenha".

Quando os aldeões voltaram com a lenha, Murile e o chefe-Lua foram para os fundos da casa, onde os outros não conseguiam vê-los. Murile pegou sua faca e cortou dois pedaços de lenha, um plano e o outro afiado, e girou o graveto afiado até obter algumas faíscas, com as quais incendiou um punhado de capim seco e acendeu uma fogueira. Quando ela estava queimando bem, pediu ao chefe que mandasse buscar algumas bananas-da-terra, que ele assou e ofereceu ao chefe. Depois cozinhou carne e vários outros alimentos. O chefe-Lua ficou maravilhado ao prová-los e reuniu todas as pessoas, dizendo: "Este é um sábio maravilhoso que veio de uma terra distante! Devemos retribuir a fogueira que ele fez para nós". ◎◎

Saiba quem é o chefe-Lua, ou rei-Lua, deidade muito conhecida tanto nas mitologias primordiais quanto nas atuais, pois esse líder ou salvador personifica o mistério da morte e da ressurreição, assim como o corpo celestial que lhe dá nome. Nas comunidades tradicionais de caçadores africanos, por exemplo, essa divindade da Lua se manifestava no pacto sagrado entre o caçador e a caça: matavam-se os animais (morte) com a crença de que seus espíritos voltariam (ressurreição) na forma de caça para alimentar a humanidade. Do mesmo modo, nas comunidades tradicionais de agricultores africanos, essa deidade da Lua está presente no pacto sagrado entre o agricultor e a terra: a colheita de uma safra (morte) prepara a terra para gerar novas safras (ressurreição). Os reis, que personificam na terra essa divindade lunar (na África e em toda parte), eram freqüentemente sacrificados durante a encenação e reafirmação desse ciclo de morte e ressurreição.

Em textos que escreveu no início do século XX, o alemão Leo Frobenius, renomado estudioso da África, identificou que a região em que ocorria esse regicídio abrangia a maior parte da África de idioma banto e se estendia a leste até o Golfo Pérsico, o sul do subcontinente indiano, as ilhas Andaman e trechos do norte da Indonésia. "Na 'eritréia' do Sul africano [Moçambique, Angola e Rodésia (atual Zimbábue)]", escreveu Frobenius,

> [...] o rei que representava a suprema divindade tinha até o nome "Lua", ao passo que sua segunda esposa era a bem-amada da Lua, o planeta Vênus. E, quando chegava a hora da morte do deus, o rei e sua esposa-Vênus eram estrangulados e seus restos mortais colocados na caverna de uma montanha, na qual eles deveriam ressuscitar [...].[8]

Mais tarde, o sacrifício de touros, bois e outros animais com chifres em forma de lua crescente substituiu o regicídio, e a carne ou o sangue desses animais era ingerido simbolizando esse ciclo da vida fundamental.

No reino dos céus, a saga de Murile também retrata uma incrível inversão de papéis, porque o herói faz a "oferenda do fogo" ao chefe-Lua, o que é um contraste enorme com o conhecido episódio de "roubar o fogo" dos deuses pelo bem da humanidade. Quando o deus grego Prometeu roubou o fogo do paraíso, por exemplo, Zeus ficou enfurecido porque o fogo, símbolo da energia eterna do Sol e da imortalidade dos deuses, deveria pertencer somente a eles. Na história de Murile, no entanto, temos duas mitologias diferentes, duas metáforas contrastantes, sobre a relação entre humanidade e divindade. A versão de Prometeu afirma que a humanidade não tem uma natureza divina e deve receber dos deuses a dádiva da divindade, a chama eterna. A versão chaga afirma que a humanidade *é* divina por natureza, criada com a centelha da chama eterna presente numa constituição mortal. Assim, temos diante de nós duas alternativas para a maior aventura da alma: se seguirmos os passos de Prometeu, nossa busca espiritual nos levará àqueles lugares específicos de onde poderemos "roubar" nossa identidade espiritual — um deus, uma igreja, um livro, um guru. Mas, se seguirmos o exemplo de Murile, encontraremos a consagração na vida diária, pois já possuímos a centelha da divindade em nós; precisamos apenas reconhecer isso. E, em troca dessa dádiva do fogo:

◎◎ "Como podemos retribuir?", perguntaram os aldeões.

"Que um homem traga uma vaca, outro, uma cabra, e outro, qualquer coisa que tiver em seu armazém", declarou o chefe-Lua.

Então os aldeões foram buscar tudo isso, e Murile ficou rico. Permaneceu alguns anos na grande aldeia do chefe-Lua e teve várias esposas e filhos, e seus rebanhos e manadas aumentaram bastante. Mas, no fim, foi tomado por saudades de casa.

Assim, Murile mandou pássaros para levar à sua família a mensagem do retorno iminente de seu filho pródigo. A seguir, ele se despediu dos amigos e das esposas, que deveriam ficar com sua gente, mas o rebanho e os filhos foram com ele.

Era uma marcha puxada do ponto de descida do mundo dos céus para a terra, e Murile começou a ficar muito cansado. Porém, havia um touro maravilhoso na manada que andava o tempo todo ao lado de Murile. De repente, ele começou a falar, dizendo: "Já que você está tão cansado, o que faria por mim se eu o deixasse me montar? Se eu o levar em meu dorso, você seria capaz de comer minha carne quando me matarem?"

"Não!", respondeu Murile. "Não o comeria de forma alguma."

Então o touro o deixou subir em seu dorso e o levou para casa. E Murile foi cantando por todo o caminho.

Chegando a sua casa, seu pai e sua mãe correram para recebê-lo e o ungiram com banha de carneiro, o que é de costume quando uma pessoa querida volta de terras distantes. E seus irmãos e todos os demais exultaram e se admiraram tremendamente ao ver o rebanho. Mas Murile mostrou ao pai o grande touro que o trouxera e disse: "Este touro deve ser alimentado e bem tratado até a velhice. E, mesmo que o matem quando ele for velho, eu nunca comeria da sua carne". Assim eles viveram muito felizes por um bom tempo.

Todavia, quando o touro ficou muito velho, o pai de Murile o sacrificou. Tolamente, a mãe achou uma pena que seu filho, que sempre se havia preocupado tanto com o animal, não comesse nenhum pedaço de carne enquanto todos se refestelavam. Então ela cortou um pedaço de gordura e o escondeu num pote. Quando viu que toda a carne acabara, macerou alguns grãos e cozinhou a gordura junto com a refeição e a deu ao filho. Assim que ele provou da comida, a gordura disse a ele: "Como você ousa comer de mim, que o carreguei nas costas? Você será devorado porque está me devorando!"

Então Murile se lamuriou: "Ah, minha mãe, eu lhe disse, 'não me dê a carne do touro para comer!'" Provou mais um bocado, e seu pé afundou no chão. Ele repetiu as mesmas palavras, ainda comendo do prato que a mãe lhe dera. Assim que ele comeu tudo, o chão se abriu mais e engoliu Murile, que desapareceu. ◉◉

Para a inesperada alegria de sua família, Murile retorna de uma morte aparente, cavalgando o touro do paraíso, símbolo dos mortos e do deus ressurrecto que ele mesmo agora personificava. A pergunta do touro a Murile — "Você seria capaz de comer minha carne quando me matarem?" — é tanto um convite quanto uma advertência, como aquela feita a Adão e Eva a respeito do fruto proibido e aquela da caixa de Pandora. É claro que o fruto será comido, a caixa, aberta, e a carne do touro, consumida. Porque não se ganha conhecimento, não se corre risco algum se se obedecer à ordem. Ao participar de sua primeira e última refeição solene, Murile, o homem-deus, é engolido pela terra, replantado profundamente no mistério de que surgiu sua planta natal. O fruto vivo e a presença da divindade agora fazem parte do mundo debaixo das suas raízes, nas profundezas do inconsciente, onde, como jóia num lótus fechado, essa presença divina aguarda nosso reconhecimento e sua própria recuperação.

# 4 A elevada aventura da alma

> O mundo invisível é
> contemplado, o mundo
> intangível, tocado,
> o mundo desconhecido, conhecido
> e o mundo inapreensível, apreendido.
>
> E. B. IDOWU

Uma vez que o chamariz da busca tenha sido seguido; os guardiões do limite, vencidos, os ogres e obstáculos do caminho, suplantados, o ventre da fera, desafiado — uma vez que todos esses desafios extraordinários tenham sido enfrentados e vencidos, a maior das viagens do herói africano ainda está por cumprir. Até esse ponto, as metas do herói têm-se encontrado principalmente na terra e no mundo subterrâneo ou subaquático. Simbolicamente, isso significa que nós, como heróis, despertamos para a aventura da nossa vida; defrontamos e ultrapassamos os empecilhos na nossa trajetória; e chegamos aos recantos sombrios do nosso inconsciente para que a coragem renascesse do medo, a esperança, do desespero e a fé, das desconfianças. A que mais podemos aspirar? A mitologia africana nos faz lembrar que, ao mesmo tempo que conquistamos tão bravamente os reinos da terra e dos mundos subterrâneos, ainda negligenciamos o reino dos céus. Esse lar dos deuses é o auge da jornada do herói, uma metáfora do campo de ação da espiritualidade humana — o local da mais elevada aventura da alma.

A jornada do herói africano, como heróis de todos os tempos, é a busca espiritual. O mito, é claro, representa essa busca como uma trajetória a um domínio celestial longínquo, habitado por um só deus portentoso ou por uma miríade de deuses e deusas em meio aos quais o herói espiritual busca seu destino. Mas, na verdade, não há paraíso algum "lá adiante"; o reino dos céus está "bem aqui", em cada ser humano, e a incumbência do verdadeiro herói espiritual é encontrá-lo viajando nas profundezas interiores. E também não existem homens e mulheres descomunais pisando leve acima das nuvens, acompanhando cada ato dos humanos; os vários deuses e deusas do mito estão "bem aqui", também, na forma de diferentes aspectos da nossa natureza divina. A incumbência do herói espiritual é encontrá-los e realizar a divindade interior.

## AS VIAGENS SOLARES E LUNARES

Pode-se descrever o espírito humano como a fonte máxima da nossa existência, eterna e indestrutível, além dos limites de espaço, tempo e mortalidade para os quais nosso corpo e nossa mente se dirigem. A procura dessa fonte máxima é um tema comum aos mitos africanos, nos quais é quase sempre retratada como a aventura do herói a um dos dois mais próximos corpos celestes — o sol ou a lua.

A cada 28 dias a lua completa o ciclo cheia e nova, com sua luz refletida morrendo e renascendo; a lua, então, é o olho celeste *mortal* que reflete a luz de um sol *imortal*. Ao viajar para o sol, você se lança simbolicamente na luz do eterno mistério do ser; ao viajar para a lua, o simbolismo leva-o ao reflexo dessa luz eterna em um corpo que morre e ressuscita.

Um mito chaga, por exemplo, conta sobre Kyazimba, um pobre que viajou ao sol em busca do próprio destino:[1]

◎◎ Um homem muito pobre chamado Kyazimba partiu em desespero para a terra onde nasce o sol. Ele caminhou muito, ficou cansado e estava simplesmente parado, olhando desesperançado em direção a seu destino, quando ouviu alguém se aproximar por trás dele. Ele se virou e viu uma velha mulher. Ela chegou perto e perguntou o que ele fazia. Quando ele lhe contou, ela o envolveu com suas roupas e, alçando vôo, transportou-o ao zênite, onde o sol se coloca no meio do dia. Então, com um barulho enorme, um grande grupo de homens veio do leste àquele lugar, e entre eles havia um chefe brilhante que, nem bem chegou, matou um boi e sentou-se para festejar. A velha pediu a ele que ajudasse Kyazimba. O chefe abençoou o homem e mandou-o para casa. E o que se sabe é que ele viveu na prosperidade para sempre. ◎◎

Kyazimba é um herói no nadir da sua busca, cansado e perdido, mas é auxiliado pela familiar velhota, que lhe presta um auxílio mágico em sua passagem à morada do sol, e depois intercede em favor dele com o chefe do sol. Em conseqüência disso, Kyazimba atinge seu objetivo e ganha a mais alta dádiva espiritual: o conhecimento pessoal da presença divina e a subsistência e a bênção para si. Quem regressa é um homem refeito e recompensado.

Apesar da sua pobreza, a facilidade da passagem de Kyazimba para o sol indica que ele merecia essa graça e estava pronto para ela. O herói que ambicione tais alturas prematura ou inadequadamente talvez seja beneficiado com menos liberalidade. Outro mito chaga, por exemplo, conta sobre um homem pobre armado de arco e flecha que deseja alvejar o sol, aqui retratado como um rei chamado Iruwa.[2] O homem está encolerizado com a morte de seus filhos e responsabiliza Iruwa, o sol. Caçado pelos soldados do sol, o sujeito é levado à presença do rei resplandecente, que o desafia a lançar sua flecha. Sabiamente, ele se decide pelo contrário, curvando-se em arrependimento; só então Iruwa permite que ele retorne à terra e o recompensa com outros filhos e uma grande fortuna.

## União Sagrada

*Figura 4.* Casal sentado, dos dogons do Mali, simbolizando os primeiros ancestrais, dos quais partiu a criação de tudo.

União com a fonte infinita da existência, iluminação pelo contato direto com a divindade — esses são os pontos altos da maior aventura da alma, alcançados simbolicamente na viagem do herói espiritual. É comum a mitologia africana retratar essa união espiritual sexualmente, como o casamento do herói com uma deusa ou de uma heroína com um deus. Feminino e masculino simbolizam todos os pares de opostos — luz e escuridão, bem e mal, positivo e negativo, norte e sul, leste e oeste — que passaram a existir com a criação do Universo. A união do herói com a deusa ou da heroína com o deus representa, então, a transição desses padrões restritivos do mundo comum para a unidade indissociável que é sua origem.

O "Pretendente Indesejado" é uma manifestação mundialmente conhecida desse tema da união sagrada, contada aqui em um mito dos ruandas da África Oriental.[3]

◎◎ Era uma vez uma mulher ruandesa, esposa de Kwisaba. O marido dela foi para a guerra e ficou ausente por muitos meses. Certo dia, quando ela estava só na choupana, ficou doente e sentiu-se muito fraca e angustiada para se levantar e acender uma fogueira, teria sido feito rapidamente se houvesse mais alguém por perto. Ela gritou, como louca em meio ao desespero: "Ai, o que vou fazer? Se pelo menos houvesse alguém para cortar lenha e acender o fogo! Vou morrer de frio se ninguém me acudir! Ai, se ao menos alguém viesse — que fosse o próprio Trovão dos céus".

Foi isso que a mulher disse, sem se aperceber do que dizia, e em seguida uma pequena nuvem apareceu no céu. Ela não podia vê-la, mas logo a nuvem se avolumou; outras se juntaram, até que o céu se tornou bastante nublado. Ficou escuro como noite na choça, e ela ouviu trovoadas ao longe. Então veio um clarão de raio bem próximo, e ela viu o Trovão postado à sua frente na figura de um homem, com uma machadinha reluzente na mão. Ele pôs mãos à obra e cortou toda a lenha em um piscar de olhos; depois a amontoou e a acendeu só ao toque da mão, como se seus dedos fossem tochas. Quando a fogueira tomou corpo, ele se voltou para a mulher e disse: "Agora, ó mulher de Kwisaba, o que vai me dar?". Ela estava paralisada de medo e não conseguia pronunciar nenhuma palavra. Ele lhe deu um tempo para se recompor e depois continuou: "Quando seu bebê nascer, se for menina, você vai dá-la para mim para ser minha esposa?". Tremendo dos pés à cabeça, a pobre mulher só conseguiu balbuciar: "Sim!", e o Trovão desapareceu.

Não muito tempo depois nasceu uma menina, que virou uma criança bonita e cheia de saúde e ganhou o nome de Miseke. Quando Kwisaba voltou da guerra, as mulheres foram a seu encontro com a notícia de que ele tinha uma menininha, e ele ficou maravilhado, em parte, talvez, por imaginar as cabeças de gado que ganharia como dote quando ela estivesse em idade de se casar. Mas, quando a mulher lhe contou a respeito do Trovão, ele ficou sério e disse: "Quando ela estiver mais crescida, você não deve em hipótese alguma deixá-la sair de casa, senão o Trovão a levará de nós". ◎◎

O início dessa narrativa indica um parto virginal, sugerido pela longa ausência de Kwisaba, a aparição do deus Trovão na figura de homem "com uma machadinha reluzente na mão", o desejo da mãe de ter alguém que "lhe acendesse o fogo" e o nascimento de uma menina, Miseke, capaz de feitos milagrosos, como veremos a seguir, não muito tempo depois da saída do deus Trovão. Aqui a principal preocupação do pai é com o dote de noiva que a filha eventualmente lhe proporcionaria, ao mesmo tempo que a mãe já se decidira que a filha seguiria a vida espiritual que ela própria conhecera, mesmo de passagem, no encontro sobrenatural com o deus Trovão. Uma forma de analisar esse mito, portanto, é ver como ele apresenta os propósitos conflitantes entre espiritualidade e vida mundana realizada. A criancinha simboliza uma alma dividida entre a voz predominante dos desejos mundanos (o pai) e a voz mais contida, condescendente, das intenções espirituais (a mãe). A história prossegue:

◎◎ Assim, enquanto Miseke era muito pequena, deixaram-na brincar fora com as outras crianças. Mas logo chegou o momento de ela ter de ser trancada na choça. Certo dia, algumas garotas vieram correndo muito agitadas até a mãe de Miseke. "Miseke está soltando miçangas pela boca! Nós pensamos que ela as tivesse posto na boca, mas as miçangas caem toda vez que ela ri". Sem dúvida, a mãe descobriu que era isso mesmo e que Miseke soltava não só contas das mais valiosas como também lindos braceletes de latão e cobre. O pai de Miseke ficou muito preocupado quando lhe contaram isso. Ele disse que devia ser o Trovão que mandou as contas desse modo extraordinário, como os presentes que um homem com contrato de casamento sempre envia enquanto a noiva cresce. Assim, Miseke tinha de ficar sempre em casa e se entreter ao máximo — quando não estivesse ajudando nas tarefas domésticas —, tecendo tapetes e trançando cestos. Às vezes as antigas amigas vinham vê-la, mas elas também não suportavam ficar trancadas por muito tempo numa choça escura e abafada. ◎◎

As mitologias de todo o mundo nunca se cansam do tema da dócil donzela trancafiada a contragosto no castelo por um pai tirânico, aguardando ser resgatada por um príncipe ou deus providencial. Essa narrativa ruandesa varia pouco em relação a essas outras tramas, mas é elaborada singelamente com uma roupagem africana. Se a donzela for digna, será libertada desse falso aprisionamento, pois as paredes de sua cela — sejam elas de pedra em um castelo, sejam de palha bem entrelaçada em uma choça — representam as visões erradas que temos de nós mesmos, impedindo o acesso aos aspectos mais nobres da nossa alma. A emancipação de Miseke ocorre quando ela faz quinze anos e cede aos pedidos de suas amigas, que estão indo pegar argila no leito de um rio:

◎◎ A tentação era grande demais, e ela escapuliu silenciosamente e foi com as outras meninas ao rio, onde deveriam encontrar a argila branca. Tantas pessoas haviam ido lá pelo mesmo motivo em épocas diferentes que já havia um buraco bem grande. As meninas entraram nele e puseram mãos à obra, rindo e papeando, quando de repente notaram que estava escurecendo e, olhando para cima, viram uma enorme nuvem escura se formando.

Imediatamente, a figura de um homem postou-se diante delas, e disse numa voz profunda: "Onde está Miseke, filha de Kwisaba?". Uma garota saiu do buraco de barro e disse: "Eu não sou Miseke, filha de Kwisaba. Quando Miseke ri, os lábios dela soltam miçangas e braceletes". O Trovão disse: "Bem, então ria para eu ver". Ela riu, e nada aconteceu. "Não, vejo que você não é ela." Assim, uma após outra ouvia o mesmo pedido e era mandada embora. Miseke veio por último e tentou passar no teste, repetindo as mesmas palavras que as outras disseram, mas o Trovão insistiu que ela risse, e uma chuva de contas caiu no chão. Então o Trovão a agarrou, levou-a para o céu e casou-se com ela.

Claro que ela estava terrivelmente amedrontada, mas o Trovão se mostrou um marido amável, e ela logo sossegou de bom grado, dando à luz, no devido tempo, três filhos, dois meninos e uma menina. Quando a menina tinha poucas semanas de vida, Miseke disse ao marido que gostaria de ir para casa rever os pais. Ele não só consentiu como lhe deu gado, bebida fermentada (como provisão para a viagem), presentes para a família e carregadores de rua de dormir, mandando-a para a terra com este conselho: "Fique na estrada principal; não entre em nenhuma trilha vazia". ◎◎

Em um plano, este é um mito de iniciação sobre a transição feminina da infância para a vida adulta e a maternidade. Nela notamos que os sinais e símbolos ruandeses importantes dessa transição são pertinentes a muitas culturas africanas: os preparativos de um casamento enquanto a mulher é ainda criança; o isolamento em uma choça da mulher que menstrua; a importância do dote; o pavor da mulher adulta entregando-se às alegrias e aos mimos da maternidade.

Porém, deixaríamos escapar a verdadeira sabedoria mítica dessa narrativa se a lermos só dessa maneira, pois ela é também merecedora de uma leitura espiritual. Estando na puberdade, Miseke mostra-se ao deus, apesar das precauções de seus pais, que a conduz em segredo para sua morada para se casarem. Se a heroína (ou o herói) da busca espiritual for inteiramente capaz de incorporar os poderes do reino transcendente ao qual passou, o casamento trará satisfação; se, por outro lado, ela subiu rápido demais a tais alturas — por astúcia, atrevimento, vaidade ou devoção —, então o casamento será terrível, e o deus se transformará em demônio, feiticeiro ou animal. Os chagas, por exemplo, contam sobre uma garota que se recusava a casar, até que, numa dança da espada na aldeia, seus olhos deram com um lindo jovem "usando um grande aro, como um halo, à volta da cabeça, que atraía todas as atenções com sua elegância e nobreza".[4] Ela, por fim, torna-se noiva desse bonito rapaz, mas, ao partirem juntos da vila, acaba descobrindo que ele era um *rimu* (lobisomem). O casamento de Miseke foi agradável apesar do começo amedrontador. Ainda assim, uma aventura a aguardava, porque ela não ficou "na estrada principal".

◎◎ Por não conhecerem o campo, os carregadores de Miseke logo se desviaram do caminho principal. Depois de terem andado um pouco pela estrada errada, viram o caminho fechado por um monstro estranho chamado *igikoko*, que exigiu comida. Miseke disse aos serventes que lhe dessem a bebida fermentada que levavam, e ele bebeu de todos os potes num instante. Então agarrou um dos carregadores e o comeu, e depois outro — em resumo, devorou todos, e também o gado, até que não restasse ninguém senão Miseke e seus filhos. O ogre exigiu então uma criança. Sem ter como se safar, Miseke deu-lhe o menino mais novo e depois, levada ao extremo, o bebê que ela amamentava, mas, enquanto ele se entretinha comendo, ela conseguiu enviar o filho mais velho, sussurrando para ele que corresse até encontrar uma casa. "Se você vir um velho sentado sobre um monte de cinzas diante da casa, ele é seu avô; se você vir uns jovens atirando setas num alvo, eles são seus tios; os garotos pastoreando as vacas são seus primos; e você vai achar sua avó na choça. Peça a eles que venham nos ajudar."

O garoto saiu correndo, enquanto a mãe distraía o ogre como podia. Ele chegou ao sítio do avô e contou o que acontecera. Todos partiram imediatamente à procura de Miseke. Quando a encontraram, os jovens se lançaram contra o ogre e o mataram a lançadas. Antes de morrer, ele disse: "Se vocês deceparem meu dedão do pé, terão de volta tudo que lhes pertence". Eles o deceparam e, pasmem!, saíram do monstro os carregadores e o gado, os serventes e as crianças, nenhum deles com um arranhão sequer. ◉◉

Miseke voltou para a casa dos pais e foi recebida com festa, mas o tempo passou depressa e ela começou a pensar em retornar para o reino do deus, de onde viera:

◉◉ Os velhos mandaram buscar gado e toda espécie de presente, como é de costume quando um visitante está indo embora. Tudo foi reunido fora da aldeia, e os irmãos dela estavam prontos para acompanhá-la quando viram nuvens se formando [...] vejam só! Num piscar de olhos, Miseke, os filhos, os serventes, o gado e os carregadores, com todos os fardos, foram suspensos no ar e desapareceram. Os familiares dela ficaram boquiabertos, e eles nunca mais viram Miseke na terra. ◎◉

Miseke deve trazer para o mundo cotidiano os frutos de sua façanha, as dádivas de sua ascensão à esfera da divindade, simbolizadas por seus filhos. Ela defronta e vence os mesmos tipos de desafio na viagem de volta que normalmente se vêem no início de uma busca heróica: o guardião da divisa é vencido, o ventre da fera se abre e as dádivas são entregues a quem estava à espera. Mas o destino de Miseke não é habitar o mundo comum para sempre: ela está predestinada a voltar para o reino dos céus.

A viagem de volta de Miseke representa o desafio enfrentado por qualquer um que tenha recebido a graça de uma introspecção pungente, uma revelação transformadora, um sonho profundamente significativo e uma experiência pessoal intensa: agora, como voltar com essa dádiva ao nosso mundo cotidiano?

Tenho participado de vários retiros budistas cuja programação, de dez dias, consiste de quase doze horas diárias sentado meditando. A dor dos joelhos machucados é intensa, enquanto a mente implora para se libertar, o que às vezes parece uma monotonia sem fim. As introspecções inquietantes que surgem marcam períodos de absoluta tranqüilidade, serenidade e desprendimento. Esses retiros são uma espécie de viagem heróica interna perfeita, com guardiões dos limites, o ventre da fera, batalhas importantes por lutar e episódios indescritíveis de êxtase e satisfação. O último dia do retiro é de transição, permitindo-se períodos opcionais de meditação e conversas, quando geralmente sou tomado de raiva ao sentir o mundo que eu deixara antes apoderar-se vagarosamente do esplendor que descobri. Ao ir embora de carro, mais de uma vez parei no acostamento da estrada e chorei de remorso diante da perspectiva de entregar a criança-prodígio do meu parto ao monstro de um mundo insano que me espera na cidade. E lá chegando, observei — primeiro com pesar, depois com resignação — como a graça sagrada se reduz lentamente a uma fração do que era, e eu, como Miseke, anseio de novo pelo país celeste. Prometo então a mim mesmo que da próxima vez conseguirei proteger melhor minha criança-prodígio das garras vorazes do mundo.

## Papéis Sexuais e Mitologia

A mitologia reserva papéis diferentes para os sexos. Dito de modo mais simples, o papel mitológico da mulher é render-se às energias da natureza que constituem a vida e se manifestam por meio de seu corpo e de sua existência mais bem exemplificada pela menstruação. O problema mitológico do homem, no entanto, é adquirir conhecimento e experiência dessas energias básicas da vida, sobre as quais ele não exerce um comando natural pelo corpo. Então, ao confrontarem a mitologia com a união sagrada, as heroínas são vistas lutando *com* os deuses que as conquistaram (rendição), enquanto os heróis são vistos lutando *pelas* deusas que eles desejam (conquista).

Essa diferença entre o homem e a mulher é mais clara no hábito dagara de "falar" com a criança na barriga — um ritual executado para acolher uma nova alma no mundo e dar-lhe um nome.[5] Fala-se com os fetos do sexo masculino no útero três vezes, mas se conversa com os do sexo feminino quatro vezes. A primeira pergunta a ambos determina o sexo da criança; as duas perguntas seguintes avaliam que antiga alma está reentrando no mundo e qual o propósito de vida dessa alma agora; mas a quarta pergunta, reservada apenas à criança do sexo feminino, é dirigida ao outro corpo vivo que ela carrega consigo, o potencial de gerar vidas novas no mundo quando ela tiver idade.

Conquistar uma deusa na forma simbólica da união espiritual é o tema de um ciclo de mitos sobre Kintu, um lendário herói cultural do povo baganda de Uganda e figura de destaque na história desse país. Conta-se que antes dele a terra era habitada apenas por um punhado de clãs isolados e autônomos, que Kintu dominou e reuniu numa nação. Já no século XX, a família real de Uganda rastreou desde Kintu, por mais de mil anos. Na história que segue, o deus supremo, Gulu, põe à prova as qualidades de Kintu para se casar com sua filha.[6]

◎◎ Quando Kintu veio pela primeira vez a Uganda, não havia onde conseguir alimento. Ele havia trazido apenas uma vaca, e com ela sobrevivia. Tempos depois, Nambi, filha de Gulu, desceu à terra e se apaixonou por Kintu, com quem quis se casar. Gulu ficou ressabiado com a idéia do casamento com esse terreno e decidiu julgar ele mesmo as qualidades de Kintu. Assim, ordenou que roubassem a vaca de Kintu, seu alimento, e o herói teria morrido de fome não fosse sua amada Nambi lhe mostrar que plantas ele poderia comer. Mesmo depois de ela ter voltado ao paraíso com seu pretendente, Gulu encomendou outra prova, mandando preparar comida suficiente para cem pessoas. Então ordenou que Kintu a comesse toda, do contrário seria morto. Se não consumisse essa quantidade extraordinária ficaria provado que ele não era o grande Kintu, e portanto não seria digno da mão da deusa. Para vencer esse desafio, Kintu acabou descobrindo um buraco profundo no chão da casa de hóspedes por onde jogou todo o banquete, escondendo com terra o que fizera. Mais uma vez o obstáculo imposto por Gulu foi ultrapassado.

Mas Gulu ainda não estava satisfeito. Entregando a Kintu um machado de cobre, ordenou que tirasse lenha de uma rocha, alegando que não costumava usar as maneiras triviais de acender fogueiras. Kintu examinou a rocha detidamente e desvendou o ardil de Gulu. Se batesse na rocha com o machado, só tiraria faíscas, mas, se retirasse nacos delicadamente, satisfaria o pedido. A cada prova cumprida Gulu se tornava mais determinado; então ele mandou Kintu encher sua moringa não com água do poço, mas só com orvalho. Igualmente determinado, o herói também venceu esse desafio.

"Você é uma pessoa maravilhosa", disse Gulu. "Vá

pegar no meu rebanho a vaca que tirei de você, e então poderá se casar com minha filha."

Essa tarefa, todavia, mostrou-se mais difícil do que todas as outras, pois no enorme rebanho de Gulu havia muitas vacas parecidas com a de Kintu. Mas Kintu recebeu a ajuda inesperada de uma abelha, que lhe sussurrou no ouvido: "Quando você me vir pousar nos chifres de uma vaca, vai saber que aquela é a sua".

Desse modo, Kintu selecionou a vaca certa dentre todas as outras, e o incrédulo Gulu finalmente cedeu, dizendo: "Você realmente é Kintu, um homem perspicaz a quem ninguém pode enganar ou roubar. Tome minha filha, que o ama, case-se com ela e leve-a de volta à terra." ◎◎

As provações de Kintu ilustram a diferença entre o herói e a heroína na jornada sagrada, pois Kintu deve passar pelas provas de Gulu para se mostrar digno da noiva sagrada. Uma sina parecida aguarda o filho de Kimanaueze na narrativa ambundu que segue. Como vimos, há dois Kimanauezes na mitologia ambundu, pai e filho; o que está presente aqui é o filho, pai de Sudika-mbambi, cujas peripécias acompanhamos no Capítulo 3.[7]

◎◎ Sempre conto sobre Kimanaueze, que gerou um filho homem. A criança cresceu e chegou à idade de se casar. Seu pai disse: "Case-se". Ele respondeu: "Não vou me casar com uma mulher da terra".

O pai perguntou: "Então, com quem vai se casar?"

Ele respondeu: "Se tiver de acontecer, será com a filha do Senhor Sol e da Senhora Lua".

Mas todos perguntavam: "Quem pode ir ao céu, onde habita a filha do Senhor Sol e da Senhora Lua?"

E ele apenas dizia: "Eu a quero, sem dúvida. Se for com uma pessoa da terra, não me caso". ◎◎

O sol, é bom lembrar, simboliza a luz eterna da entidade suprema, enquanto a lua simboliza o reflexo dessa chama eterna em um corpo que nasce e morre. Um filho com tal ascendência, portanto, tem plena consciência de sua eternidade e de seu destino, de seu caráter sagrado e de seu caráter profano, de sua imortalidade e de sua mortalidade, de suas qualidades humanas e de suas qualidades divinas; e aquele que se casar com essa criança também possuirá essa consciência unificada. Claro, não é fácil conseguir uma união dessa; os sábios e os santos de todas as eras se empenharam com afinco para atingir essa divindade preservando a forma humana. O primeiro desafio de Kimanaueze é descobrir como comunicar seu amor a uma deusa que mora no céu. Diante disso, ele tenta escrever uma carta ao Rei Sol e à Rainha Lua, na qual expressa sua intenção. Porém, fazer a carta chegar ao céu torna-se outra questão. Ele a entrega ao Antílope, que diz:

◎◎ "Eu não consigo chegar ao céu." Entregou a carta ao Gavião. Também o Gavião disse: "Eu não consigo chegar ao céu". Entregou-a, então, ao Abutre, que disse: "Consigo chegar até a metade, mas não até o céu".

Por fim o jovem se perguntou: "Como posso entregá-la?". Deixou a carta de lado e não tocou mais no assunto.

Um dia, o Sapo apareceu à procura do filho de Kimanaueze e conversou com ele.

"Jovem senhor", disse ele, "dê-me a carta que eu consigo entregá-la".

Mas o jovem senhor retrucou: "Suma daqui! Se os que têm asas desistiram, como você pode dizer 'eu chego lá'? Como você faria isso?".

O Sapo disse: "Jovem senhor, estou à altura da tarefa".

Então, o filho de Kimanaueze deu a carta ao Sapo, dizendo: "Se você não conseguir chegar até lá e voltar trazendo-a para mim; vou lhe dar uma surra". ◎◎

Identificamos nas passagens iniciais dessa narrativa um tema conhecido encontrado também no folclore europeu: como um modesto sapo surge das sombras da sua reles existência não para promover um baile promissor para uma princesa, como contaram os irmãos Grimm em "O Príncipe Sapo", mas para levar uma carta tão valiosa a uma princesa? Como os crocodilos, os monstros marinhos, as serpentes aquáticas ou outros habitantes das profundezas abissais, os sapos simbolizam o dinamismo desse reino subaquático-subconsciente — mas, ao contrário desses monstruosos semelhantes, os sapos são benignos, e quando a heroína ou o herói desejosos confiam no poderes deles, a heroína acaba ficando com seu príncipe e o herói, com sua rainha. Por serem criaturas anfíbias, os sapos também representam a transformação: da terra firme do familiar (casando-se com alguém da maneira usual) para o reino incerto da aventura (buscando a união com a figura ideal). O sapo dessa narrativa atua como um Paracleto — um mediador entre o corpo e o espírito, um mensageiro dos mundos da humanidade e da divindade, um guia da grande aventura da alma.

◎◎ O Sapo sabia que os habitantes do reino do Sol e da Lua buscavam água todo dia em um poço da terra. Então ele pegou a carta do jovem Kimanaueze com a boca, pulou para dentro do poço e ficou flutuando tranqüilamente, aguardando os carregadores de água celestiais. Quando a ânfora foi colocada na água, o Sapo saltou para dentro dela, e os carregadores não notaram nada. Assim, ele chegou ao céu e, quando pousaram a ânfora numa sala de ânforas da residência real, saltou para fora e deixou a carta num lugar bem visível, sobre uma mesa.

Passado algum tempo, o próprio Rei Sol perambulava pela sala das águas e, ao perceber a carta sobre a mesa, perguntou às pessoas de seu mundo de onde ela viera. Mas nenhum dos súditos sabia. Então ele abriu a carta e começou a lê-la:

> Eu, filho de Na Kimanaueze Kia-Tumb'a Ndala, um homem da terra, quero me casar com a filha do Senhor Sol e da Senhora Lua...

O Senhor Sol pensou consigo mesmo: "Na Kimanaueze vive na terra; eu sou um homem que vive no céu. Então, quem trouxe esta carta para cá?" Ele a guardou numa caixa e não contou nada a ninguém!

Enquanto isso, o Sapo escondera-se num canto e, assim que o Rei Sol acabou a leitura da carta, ele saltou para dentro da ânfora de novo. Chegada a hora, esta foi esvaziada e os carregadores de água levaram-na de volta à terra para enchê-la. Quando a ânfora vazia foi baixada dentro do poço, o Sapo prontamente mergulhou para o fundo da água, e lá ficou escondido até que os carregadores tivessem terminado o serviço.

Depois, o Sapo saiu da água e voltou à sua casa, onde ficou quieto e não disse nada a ninguém. Depois de se passarem muitos dias, o filho de Kimanaueze perguntou ao Sapo: "Meu amigo, aonde e como você levou a carta?"

O Sapo respondeu: "Senhor, entreguei a carta, mas eles ainda não deram uma resposta".

O filho de Kimanaueze: "Ora, vamos, você está mentindo. Você não foi lá".

O Sapo respondeu: "Senhor, eu viajei até lá, como o senhor verá".

Depois de seis dias, o filho de Kimanaueze escreveu outra carta, que dizia: "Escrevi aos senhores, Senhor Sol e Senhora Lua. Minha carta foi entregue, mas não recebi resposta alguma dos senhores". Ele lacrou a carta e a entregou ao Sapo. O Sapo pôs a carta na boca, voltou para a água e se escarrapachou no fundo.

Mais uma vez, ele foi transportado pelos carregadores de água ao reino do Senhor Sol e da Senhora Lua e, como anteriormente, deixou a carta de Kimanaueze ao Senhor Sol sobre a mesa.

O Senhor Sol perguntou aos carregadores se eles é que haviam trazido a carta.

"Não, meu senhor", responderam.

O Senhor Sol foi tomado de dúvida. Deixou a carta de lado e escreveu ao filho de Kimanaueze, dizendo:

A você, que me mandou cartas sobre casar-se com minha filha, eu concordo, desde que você venha em pessoa, com um presente de núpcias, de modo que eu possa conhecê-lo.

Quando terminou de escrever, dobrou a carta, deixou-a sobre a mesa e saiu da sala. O Sapo saiu do canto em que estava e pegou a carta. Colocou-a na boca e entrou na ânfora. Mais uma vez, os carregadores desceram à terra pelo fio da Aranha. O Sapo entregou a carta ao jovem senhor. ◉◉

Aqui, um símbolo particularmente significativo na mitologia africana foi inserido na trama sem grande alarde — o "fio da Aranha". A aranha figura em vários mitos africanos, e sua teia, assim como a Árvore do Mundo, costuma ser o elo entre a terra e o paraíso, o meio de comunicação pelo qual a humanidade sobe à divindade e a divindade desce à humanidade. Os carregadores de água desta narrativa usam essa teia espacial para viajar entre o céu e o poço d'água terrestre. A água que eles pegam representa, assim, a Água da Vida, que aqui significa a vida espiritual, e o poço simboliza o Eixo do Mundo, aquele ponto central de contato entre o mundo dos espíritos e o da carne, como Belém para os cristãos, Jerusalém para os judeus, Meca para os muçulmanos e a árvore Bodhi, em Bodhgaya, para os budistas.

Bem, o nosso Sapo, como você sabe, acaba de voltar do reino do Senhor Sol com a primeira mensagem real para o jovem Kimanaueze, que ficou muito feliz de conhecer a resposta do Sol a suas súplicas. A seguir há uma série de negociações a respeito do dote a ser dado para a filha do Sol e da Lua, com as discussões sempre intermediadas pela "diplomacia-vaivém" do Sapo. O Sol abriu mão da exigência de que Kimanaueze se apresentasse em pessoa, pois sabia que acabaria conhecendo o pretendente de sua filha quando ele viesse para levá-la para sua casa. Quando já haviam sido dados os presentes esperados e pago o dote, o Sapo relata para o jovem Kimanaueze:

◎◎ "Jovem senhor, dei-lhes o presente de núpcias e eles o aceitaram. Eles prepararam para mim um leitãozinho, e eu o comi. Agora, o senhor mesmo deve decidir em que dia trará a noiva para casa."

O filho de Kimanaueze disse: "Está bem". Passaram-se então doze dias.

Só então o filho de Kimanaueze conversou com o Sapo: "Preciso que algumas pessoas busquem a noiva para mim, mas não consigo encontrá-las. Todos com quem eu falo dizem 'não temos como ir ao céu'. E agora, Sapo, o que devo fazer?"

O Sapo disse: "Meu senhor, fique sossegado. Vou achar uma maneira de trazê-la para o senhor".

Mas o filho de Kimanaueze retrucou: "Você não consegue fazer isso. Levar as cartas, até que você podia, mas trazê-la para casa... isso você não tem condições de fazer".

Mas o Sapo repetiu: "Jovem senhor, fique tranqüilo. Não se preocupe, porque eu serei capaz de trazê-la para casa. Não se desespere".

Logo o Sapo chegava ao poço, onde se escondeu. Pouco depois, os carregadores de água apareceram e lançaram as ânforas na água. Com elas cheias, voltaram para a casa do Sol levando com eles, sem perceber, o Sapo. Quando o sol se pôs e anoiteceu, o Sapo saiu da sala das ânforas e pôs-se a procurar a filha do Sol. Ele a encontrou dormindo. Então, bem rápido, ele primeiro tirou um dos olhos dela e depois o outro. Enrolou-os num lenço e voltou para a sala onde ficavam as ânforas.

De manhã, toda a população se levantou, menos a filha do Senhor Sol.

"Meu olhos estão fechados", disse ela aos pais. "Não consigo enxergar."

Então o Senhor Sol convocou dois mensageiros e lhes disse: "Vão a Ngombo, o adivinho, para saber por que minha menina não consegue enxergar".

Mas os mensageiros não contaram nada a Ngombo sobre o ocorrido; disseram apenas: "Viemos para uma adivinhação".

Ngombo consultou seus apetrechos e disse: "A doença os traz; uma jovem está doente. Ela não consegue enxergar".

Os mensageiros disseram: "É verdade. Agora nos diga o que provocou o problema".

Ngombo fez mais e mais consultas e disse: "Ela ainda não é casada. Foi apenas escolhida. Aquele que se casaria com ela mandou-lhe um encanto, dizendo: 'Deixem vir minha esposa; caso ela não venha, morrerá'. Vocês, que estão aqui por minha adivinhação, vão, levem-na ao esposo e talvez ela escape da morte".

Os mensageiros concordaram e foram imediatamente do Senhor Sol para lhe transmitir o que Ngombo dissera.

"Está bem", consentiu o Senhor Sol. "Vamos dormir. Na noite de amanhã vocês vão levá-la para a terra".

O Sapo, ainda escondido na sala das águas, ouviu toda a conversa.

Na manhã seguinte, o Sapo entrou numa ânfora e fez com que os carregadores de água o transportassem para a terra do jeito de sempre. Ao chegar, ele se apressou em encontrar o filho de Kimanaueze. "Ó jovem senhor!", disse o Sapo. "Sua noiva virá ao senhor ainda hoje."

"Ponha-se para fora, sujeitinho, você é um mentiroso", o jovem respondeu.

O Sapo insistiu: "Senhor, é a pura verdade. Hoje à noite eu a trarei ao senhor".

Enquanto isso, o Sol dizia à Aranha: "Teça uma teia bem grande até a terra, porque hoje minha filha será levada para lá". Quando o sol começou a se pôr, o Sol mandou levarem sua filha para a terra. Seus ministros deixaram-na junto ao poço e então retornaram para o céu.

O Sapo encontrou a jovem ao lado do poço e lhe disse: "Serei seu guia. Vamos já, para que eu possa levá-la a seu marido". Aí o Sapo devolveu-lhe os olhos e caminharam juntos até a casa do filho de Kimanaueze. Ao chegar, o Sapo exclamou: "Ó jovem senhor! Sua noiva está aqui".

O filho de Kimanaueze disse: "Mainu, o Sapo, eu nunca deveria ter duvidado de você".

E assim o filho de Kimanaueze casou-se com a filha do Senhor Sol e da Senhora Lua, e juntos viveram. ◎◉

Na conclusão desta narrativa, a divindade foi induzida a descer pelo Eixo do Mundo para encontrar a humanidade. A deusa, com os olhos extirpados, está, por assim dizer, cega de amor. Portanto, ela vem ao filho de Kimanaueze por causa do amor por seu caráter humano, enquanto ele a busca por causa do amor por seu caráter divino; e os dois se casam, tornando-se um todo uno. O simbolismo de um casamento assim é total: a união mais sagrada é aquela que leva quem busca (o jovem Kimanaueze) à unicidade tanto de sua imortalidade quanto de sua mortalidade (a filha do Sol e da Lua). Mas as implicações são profundas: em meio às vicissitudes da vida cotidiana, você deve se unir ao que é eterno. E essa busca do eterno, essa viagem espiritual, diz-nos o mito africano, não significa abandonar os próprios traços humanos, mas lançar-se nela por inteiro e profundamente. A "morada de Deus" não se encontra numa terra e num tempo distantes, mas aqui, agora, na condição humana. A divindade virá para quem a busca com fervor: pela janela do trivial, procurar o transcendente; em meio ao profano, descobrir o sagrado; por meio da mortalidade, atingir a imortalidade; olhar para fora ou para dentro e encontrar Deus. É esse o legado permanente da maior aventura da alma, segundo a mitologia africana, e é essa a promessa da grande recompensa da alma.

# 5 O coração do guerreiro sagrado

*Vi no céu coisas nunca vistas que não poderei revelar.*
MWINDO, O GUERREIRO NIANGA

Os guerreiros marcham sobre o fio da navalha. Caminham por um linha incerta entre o uso ponderado de força letal e o massacre indiscriminado de vidas; entre a destruição de obstáculos ao bem-estar do indivíduo e da sociedade e a loucura desenfreada em batalha; entre o destemor diante da morte e a irresponsabilidade com a própria vida. O guerreiro grandioso atende também a um chamado que nem começa nem finda com o toque de corneta no campo de batalha, mas é a trombeta da alma, soando a nota alta da lealdade a um ideal, uma causa, um deus ou uma nação.

Ainda assim, no mundo de hoje o espírito guerreiro é menosprezado demais, já que muito freqüentemente presenciamos o lado ruim da sua força. Da violência do nacionalismo ao terrorismo, ao abuso perpetrado até nos lares mais elegantes, os sinos dobram por aqueles que foram apanhados no tumulto do espírito guerreiro ensandecido.

Alguns afirmam que o espírito guerreiro é produto espúrio do patriarcado, uma aberração da masculinidade, e gostariam de lhe castrar tanto a arrogância quanto a preponderância. Mas isso talvez não seja nem possível nem desejável, pois as raízes do espírito guerreiro são mais profundas do que a política de diferenciação dos sexos, e talvez não caiba a nós erradicá-lo por conta própria. Se você já viu um leão aproximar-se silenciosamente de sua presa, uma águia mergulhando sobre um salmão, uma orca caçando uma foca ou até olhou por um microscópio e viu as células de ataque T do sistema imunológico humano investindo contra um organismo estranho, então já teve contato com o espírito guerreiro. Atos parecidos ocorrem milhões de vezes a cada instante num número infinito de níveis do mundo natural, e cada ato provoca a morte em favor da vida. É aqui que o espírito guerreiro age, na inevitável dança da morte que cede lugar à vida que cede lugar à morte, sucessivamente. É aqui que esse espírito se enraíza: na lei fundamental de que em todo lugar, sem exceção, a vida permanece consumindo outra vida. O guerreiro não se afasta dessa rudeza e violência primitivas por recusa ou desgosto; ao contrário, o guerreiro marcha sintonizado com esse compasso eterno da vida.

Os tongas de Moçambique, por exemplo, exigem que seus guerreiros e caçadores se comprometam profundamente com esse ciclo elementar da vida antes de partirem para a batalha ou a caçada. Assim como as mulheres são isoladas durante a menstruação, tanto o guerreiro quanto o caçador são afastados do restante da sociedade e submetidos a conversões rituais, o que lhes permite firmar um pacto sagrado com os animais selvagens que eles desejam ou imitar (guerreiros) ou matar (caçadores). Ao regressar, o guerreiro e o caçador não são considerados normais; ao contrário, são pessoas "quentes", vivendo ainda o ritmo acelerado da perseguição ou da matança. Para se reintegrarem à sociedade do dia-a-dia, os guerreiros e os caçadores precisam primeiro passar por um período de "resfriamento", que compreende outros ritos e mais isolamento.[1]

Deixamos de ouvir há muito tempo o chamado do espírito guerreiro ancestral em meio ao alarido da civilização em constante progresso. Hoje os supermercados etiquetam e datam os produtos de caçadas e matanças automatizadas, embalando-os para que os consumamos, mas dificultando ainda mais a compreensão da nossa participação no ciclo da morte que alimenta a vida. De modo parecido, hoje os meios de comunicação de massa estampam e datam as proezas do guerreiro moderno, embalando-as para que as consumamos sob expressões tão pasteurizadas quanto *contagem de corpos, greves cirúrgicas* e *danos colaterais*. Talvez seja assim porque somos tão alheios ao verdadeiro espírito guerreiro que o uso decisivo da força se transformou na violência irracional, assombrosa, vista diariamente no mundo. Nossos jovens, homens e mulheres têm poucos modelos que sirvam de exemplo, menos ainda ritos e mitos a que recorrer, exceto aqueles da televisão ou do cinema, em que a mensagem do ciclo sagrado de morte e vida é quase sempre uma ladainha banal de violência gratuita a fim de desenvolver a trama. Em face desse vácuo, a mitologia africana do guerreiro sagrado pode ser útil, uma vez que, ao assimilar as histórias dos feitos notáveis do guerreiro e de sua luta renhida com a vida e a morte, podemos encontrar um modo de reaver o espírito guerreiro que existe em nós. Aí talvez entendamos, como mostra tão claramente essa mitologia, que a maior batalha do guerreiro não é contra forças externas a ele, mas contra as forças internas.

## Epopéia de um Guerreiro Sagrado

Epopéias como as de Homero fazem parte dos mais antigos tesouros da literatura ocidental, mas, quando a maré literária vira para a África, poucos imaginam que existam modalidades equivalentes. Na verdade, a mitologia africana apresenta muitas epopéias ricas, pelas quais podemos investigar os hábitos do guerreiro sagrado. Quase todas essas epopéias provêm de transcrições de apresentações dos *griots* africanos, os bardos incumbidos de recordar e transmitir a história e tradição sociais por meio de contos e canções. *A Epopéia de Sundiata*, por exemplo, a saga mitológica do rei guerreiro do antigo reino do Mali, na África Ocidental, talvez seja a mais conhecida dessas epopéias representadas. É menos conhecida *A Epopéia de Mwindo*, dos niangas, da República Democrática do Congo (ex-Zaire). A versão dessa epopéia transcrita e traduzida por Daniel Biebuyck e Kahombo Matene compõe todo um livro — uma história longa, de um complexidade estupenda, sobre o herói guerreiro Mwindo e seus feitos e aventuras no mundo da vida cotidiana, no mundo debaixo, da morte, e no paraíso dos deuses. É raro um mito oferecer um conjunto tão rico de temas ou uma narrativa tão contundente. E por toda essa epopéia, apresentada aqui resumidamente numa adaptação do original, acompanhamos a luta clássica do guerreiro entre seu poder de destruição da vida e seu desejo de renovação da vida:[2]

*Figura 5*. Estátua de bronze e ferro de guerreiro sentado, do Mali.

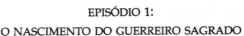

A Epopéia de Mwindo

◎◉

EPISÓDIO 1:
O NASCIMENTO DO GUERREIRO SAGRADO

Há muito tempo, no estado de Ihimbi, vivia um rei chamado Shemwindo, que governava a aldeia de Tubondo. Shemwindo casou-se com sete mulheres, e depois constituiu um conselho de toda a população. Nessa assembléia de jovens e adultos, consultores, conselheiros e nobres, Shemwindo decretou: "Minhas mulheres, vocês todas devem dar à luz meninas. Se qualquer uma de vocês gerar um menino, eu o matarei". Então a assembléia foi desfeita, e Shemwindo foi em seguida à casa de cada uma das sete mulheres e nestas plantou sua semente. Depois de várias semanas era do conhecimento geral que as mulheres de Shemwindo ficaram grávidas no primeiro encontro com ele.

Shemwindo tornou-se famoso em todo o território, e os aldeões de Tubondo aguardavam ansiosamente o nascimento das crianças. Passados muitos meses, seis das sete mulheres de Shemwindo deram à luz meninas, todas no mesmo dia. Mas Nyamwindo, a sétima e preferida, continuava inexplicavelmente grávida e se inquietava com o que sua longa gestação lhe reservava.

Repentinamente, porém, começaram a acontecer coisas estranhas: achas de lenha apareciam misteriosamente à porta de sua casa; um jarro de água parecia encher-se sozinho; e verduras cruas surgiam sobre sua mesa. Em todos os casos, Nyamwindo achava que era a criança ainda em seu ventre quem fazia esses milagres, mas não imaginava como. Enquanto isso, os habitantes de Tubondo passaram a desdenhar de Nyamwindo por não conseguir parir. Mas a criança que estava no útero da preferida pensou consigo: eu não quero sair pelo canal vaginal da minha mãe, porque talvez ninguém perceba que eu não sou um homem comum.

Quando começaram as dores do parto, as velhas parteiras, mulheres dos conselheiros, foram à casa de Nyamwindo. Mas a criança que estava em seu útero subiu por dentro da barriga da mãe, e subiu mais ainda até o ombro, descendo pelo braço e nascendo pelo dedo médio da preferida.

Ao vê-lo resmungando no chão, as velhas parteiras ficaram espantadas. "Que espécie de criança é essa?", perguntaram elas. Outras responderam num tom melancólico: "É um menino". Então algumas das velhas parteiras disseram que deveriam anunciar à aldeia que nascera um menino. A maioria delas achou que isso não era prudente, porque Shemwindo certamente mataria a criança.

Shemwindo, reunido com seus conselheiros, ouviu dizer que a preferida dera à luz e ficou furioso: "Qual o sexo dessa criança?". Mas as velhas parteiras, presentes na sala com o recém-nascido, ficaram em silêncio. Deram-lhe o nome de Mwindo, porque ele era o primeiro homem nascido depois de várias mulheres.

Mwindo nasceu rindo, falando e andando, segurando um cetro de conga na mão direita e um machado na esquerda. Nasceu carregando uma pequena sacola do espírito de Kahindo, a deusa da boa sorte, pendurada do lado esquerdo das costas, e nessa sacolinha havia uma corda longa.*

Na casa em que nasceu a criança, havia um pequeno grilo encarapitado na parede. Ao ouvir que as parteiras não queriam dar uma resposta a Shemwindo, o grilo aproximou-se dele e disse: "Foi um menino que a preferida deu à luz hoje. O nome dele é Mwindo. É por isso que ninguém respondeu ao senhor".

Shemwindo ficou encolerizado ao ouvir a notícia. Afiou sua lança numa pedra de amolar e saiu prontamente para a choça de nascimento. Mas, no momento em que se preparava para atirar a lança na choça, a criança gritou lá de dentro: "Cada vez que você atirar uma lança, ela cairá na base do pilar da casa; ela nunca atingirá nem a mim, nem às parteiras, nem à minha mãe".

Shemwindo jogou a lança contra a casa seis vezes, e em todas ela caiu antes do alvo. Por não conseguir matar Mwindo, Shemwindo sentiu-se exausto e disse aos conselheiros

---

* O *cetro de conga* é uma chibata ritual feita de pêlos de rabo de búfalo ou antílope; na epopéia, faz as vezes do mágico *bâton de commandement* [bastão de comando] do herói. As crianças niangas usam uma machadinha para cortar arbustos e árvores pequenas, a qual é também um símbolo associado às cerimônias de circuncisão masculina. A corda mágica aparece em toda a mitologia africana como símbolo de ligação entre o mundo cotidiano dos homens e o mundo dos deuses.

que eles deveriam cavar uma cova e lançar Mwindo nela. Os conselheiros cavaram a cova e foram pegar a criança. No entanto, depois de deixado no buraco, Mwindo bradou: "Ó meu pai, esta é a morte que você terá, mas antes haverá muito sofrimento". Shemwindo ouviu o pequeno rejeitado e repreendeu seus homens, mandando-os cobrirem a cova imediatamente. Caules de bananeiras caídos foram recolhidos e colocados sobre Mwindo; sobre estes, jogaram terra. Porém, ao cair da noite, uma luz tão forte quanto o sol brilhou do túmulo de Mwindo. As pessoas que ainda estavam fora de casa correram para contar aos conselheiros de Shemwindo o que haviam visto. Os conselheiros voltaram ao local, mas o enorme calor, como se queimasse uma fogueira onde jazia Mwindo, forçou-os a ficarem distantes. Por toda a noite eles se revezaram vigiando o túmulo da criança. Durante o último turno, quando toda a população de Tubondo já dormia, Mwindo saiu da cova e se esgueirou silenciosamente até a casa de sua mãe.

Shemwindo, acordado pelo barulho de uma criança resmungando na casa da preferida, foi furtivamente à choça dela e a interpelou: "De onde veio esta criança? Você tinha outra na barriga?"

"Não", respondeu ela, "este é Mwindo".

Shemwindo saiu imediatamente para chamar seus conselheiros. "Amanhã", ordenou ele, "vocês vão cortar um pedaço de tronco de árvore; vocês o escavarão para fazer o corpo de um tambor; depois, porão a pele de um antílope no rio, para amaciá-la e fazer dela a tampa do tambor. Vocês colocarão essa criança-prodígio, Mwindo, dentro do tambor e o fecharão bem firme".

Com a aurora, os conselheiros foram à floresta cortar o pedaço de árvore para o corpo do tambor. Escavaram a madeira e, ao terminar, saíram mais uma vez em busca de Mwindo. Eles o enfiaram dentro do tambor que foi fechado com a pele de antílope.

Shemwindo convocou então dois ótimos mergulhadores para lançar o tambor no meio da região de águas calmas do rio onde nada se move, enquanto toda a aldeia assistia. Os nadadores entraram no meio da região de águas calmas do rio e, bem no meio dela, largaram o tambor, que desceu rapidamente para o fundo. ◉◎

A importância da vida de Mwindo é anunciada pelas circunstâncias especiais do seu nascimento. Como com todos os heróis de grande estatura, e especialmente aqueles de valor espiritual, a vida lendária de Mwindo começa com um parto virginal. Não desejando que o identificassem como filho de uma mulher, ele nasce pelo dedo médio da mãe. Bem, Buda nasceu das costelas da mãe; Atena, a padroeira dos heróis gregos, nasceu da cabeça de Zeus; e Dionísio, deus da morte e da transformação, surgiu da coxa de Zeus. O romancista nigeriano Tutuola inseriu esse tema no trecho de *O bebedor de vinho de palmeira*, em que a mulher do personagem principal dá à luz uma "criança-prodígio" pelo dedo polegar.

Nesses casos, como em todas as espécies de parto virginal, o acontecimento marca não somente o começo da vida humana natural, mas também o nascimento da vida humana espiritual. Isso é corroborado pela denominação que Mwindo usará referindo-se a si mesmo, "o pequeno-recém-nascido-que-andou". Uma vez mais, encontramos trajetórias infantis similares em outros grandes heróis espirituais: Buda deu sete passos ao nascer; Abraão, abandonado pela mãe em uma gruta, foi alimentado pelo arcanjo Gabriel durante dez dias, após os quais se pôs de pé e andou; e Sudikambambi, o herói ambundu, saiu da barriga da mãe falando e andando. Mwindo, herói-mirim, não é jovem fisicamente, mas sim espiritualmente, pois está apenas no início de sua odisséia espiritual. Em suma, podemos ler sobre o nascimento de Mwindo e nos perguntar: "Estou pronto para nascer na minha vida espiritual?". Aqui, "vida espiritual" não se restringe a uma série de dogmas, a um conjunto de crenças ou a uma seqüência de procedimentos; refere-se, mais que isso, a uma vida de conjunção contínua com uma fonte de renovação e revivificação.

Mwindo nasceu ainda sob a ameaça do decreto de seu pai de que todos os recém-nascidos do sexo masculino seriam mortos. Esse é um tema judaico-cristão conhecido: Abraão, patriarca comum a muçulmanos, judeus e cristãos, nasceu quando vigorava a determinação do rei-astrólogo Nemrod de matar todas as crianças do sexo masculino; depois dele, Moisés nasceu na época de um decreto parecido, baixado pelo faraó, de mandar matar todos os meninos hebreus. Mas vão ainda mais longe as lendas de reis ou pais ciumentos que decretam a morte de homens recém-nascidos por serem uma ameaça potencial a sua soberania: na Babilônia, um dos mais antigos registros de mitos de heróis relata o nascimento de Sargão I, que, ainda bebê, foi colocado num cesto de junco calafetado com piche e deixado na correnteza do Tigre, enquanto a grande epopéia hindu *O Mahabharata* conta sobre o herói Karni, colocado por uma mãe temerosa num cesto de vime calafetado com cera. Em seu livro de 1909 intitulado *The Myth of the Birth of the Hero* [O mito do nascimento do herói], Otto Rank, psicólogo freudiano, relaciona nada menos do que vinte mitos de todo o mundo que utilizam esse tema da punição e do banimento do herói-mirim.[3] Mas voltemos a Mwindo, fechado num tambor pelo pai ciumento e temeroso e lançado no meio da região de águas calmas do rio.

◎◎ Mwindo queixou-se dentro do tambor, encostou o ouvido no couro, ouviu atentamente e disse decidido a si mesmo: "Eu não seria Mwindo se só flutuasse. Meu pai e os outros vão ouvir minha voz de novo". E, com essas palavras, o tambor desprendeu-se sozinho do fundo lodoso da região de águas calmas do rio e subiu à superfície da água, flutuando num ponto no meio onde nada se move.

Quando um grupo de moças veio tirar água do rio, elas viram o tambor de Mwindo dando voltas sem parar no meio da região de águas calmas do rio e o ouviram cantando sobre a perfídia do pai. Amedrontadas, saíram em disparada do barranco do rio em direção à aldeia. Quando a notícia chegou a Shemwindo, ele também não conseguia acreditar; reuniu de novo seus homens, que se dirigiram para o rio armados com lanças, dardos e tochas. Mwindo esperou até que todos os moradores de Tubondo estivessem juntos na beira do rio para entoar com palavras amáveis:

*Estou dizendo adeus a Shemwindo...*
*Ó pessoas ingratas, acham que eu devo morrer?*
*Os conselheiros deixaram Shemwindo.*
*Aquele que parece morrer mas de fato estará a salvo*
*vai ao encontro de Iyangura.*

Quando Mwindo encerrou essa ode de adeus, o tambor submergiu de novo para o fundo do poço de rio, e Shemwindo e os outros aldeões voltaram a Tubondo com uma sensação de pavor insuportável. ◎◎

Iyangura, irmã de Shemwindo, casara-se com um Mukiti, enorme serpente aquática, chamada na epopéia de senhor do mundo insondável. Mesmo assim é a ela que Mwindo recorre para se salvar. Iyangura, tia do herói, representa a Mãe boa, compassiva, uma força humanizadora e incentivadora na vida do guerreiro, diametralmente oposta a Shemwindo, o Pai destrutivo e cruel. Veremos o herói guerreiro oscilar entre esses dois pólos de crueldade e compaixão por toda a narrativa — mas antes o aprisionado Mwindo precisa ser libertado.

◎◎

EPISÓDIO 2:

SALVO PELA MÃE

O tambor de Mwindo dirigiu-se rio acima, pois ele não sabia ao certo onde Iyangura vivia e decidiu começar a busca pela nascente. Mwindo soube por Kahungu, o Gavião, que ela habitava o mundo insondável do rio, muito mais abaixo do que ele se aventurara até então. Assim começou a viagem de Mwindo às profundezas do rio para encontrar sua tia Iyangura. Ele entoava para todos que pudessem impedir sua busca:

> *Saiam do caminho!*
> *Contra Mwindo vocês são impotentes,*
> *Mwindo é o pequeno-recém-nascido-que-andou.*
> *Estou indo ao encontro de Iyangura.*
> *Quem se levantar contra mim vai morrer tentando.*

Porém Mukiti, senhor do mundo insondável e marido de Iyangura, colocara sua irmã mais nova, Musoka, como guarda da entrada de seus domínios. Quando ela viu Mwindo, enviou um mensageiro a Mukiti, que ordenou por outro mensageiro que mantivesse Mwindo afastado, por ser uma ameaça para ele. Musoka tentou impedir o avanço de Mwindo, mas não teve sucesso; ele mergulhou ainda mais fundo com seu tambor e se enterrou no leito de areia. Aí, cavou um túnel ultrapassando Musoka e ressurgiu bem mais abaixo no rio.

Quando Mukiti ouviu Mwindo chamando sua tia e o desafiando em uma canção, ele começou a se mexer, perguntando quem mencionara sua esposa. Ele fez tremer o céu e a terra.

"Eu, Mwindo, fui eu quem chamou sua mulher", respondeu Mwindo em tons de provocação. "Vamos lutar ainda hoje", prosseguiu ele, "porque estão impedindo que eu, Mwindo, veja minha tia!"

Quando Mukiti afinal viu Mwindo, exclamou: "Você não é quem eu esperava! É só uma criança dentro de um tambor! Quem é você?".

Mwindo disse que era o pequeno-recém-nascido-que-andou, sobrinho de Iyangura, que viera encontrar sua tia.

"Nem ouse sonhar que justamente você é capaz de me derrotar, Mukiti, senhor do mundo insondável; você não vai nem encostar em mim."

Essas palavras ásperas foram ouvidas por algumas damas de Iyangura que tinham vindo ao poço de Mukiti apanhar água. Quando foi mencionado o nome da sua senhora, ficaram com medo e correram para Iyangura, dizendo: "Há um homenzinho dentro de um tambor insistindo que Mukiti deve libertá-lo, que ele é Mwindo e veio encontrar Iyangura, tia dele por parte de pai".

"É o meu filhinho", exclamou ela, "levem-me a ele".* Iyangura pegou o caminho do olho d'água. Ela rasgou o couro do tambor, removeu-o todo e contemplou a profusão de raios do sol nascente e da lua — a beleza radiante do pequeno Mwindo. Mwindo pulou do tambor, ainda com o cetro de conga, o machado e a sacolinha com a corda dentro. ◎◉

Mwindo toma seu lugar na longa história de heróis míticos que foram salvos por uma figura maternal benevolente. E, não é de surpreender, trata-se das mesmas personagens heróicas que tiveram um parto milagroso, após o qual foram exiladas por um patriarca invejoso. Numa inscrição verdadeira, feita de próprio punho, Sargão I, fundador da antiga Babilônia, diz como, depois de lançado no rio Tigre (cerca de 2800 a.E.C.), foi resgatado por Akki, um carregador de água, e criado sob a graça da deusa Ishtar. Moisés, deixado ao sabor do Nilo, foi salvo e criado pela filha do faraó. E Karni, do mito hindu, foi retirado do Ganges pela deusa estéril Radha. O que, então, devemos concluir desse tema mítico quase universal de uma criança do sexo masculino abandonada e resgatada por uma mulher caridosa? Os psicanalistas tradicionalistas, para quem toda a mitologia não passa da manifestação de crises da infância não-resolvidas, dizem que temos aí o "romance familiar" básico, triangular, fantasiado por todos os meninos: eles defrontam um pai monstruoso (a figura que os condena ao exílio) e estão sempre procurando voltar à sua união primeira, feliz, com uma mãe amorosa (a figura que os resgata do exílio).

---

\* "Filhinho" é como Iyangura chama seu sobrinho, em sentido figurado.

Salvos do exílio, esses heróis-mirins tornam-se heróis guerreiros e embarcam numa "busca do pai" para confrontar seu antagonista, para descobrir os motivos da repressão inicial e para reivindicar um império que é deles por direito. Essa busca os faz enfrentar grandes perigos, porque quase com a mesma freqüência a figura do pai, ele próprio um guerreiro, sucumbiu às tentações da faceta sombria do espírito guerreiro. Na popular epopéia cinematográfica *Guerra nas estrelas*, por exemplo, é exatamente nessa situação que se encontra o jovem Luke Skywalker em relação a Darth Vader, que se revela ser seu pai guerreiro, que passou para o "lado sombrio da Força".

*Figura 6.* Imagem de guerreiro em arte rupestre do Norte da África.

Ainda que esse enigma da infância seja verdadeiro, não é a última palavra sobre o simbolismo das provações de Mwindo. Isso porque o drama permite compreender não só o lado traiçoeiro do nascimento no mundo da carne, mas também o lado igualmente perigoso do nascimento no mundo dos espíritos. Desse ponto de vista, a figura do pai

Shemwindo representa os ideais mais elevados da sociedade materialista, embora deturpados: avareza e ânsia de poder. O rio do exílio de Mwindo é, na verdade, o canal de seu renascimento numa busca espiritual do qual sua tia é a parteira que o empurra; ele deve então defrontar, como todos os heróis e heroínas, os guardiões da divisa, simbolizados aqui por Mukiti, o senhor do mundo insondável — as forças dinâmicas e perigosas do inconsciente profundo. Como era de esperar, o episódio seguinte de Mwindo é uma batalha com essas forças sombrias.

◎◎

EPISÓDIO 3:

O COMBATE CONTRA AS FORÇAS DO MUNDO INSONDÁVEL

Quando Kahungu, o Gavião, viu Mwindo encontrar sua tia, ele voou até Kasiyembe, a quem Mukiti incumbira de vigiar sua esposa.

"Kasiyembe", gritou Kahungu, "não é só um homenzinho que está conversando com Iyangura; é um homem de muitas proezas fabulosas. Talvez seus problemas sejam maiores do que você imagina".

"Vá dizer a esse Mwindo que ele não deve nem tentar aventurar-se na área que eu vigio", proclamou o convencido Kasiyembe. "Senão eu vou quebrar a espinha dele. Já estou espalhando armadilhas, fossos, estacas afiadas e lâminas pelo chão, de modo que ele não vai poder pisar em lugar nenhum".

Porém, Katee, o Ouriço-Caixeiro, escutou essa conversa entre Kahungu e Kasiyembe e imediatamente saiu em busca de Mwindo. "Mwindo", disse Katee, "Kahungu e Kasiyembe estão tramando contra você; estão até se preparando para pegá-lo, com estacas afiadas e lâminas. Mas, como sou Katee, um ouriço-caixeiro", prosseguiu ele, "vou cavar um túnel para você, um caminho que começa bem aqui e sai bem dentro da casa da sua tia".

Mwindo disse então à tia Iyangura que voltasse a sua

casa, onde a encontraria logo depois. "E diga a seu guarda-costas, Kasiyembe, para tomar cuidado", advertiu ele.

Quando o túnel de Katee estava pronto, Mwindo seguiu por ele até sair na casa de Iyangura, para espanto de Kasiyembe. Enquanto isso, Mwindo recebia a ajuda despercebida da Mestra Aranha, que estivera vigiando Kasiyembe fazer as armadilhas.

"Se depender de mim", a Mestra Aranha disse a si mesma, "Mwindo não vai morrer". Então a aranha começou a tecer pontes por sobre os buracos em que certamente Mwindo pisaria.

Quando Iyangura viu que seu sobrinho havia chegado, disse-lhe: "Meu filhinho, não coma nada ainda; venha cá, antes vamos dançar ao ritmo do tambor".

Mwindo saiu com Iyangura e lhe disse que se dançasse sem comer ia desmaiar.

"O que podemos fazer, então?", perguntou Iyangura. "Kasiyembe exige que você dance." Mwindo percebeu que dançaria sobre uma armadilha colocada por Kasiyembe, mas mesmo assim concordou. E eles dançaram: deram voltas e mais voltas por cima dos buracos, com o corpo curvado sobre eles; feliz da vida, ele dançou em todo o lugar que havia armadilhas preparadas para ele e continuou ileso, graças à Mestra Aranha. E a todo momento Mwindo sacudia seu cetro de conga e zombava da impotência de Kasiyembe contra ele. ◉◉

Mwindo, como vemos, pode recorrer a todo um aparato de ajuda mágica a fim de superar os perigos de sua passagem para o mundo insondável. Quando o Exército dos Estados Unidos convocou jovens da reserva navajo para servir durante a Segunda Guerra Mundial, Jeff King, um navajo octogenário que prestara o serviço militar de 1870 a 1911, preparou os alistados com a iniciação espiritual secular do guerreiro navajo,[4] que consistia em cantar, quase como os bardos da África, uma epopéia das aventuras dos primeiros heróis guerreiros navajos: dois heróis-mirins que, como o herói-mirim Mwindo, partiram à procura do pai — neste caso, o sol. Esses heróis-mirins, gêmeos, conhecidos como Matador de Monstros e Criança Nascida da Água (alcunhas que Mwindo certamente poderia reivindicar), tiveram partos milagrosos e já andavam aos quatro dias de idade. E, a caminho da casa de seu pai, toparam com uma velha que tinha o nome curioso de Mulher-Aranha. Ela os ajudou a atravessar um campo de juncos afiados como lâminas, táboas pontiagudas como facas e rochas móveis; o maior presente dela veio na forma de um amuleto de pena de águia para cada gêmeo, análogo ao cetro de conga de Mwindo. Os símbolos presentes nesses mitos do guerreiro sagrado de duas culturas distantes são semelhantes não apenas em essência, mas também em propósito: relembrar o guerreiro sagrado da sabedoria mítica que fará sua participação em batalha passar da esfera da conquista exterior para a da vitória interior.

Voltando a Mwindo, nós o vemos numa batalha renhida com Kasiyembe, que se recusa a ceder a um "menino que veio num tambor". Kasiyembe invoca o deus Nkuba, o lançador de raios, para que mande um raio que fulmine Mwindo. Mas Mwindo safa-se da ameaça lembrando ao deus que é a ele, Mwindo, que se fará mal. Então, Mwindo aponta para Nkuba no céu e diz: "Você também terá um fim horrível se tentar me machucar".

◎◎ Em vez de um, Nkuba disparou sete raios de cada vez, que, propositadamente, não atingiram Mwindo. Enfurecido com a intransigência de Kasiyembe, Mwindo olhou firme em sua direção e repentinamente os cabelos do guarda se incendiaram. As pessoas correram com jarros para pegar água e apagar o fogo, mas, quando chegaram, os jarros estavam secos; a água evaporara magicamente.

"Kasiyembe está morrendo", disseram todos. "Vamos pedir ajuda ao chefe dele, Mukiti." Mas era tarde demais. Mwindo, irado, tinha também secado o poço em que Mukiti morava.

Quando Iyangura viu que Mwindo havia matado Mukiti e Kasiyembe, ela implorou ao sobrinho: "Abra seu coração, meu filhinho. Você veio aqui para nos atacar? Sossegue seu coração; livre-se da raiva; volte atrás no que fez com meu marido e Kasiyembe; traga-os de volta sem provocar mais ressentimento".

Mwindo comoveu-se com o pedido cheio de paixão de sua tia; ele abriu o coração, despertando primeiro Kasiyembe com um movimento do cetro sobre ele. De repente, Kasiyembe voltou à vida, a água voltou aos jarros, o rio se encheu de novo e Mukiti acordou da morte. Todos que testemunharam a proeza de Mwindo estavam atônitos. "Puxa! Esse Mwindo também é um homem generoso", disseram. Até Kasiyembe saudou Mwindo: "Salve! Salve, Mwindo!".

Depois de ter conseguido essa façanha extraordinária, Mwindo anunciou a sua tia que no dia seguinte iria a Tubondo sozinho para lutar com seu pai.

"Não vá sozinho", implorou ela ao sobrinho. "Um caminho solitário nunca é bom."

Mas Mwindo não quis escutar, e, quando ela percebeu que seus apelos eram vãos, disse apenas: "Não gostaria que você, meu jovem, fosse lutar contra seu pai, mas, se você insistir em ir, então o acompanharei para presenciar esse acontecimento terrível". ◎◎

Nós, seres humanos, nascemos cientes da nossa mãe, mas precisamos passar a ter ciência de nosso pai. Na linguagem simbólica da mitologia, o Pai representa a totalidade do Desconhecido. À cabeceira, a figura do pai é um Outro misterioso, intruso, que se imiscui em nossa relação primordial com a Mãe. Os analistas freudianos desvendaram há muito tempo os detalhes do conflito psíquico que tal situação impõe à nossa mente imatura, fundamentando sua visão parcialmente nos temas mitológicos manifestados pelos dramas gregos de Édipo e Electra. Basta dizer que o Pai é tido como um ogre (nos mitos e nas lendas, literalmente) que ameaça nossa ligação fundamental com a Mãe e vê em sua cria o germe de seu eventual desaparecimento. Os psicanalistas dizem que é aí que se encontra a razão do tema recorrente do pai ou rei vingativo em mitos como os de Moisés ou Mwindo; aí também se encontra a razão da "busca do pai" pelo guerreiro e da batalha final para destronar esse pai-rei, a fim de se tornar ele mesmo um pai-rei.

◎◎

EPISÓDIO 4:

A BUSCA DO PAI

Mwindo, sua tia e os serventes dela partiram em marcha de guerra para Tubondo. Ao longo do caminho, alistaram recrutas. O combate começou logo depois de eles chegarem aos arredores da cidade. As forças de Mwindo sofreram sérias derrotas, e então ele chamou Nbuka para ajudar, e o lançador de raios disparou sete deles contra Tubondo, transformando em cinzas a aldeia e todos os que lá moravam. Mas, depois de entrar na cidade devastada, Mwindo logo soube que Shemwindo, seu pai, fugira antes da destruição total, escapando para o mundo debaixo de Muisa, "o lugar em que ninguém se reúne à volta da fogueira".

Mais uma vez a tia Iyangura tentou dissuadi-lo de perseguir o pai, mas Mwindo não lhe deu ouvidos. Disse a ela que permanecesse em Tubondo, segurando uma das pontas do seu cordão umbilical. Se o cordão ficasse parado, aí ela podia concluir que tinha morrido.

De repente, o Pardal surgiu diante de Mwindo dizendo: "Venha que eu lhe mostro o caminho que seu pai pegou depois de entrar no mundo debaixo de Muisa, na base da raiz da samambaia *kikoka*".* Quando Mwindo chegou à samam-

---

* Muisa é a divindade nianga do mundo debaixo subterrâneo, representado simbolicamente como um porco-da-terra, considerado um animal sagrado pelos niangas. Ela contrasta com Mukiti, criatura da água, que governa o mundo debaixo subaquático.

baia *kikoka*, arrancou a planta do chão e entrou nos domínios do mundo debaixo.

Mwindo deu com Kahindo,[†] filha de Muisa e guardiã da entrada do mundo debaixo, cujo corpo repulsivo estava coberto de bouba da cabeça aos pés.[‡] Ela o advertiu que não seguisse adiante: "Ninguém nunca conseguiu chegar à aldeia de Muisa", avisou. "Você acha que com toda a sua altivez vai conseguir?"

Como Mwindo insistisse, Kahindo deu-lhe os votos e as informações necessários para lhe garantir uma passagem a salvo: "Quando chegar ao local de reuniões da aldeia, você verá um homem muito alto e grande, encurvado sobre as cinzas perto da fornalha", informou a Mwindo. "Esse é Muisa, e se ele o cumprimentar com um 'que a bênção esteja consigo, meu pai', você deve responder 'sim, meu pai'. Aí ele vai oferecer-lhe uma banqueta, mas você deve recusá-la".

"Depois", prosseguiu Kahindo, "ele lhe oferecerá um fermentado de banana; você deve recusá-lo, também. Por fim, Muisa o convidará para comer um mingau; isso, Mwindo, você também deve recusar".

O coração de Mwindo condoeu-se por Kahindo, e ele sentiu que não podia ir embora sem lavar-lhe as feridas. Limpou e diminuiu as lesões, e depois, antes de partir, curou-a inteiramente da bouba.

Mwindo seguiu para a aldeia de Muisa. Ao vê-lo cumprimentou-o: "Que a bênção esteja consigo, meu pai". Mwindo respondeu: "Sim, meu pai". Muisa então ofereceu uma banqueta para Mwindo se sentar, o fermentado de banana para beber e um mingau para comer, e Mwindo recusou-os todos. Percebendo que Mwindo se esquivava dessas provações, Muisa sugeriu que ele talvez quisesse voltar e descansar um pouco na casa de sua filha.

---

[†] Kahindo é a divindade feminina nianga da boa sorte; Mwindo nasceu com seu amuleto e o usa no pescoço.

[‡] Bouba é uma doença tropical não-venérea parecida com a sífilis e caracterizada por lesões salientes na pele.

Então ele voltou para a casa de Kahindo, que nesse ínterim se tinha transformado no "ânus de um caracol":[§] vestiu-se bem e depois passou pó vermelho e óleo de castor. Mwindo ficou boquiaberto com sua beleza radiante. "Entre, Mwindo", exclamou Kahindo, "por favor, vá entrando".

"Ó minha irmã", respondeu ele, "eu me sentiria muito mal se tivesse de ficar do lado de fora".

Kahindo foi preparar alguma comida, mas Muisa, que tinha notado o comportamento afetuoso dela para com Mwindo, interveio rapidamente. Muisa disse a Mwindo que, antes de receber o pai, teria de enfrentar uma série de desafios para comprovar seu valor.

"Amanhã você vai começar a cultivar um novo bananal para mim", ordenou Muisa. "Primeiro você deverá cortar o capim, depois plantar as bananeiras e depois derrubar as árvores; depois cortar as ervas daninhas que nasceram, depois podar as bananeiras, depois aprumá-las, depois produzir bananas maduras. Depois de você cumprir todas essas tarefas", concluiu Muisa, "eu lhe entregarei seu pai".

De manhã Mwindo saiu para executar as tarefas. Dispôs suas ferramentas no chão; então, sozinhas, as ferramentas começaram a trabalhar: primeiro, cortaram o capim; depois de as ferramentas terem cortado o capim, as bananeiras se plantaram sozinhas; depois de as bananeiras terem-se plantado sozinhas, Mwindo mandou um monte de machados tombar as árvores; quando os machados tinham executado o serviço, ele mandou várias ferramentas de capinar, que entraram no bananal arrancando as ervas daninhas que nasceram. Depois de as ferramentas de capinar terem terminado o serviço, as outras ferramentas dele cortaram as estacas; que aprumaram sozinhas as bananeiras. Depois de as estacas terem escorado as árvores, os cachos já estavam maduros. Em um dia Mwindo limpou, plantou e cultivou um bananal inteiro.

---

§ Símbolo nianga de asseio e elegância.

Enquanto Mwindo colhia sua safra, um informante atônito foi contar a Muisa esses feitos milagrosos. Como nunca pretendera lhe entregar o pai, Muisa decidiu mandar seu cinturão *karemba* contra Mwindo. "Meu *karemba*, você vai combater Mwindo", disse ele. "Quando o vir, derrube-o e depois esmague-o contra o chão."

*Figura 7.* Cinturão feito de conchas de búzio, como o *karemba* de Muisa.

*Karemba*, depois de ouvir as instruções do seu dono, seguiu para o bananal. Ao ver Mwindo, o cinturão se lançou sobre ele, fazendo-o gritar. O cinturão de Muisa comprimiu-o; forçou a sua boca contra o chão e ela espumou. Mwindo não conseguiu nem respirar nem controlar a bexiga e os intestinos. Aí, ao perceber que seu dono estava sem saída, o cetro de conga de Mwindo entrou em ação: sacudiu-se sobre a cabeça dele; Mwindo conseguiu tomar um pouco de fôlego e depois espirrou; afinal, abriu os olhos e olhou em volta.

Enquanto tudo isso acontecia, o cordão umbilical de Mwindo permaneceu estático, e sua tia, no mundo acima, começou a gritar: "Mwindo morreu! O cordão umbilical dele parou de se mexer. Ele precisa escapar desse terrível destino", implorou ela aos deuses, "Ele é o meu filhinho".

Mwindo lembrou-se da tia e comunicou-se com ela pelo poder do pensamento: "Minha tia que está em meu Tubondo, o cordão não se mexeu porque Muisa me emboscou; ele me enrolou como a um monte de bananas com seu *karemba*. Mas agora fique tranqüila, estou bem; meu conga me salvou".

Mwindo então mandou seu cetro de conga atacar Muisa. "Meu conga", ordenou ele, "quando você chegar à casa de Muisa, derrube-o com muita força; você deve enfiar-lhe a boca no chão; a língua dele deve penetrar a terra. Não o solte até que eu volte".

Rodopiando pelo ar, o conga tomou o rumo e, chegando à casa de Muisa, realmente o derrubou; enfiou-lhe a boca no chão; a língua dele se enterrou na terra; sua bexiga e seus intestinos ficaram sem controle, e sua respiração foi cortada.

*Figura 8.* Um cetro de conga parecido com o descrito na epopéia de Mwindo.

Mwindo permaneceu no bananal, preparando um fardo de bananas verdes e maduras. Quando voltou para a aldeia, fitou Muisa e viu espuma vertendo da boca e das narinas dele. "Agora, entregue-me meu pai", disse a Kahindo, que fora a seu encontro quando ele se aproximava de Muisa, "para que eu vá para casa com ele".

"Antes restitua a vida de meu pai", ela pediu "para que eu possa descobrir onde está o seu pai e entregá-lo a você".

Mwindo cantou enquanto despertava Muisa:

> Quem dormiu acorda.
> Muisa, você é impotente contra Mwindo,
> porque Mwindo é o pequeno-recém-nascido-que-andou.

Mwindo continuou cantando assim enquanto batia incessantemente na cabeça de Muisa com seu conga para despertá-lo. Quando Muisa foi revivido, apontou para uma árvore a certa distância de onde estava e disse: "Mwindo, se você quiser pegar seu pai, vá amanhã àquela árvore e extraia mel para mim".

Naquela noite Kahindo cozinhou para Mwindo e, depois de comerem, ela o atravessou com suas pernas* e eles dormiram. Quando veio o dia, Mwindo, equipado com seu machado e com o fogo, foi à floresta colher o mel. Chegando ao pé da árvore, subiu bem alto até onde estavam os favos. Mas Muisa não queria que Mwindo cumprisse também essa tarefa. Mandou de novo seu cinturão *karemba* atrás de Mwindo, que esmagou contra a árvore e enfiou-lhe a boca no tronco; Mwindo não conseguia respirar; sua bexiga e seus intestinos ficaram sem controle.

Mais uma vez a tia percebeu que o cordão umbilical de Mwindo estava ficando inerte, e temeu que fosse o fim. Mas o cetro de conga de Mwindo, no chão, junto ao pé da árvore, notou que seu dono estava morrendo. Subiu pela árvore até onde ele estava e começou a bater e bater em toda a cabeça dele. Mwindo espirrou, abriu ligeiramente os olhos e suspirou de leve.

Quando Nkuba, o lançador de raios, ouviu o gemido de seu amigo Mwindo, soltou um raio que estraçalhou a árvore. Mwindo saiu da árvore sem um arranhão. Então, voltou com um cesto de mel e o colocou diante de Muisa, exigindo que lhe entregasse seu pai. Muisa, fingindo atender à exigência de Mwindo, mandou um garoto buscar Shemwindo no lugar em que ele se escondera. Porém, o garoto chegou lá e viu que ele não estava mais.

De repente, Kahungu, o Gavião, que antes dera apoio a Muisa, mergulhou do céu crocitando: "Muisa mente; ele avisou seu pai que fugisse, dizendo que você era um adversário muito difícil".

Mwindo ficou furioso. "Entregue-me meu pai imediatamente, seu canalha! Faça-o sair de onde você o escondeu para que eu volte com ele ao mundo de cima. Você prome-

---

* Eufemismo niaga para a relação sexual.

teu que quando eu cultivasse a plantação e extraísse mel para você, você me entregaria meu pai. Você mentiu! Eu o quero agora mesmo; não deixe sua saliva secar antes de entregá-lo a mim."

Muisa não lhe trouxe o pai, e Mwindo desistiu das contemporações. Bateu em Muisa no topo da cabeça com seu conga; Muisa perdeu o controle da bexiga e dos intestinos; desmaiou e espuma saiu pelo nariz, pelos olhos e pela boca; lançou os pés para o alto; ficou duro como cobra morta.

"Fique assim, seu patife", gritou Mwindo. "Só lhe darei vida quando tiver pego meu pai."

Enquanto isso, Shemwindo refugiara-se com o deus Sheburungu,* e Mwindo o seguiu até lá, tomado de ódio.

"Ó Mwindo", gritou Sheburungu, "antes vamos jogar *wiki*".†

Mwindo aceitou o desafio de Sheburungu; caso ganhasse, ele poderia pegar seu pai. Com jogadas de mestre, Sheburungu ganhou tudo que Mwindo tinha — o dinheiro, os objetos, a tia, até sua reivindicação de posse da aldeia de Tubondo. Desesperado, Mwindo apostou seu conga contra o deus, e enfim sua sorte voltou. Ele acabou ganhando tudo que o deus possuía — pessoas, gado bovino e caprino — e, mais importante, teve condições de capturar o pai fugitivo.

"Mwindo, venha rápido", cantarolou Kahungu, o Gavião, "seu pai está tentando fugir de novo". Mwindo largou às pressas o jogo de *wiki* e seguiu para interceptar seu pai em um bananal.

Ao ver Shemwindo, Mwindo indagou sarcasticamente: "Ó meu pai, é você mesmo?".

Shemwindo respondeu humildemente: "Eu mesmo".

Depois de agarrar o pai, Mwindo voltou à casa de Sheburungu e disse ao deus que não queria nada do que havia ganho no jogo. Então Mwindo despediu-se de Sheburungu

---

\* Sheburungu é outro nome do deus-criador nianga, Ongo.

† *Wiki* é um jogo de azar em que um participante deve adivinhar o número de sementes que o outro jogador possui.

e deu um puxão no cordão para mostrar à tia que ainda estava vivo. Ao regressar, entrou na casa de Muisa, onde Kahindo chegou correndo. "Olhe só meu pai; os ossos dele cabem num cesto. O que devo fazer? É justo que você lhe dê vida. Por favor, não o deixe assim; desperte-o; ele é o chefe de todo este povo."

Mwindo ressuscitou Muisa outra vez, batendo nele com seu conga e lhe dizendo: "Você me ofendeu em vão; tentou equiparar-se a Mwindo. Mas só eu sou Mwindo, o pequeno-recém-nascido-que-andou, o pequeno que não come comidas mundanas; e no dia em que nasceu, não mamou nos seios da mãe".

Mwindo deu outro puxão no cordão, e dessa vez Iyangura tinha certeza de que ele já voltava para casa com o pai. ◎◎

Com o tempo, a crise edipiana do berço transforma-se e revela ainda outra dimensão do Pai como Desconhecido, pois a partida do herói guerreiro à procura do pai é também uma busca para descobrir sua própria personalidade e sua carreira. Ele vai simplesmente repetir os passos do pai ou vai seguir a vocação do pai e depois aprimorá-la? Mwindo demonstra uma ferocidade e uma crueldade para com seus adversários comparáveis às de seu pai para com ele, lembrando-nos de que os "pecados do pai" se repetem no filho e de que uma linha tênue separa os traços de afirmação e recusa da vida presentes no espírito do guerreiro sagrado. São Iyangura e Kahindo, as forças femininas desta narrativa, que intercedem para lembrar Mwindo de sua humanidade, suplicando que ele demonstre compaixão por aqueles que venceu e os ressuscite dos mortos.

Ao voltar do mundo debaixo com seu pai capturado, Mwindo enfrenta o momento crítico da sua busca: será que ele matará o pai e subirá ao poder pelas mesmas vias venais? Ou transcenderá o ego inchado de seu pai e buscará a grandeza com a compaixão? Esse é o dilema fundamental do guerreiro sagrado.

## EPISÓDIO 5:
### A RECONCILIAÇÃO COM O PAI

Mwindo viajou de volta do mundo debaixo, saindo com seu pai pela samambaia *kikoka* e entrando triunfalmente em Tubondo. De novo ao lado da tia Iyangura, ele lhe contou suas aventuras. Iyangura tentou que seu irmão se desculpasse publicamente, mas antes fez um pedido especial a Mwindo:

"Meu filhinho, vamos viver para sempre sozinhos nesta aldeia desolada, sem mais pessoas? Eu, Iyangura, quero que você primeiro traga à vida todas as pessoas que viveram nesta aldeia; só quando elas tiverem sido ressuscitadas eu pedirei a Shemwindo que confesse como agiu com você e o mal que lhe fez. Você, filhinho, é o eterno salvador das pessoas."

Durante três dias, Mwindo ressuscitou todos os que tombaram na batalha de Tubondo. Ele sacudiu seu conga sobre os ossos dos mortos e eles, miraculosamente, se ergueram, retomando exatamente a mesma atividade que desempenhavam no momento da morte.

Depois de os habitantes de Tubondo terem sido ressuscitados, Iyangura pediu a Shemwindo que reunisse toda a população, e aquelas três estrelas radiantes — Mwindo, Shemwindo e Iyangura — apareceram juntas para o deleite da multidão.

Dirigindo-se a seu pai, Mwindo lhe deu a palavra: "Agora, meu pai, é a sua vez. Explique para os chefes por que mostrou tanto ódio contra mim; diga a eles para que possam entender".

Shemwindo começou a suar por todo o corpo, a vergonha encheu-lhe os olhos. Ele fez a confissão com voz trêmula, entrecortada por tosse:

"Chefes", Shemwindo balbuciou, "não desminto que causei mal a meu filho; na verdade, baixei um decreto de que eu mataria todas as crianças do sexo masculino. Tentei várias vezes matar esta criança, mas a cada vez, em vez de prejudicá-lo, só o fortaleci. Fugi para o mundo debaixo pensando que estaria a salvo, mas meu filho partiu à minha procura; ele foi para me afastar do mal com que me envolvi. Naquele momento eu estava consumido como banana seca. E foi assim que cheguei aqui à aldeia de Tubondo. Então, que a prole masculina seja poupada. Meu filho me fez ver como a escuridão se transforma em luz do dia e deu-me a alegria de testemunhar de novo a calidez das pessoas e de tudo aqui em Tubondo."

Em seguida, Iyangura tomou a palavra: "Você, Shemwindo, assim como seus conselheiros e nobres, agiram mal. Fosse um conselheiro que tivesse engendrado essa trama tormentosa contra Mwindo, a garganta dele seria cortada aqui no conselho. Você impôs uma discriminação contra as crianças, dizendo que os meninos eram ruins e as meninas boas. Você não sabia quem estava no ventre da sua esposa predileta, nem daquilo que Sheburungu lhe deu, mas concluiu que era ruim".

Iyangura voltou-se para os conselheiros e nobres, concluindo suas declarações: "Shemwindo cometeu um ato abominável. Se a população de Tubondo tivesse sido extinta, Shemwindo seria o responsável por seu extermínio".

Por fim, Mwindo levantou-se e disse com toda a comiseração: "Eu, Mwindo, homem de muitas proezas, o pequeno-recém-nascido-que-andou, não guardo rancor de meu pai. Que ele não se sinta amedrontado, acreditando que ainda estou irado com ele; não, não tenho raiva dele. O que meu pai fez contra mim e o que eu fiz contra meu pai, tudo isso já passou. Agora analisemos o que está por vir, o mal e o bem. Se qualquer um de nós começar a brigar de novo, será esse que estará errando, e todos os mais velhos aqui presentes serão testemunhas disso. Agora, vivamos em harmonia em nossa terra, cuidemos do bem-estar da nossa gente".

Cheio de vergonha e arrependimento, Shemwindo decidiu ceder o trono a seu filho. Por iniciativa própria, tirou de si os ornamentos reais e entregou-os a Mwindo. Depois, abençoou-o e exilou-se voluntariamente num retiro nas montanhas. Assim que foi coroado, Mwindo declarou que ganhava fama naquele momento e nunca agiria como seu pai. ◎◎

Essa "busca do pai" é a força motriz da maioria das principais epopéias africanas já registradas — como as de Sundiata (também conhecida como Son-Jara)[5] e de Ozidi,[6] além da de Mwindo. Com os heróis dessas outras narrativas, e também com nosso Mwindo, os temas de vingança e substituição do pai-rei sobressaem. Mas a opção de Mwindo de reconciliar-se com o pai depois de derrotá-lo diferencia este mito dos outros, nos quais o filho guerreiro simplesmente toma o lugar do pai-rei pela força. A resposta de Mwindo é uma resposta mais grandiosa para o espinhoso problema de traçar o curso de uma vida.

Pois como nós *devemos* conduzir nossa vida? Escolheríamos a segurança de seguir os passos do Pai? Freqüentemente esse é o caminho do menor esforço, o caminho quase sempre exigido pela família e pela sociedade. Ou nos aventuraríamos além da segurança daquilo que já foi conquistado e já é conhecido? Esta é a maneira incerta, o caminho mais árduo mas potencialmente mais recompensador para o herói guerreiro que busca o Pai.

A jornada de Mwindo assume esse perfil de incerteza, o perfil da empreitada heróica, de uma vida autêntica vivida segundo os ditames e as exigências da própria consciência, que quase sempre levam além dos horizontes do grupo. Esse é o caminho do comprometimento criativo com a vida, pelo qual alguns desejam desbravar o caos do desconhecido, enquanto outros se abrigam no estado de ordem das coisas; pelo qual alguns abrem caminho pela parte mais escura da floresta, enquanto outros vêem apenas o obstáculo das árvores e não dão o braço a torcer.

Muitas sociedades ancestrais africanas compreenderam claramente a importância do herói que romperia as regras estabelecidas. "Elas sabem que dependem do indivíduo que resiste à pressão da ordem social estabelecida", afirma o etnógrafo Charles S. Bird, referindo-se ao herói na comunidade mande, "[...] da mesma maneira que dependem dos indivíduos que não resistem. Elas sabem que precisam do indivíduo que mudará as coisas, mesmo que essas mudanças sejam potencialmente destrutivas".[7]

Assim, esconde-se nas entrelinhas da *Epopéia de Mwindo* um enfoque requintado e duradouro na África de interdependência das necessidades do indivíduo e do grupo. Esse enfoque, particularmente em relação a questões espirituais, contrasta com o da mitologia oriental e ocidental. Na mitologia oriental, dá-se ênfase principalmente ao grupo, não ao indivíduo; na tradição oriental, por exemplo, o guru, o guia espiritual, orienta unilateralmente a busca espiritual de seus seguidores. Enquanto o guru pode liderar o grupo de um modo radical, espera-se que cada indivíduo siga os preceitos do guru e não os seus.

As tradições mitológicas exclusivas do Ocidente, por outro lado, centram-se principalmente no indivíduo, em detrimento do grupo. Joseph Campbell identifica essa ênfase no indivíduo várias vezes nos romances medievais arturianos.[8]

Então, no meio desses pólos opostos, a mitologia africana obtém um equilíbrio entre o indivíduo e o grupo, sem realçar nenhum deles em prejuízo do outro. Talvez uma máxima citada anteriormente sintetize melhor essa integração: "Existo porque existimos, existimos porque existo".

Assim, vemos Mwindo colocado entre a ordem estabelecida de seu pai e a predestinada aventura heróica pelo desconhecido. No final, ele se reconcilia com ambos.

Porém, mesmo essa reconciliação apaixonada com seu pai humano não põe fim à viagem espiritual de Mwindo, pois uma revelação final do Pai o aguarda: a percepção do Pai como mistério celestial, o desconhecido divinal, nas mãos dos próprios deuses.

◎◎

### EPISÓDIO 6:
### A JORNADA FINAL ENTRE OS DEUSES

Vários dias após sua ascensão ao trono, Mwindo teve uma gana terrível de comer carne de porco-do-mato, e mandou os moradores da floresta* caçarem um porco. Seguindo as pegadas de um porco avermelhado, deram com Kirimu, o Dragão, senhor da mata fechada, que surgiu diante deles sob uma forma horrorosa, um animal enorme com couro preto, sete cabeças, sete chifres, sete olhos, dentes de cachorro, uma barriga grande e rabo de águia.

Kirimu devorou os Moradores da Floresta, depois do que coube a Mwindo salvar Tubondo do reino de terror da fera. Mwindo combateu destemidamente o monstro; então, no momento em que Kirimu estava prestes a comê-lo inteiro, Mwindo lançou seu cetro de conga e matou o dragão. O povo festejou ao ver essa quantidade desmedida de carne fresca e ficou ainda mais feliz quando, assim que se abriu a barriga do dragão, todas as pessoas que ele engolira em vida saíram ilesas.

Mas acontece que Nkuba, o lançador de raios, havia feito um pacto de sangue com Kirimu. Quando farejou no vento o cheiro de seu amigo morto, seus olhos se encheram de lágrimas. "O que vou fazer com esse Mwindo?", perguntou-se Nkuba.

"Se eu o fizesse sofrer aqui em cima entre os deuses, talvez ele tivesse uma lição, e depois eu o mandaria de volta para a sua aldeia", refletiu ele. "Se Mwindo soubesse que eu havia misturado meu sangue ao de Kirimu, não teria matado meu amigo. Se ele sabia e mesmo assim matou Kirimu, eu mataria Mwindo aqui mesmo e nunca o mandaria de volta para sua terra. Mas Mwindo não corre esse perigo, pois ele não sabia que o Dragão era meu amigo."

---

\* A tradução original mencionava "pigmeus", termo pejorativo que caiu em desuso.

Nkuba desceu em busca de Mwindo e lhe disse: "Vim para buscá-lo, meu amigo. Quero lhe dar uma lição porque estou muito zangado com você desde que ousou matar o Dragão, que era meu amigo. Você deve saber que errou dessa vez".

Mesmo assim Mwindo não demonstrou nem respeito por Nkuba nem medo dele, apesar de todo o povo de Tubondo estar tomado de pavor, acreditando que seu chefe não tinha escapatória.

Mwindo cantava provocativamente sobre sua grandeza enquanto os dois subiam devagar pelo ar. "Eu o salvei várias vezes de muitos perigos", Nkuba lembrou a Mwindo. "E você ainda canta com tanta arrogância. Acha que agora se equipara a mim?"

Chegados ao mundo celestial, Mwindo sentiu o clima frio e os ventos gélidos. E não havia casa alguma! Viviam como nômades, sem nunca se assentar em lugar algum. Nkuba agarrou Mwindo; subiu junto com ele até Mbura, a Chuva. Ao ver Mwindo, a Chuva lhe disse: "Mwindo, você nunca aceitou ser criticado; as novas sobre sua obstinação, seu heroísmo, nós certamente as ouvimos, mas aqui não há espaço para o seu heroísmo". A Chuva desabou sobre Mwindo sete vezes e mais sete vezes; fez o Granizo cair sobre ele e deixou-o encharcado até os ossos. Mwindo pensou consigo: "Desta vez estou numa enrascada das grandes".

Então Nkuba levou Mwindo ainda mais para cima e o fez espernear até os domínios de Mweri, a Lua. Ao ver Mwindo, a Lua apontou para ele e disse: "As novas que ouvimos são sobre seu orgulho, mas aqui no céu não há espaço para o seu orgulho". Então a Lua queimou os cabelos de Mwindo.

Nkuba levou Mwindo ainda mais para cima; foi com ele até os domínios de Kentse, o Sol. Ao ver Mwindo, o Sol o queimou com seu calor. Mwindo não tinha como se defender do Sol; sua garganta secou; a sede o estrangulava; ele pediu água. Os deuses lhe disseram: "Não, aqui não há água para você. Agora nós o aconselhamos a cerrar os dentes e pôr o coração no joelho".*

Depois de o Sol ter feito Mwindo suportar essas dores, Nkuba levou Mwindo para cima até os domínios de Kubikubi, a Estrela. Ao vê-lo, a Estrela fez coro às palavras dos outros deuses: "As novas são de que você é um grande herói, mas aqui não há espaço para o seu heroísmo". A Estrela mandou a Chuva e o Sol e a Lua se aproximarem, e todos os deuses reunidos — Nkuba, Mbura, Mweri, Kentse, Kubikubi — deram um recado a Mwindo a uma só voz:

"Nós o respeitamos, mas não passa disso; não fosse por isso, você sumiria aqui mesmo. Mwindo, você deverá retornar. Não haverá dia em que você matará um animal da floresta ou da aldeia ou até mesmo um inseto, seja uma centopéia, seja uma aranha-aquática. Se algum dia viermos a saber que você voltou a matar qualquer desses animais, você morrerá e o seu povo nunca o verá de novo."

Eles lhe puxaram as orelhas sete vezes e mais sete vezes, dizendo: "Entendeu?". E Mwindo disse: "Sim, eu entendi". E também o advertiram: "Nkuba vai vigiar seus modos e sua conduta. Caso você desobedeça às nossas ordens, Nkuba nos contará, e nesse dia ele o agarrará imediatamente, sem que você tenha um instante sequer para se despedir da sua gente".

Enfim, depois de um ano vagando pela abóbada celeste, Mwindo recebeu permissão para voltar. Ele reuniu todo o povo e contou suas provações: "Eu, Mwindo, o pequeno-recém-nascido-que-andou, executor de muitas coisas maravilhosas, eu lhes conto as novas dos lugares que visitei nos céus. Quando cheguei ao céu, encontrei a Chuva e a Lua e o Sol e a Estrela e o Raio. Esses cinco deuses me proibiram de matar os animais da floresta e da aldeia, dizendo que no dia em que eu ousar tocar numa criatura viva para matá-la, nesse mesmo dia minha chama da vida se extinguirá; aí Nkuba

---

* Para suportar um sofrimento intenso e conter o choro, os niangas apertam a boca contra o joelho.

virá me pegar sem que eu me despeça da minha gente, e minha esperança de voltar estaria perdida para sempre".*
Disse-lhes também: "Vi no céu coisas nunca vistas que não poderei revelar".

Então Mwindo transmitiu leis louváveis a seu povo, dizendo:

*Que vocês cultivem muitos alimentos e muitas lavouras.*
*Que vocês vivam em casas boas e numa aldeia bonita.*
*Não discutam entre si.*
*Não persigam outras esposas.*
*Não zombem dos inválidos que passam pela aldeia.*
*Reconheçam o chefe; temam-no; que também ele os tema.*
*Que vocês concordem uns com os outros, sem nutrir inimizades nem grandes ódios.*
*Que vocês gerem filhos de toda a espécie, pois assim os gerarão para o chefe.*

A fama de Mwindo cresceu e se estendeu para outros territórios, de onde as pessoas vinham para lhe jurar fidelidade. E quanto às crianças, nenhuma delas era considerada ruim; fossem homens ou mulheres, fossem capazes ou deficientes, não eram rejeitadas. Isso porque Mwindo percebera que não havia o que fosse ruim no que Deus dera à humanidade. ◎◎

O exílio rígido e apavorante de Mwindo no céu faz lembrar as viagens espirituais dos místicos ascéticos do Oriente. O ego dele é completamente arrasado; depois, feita a transformação, os deuses o mandam de volta à terra não mais como um rei guerreiro, mas um guerreiro sagrado, um líder iluminado a quem foram revelados os maiores dos mistérios. "Vi no céu coisas nunca vistas", relatou a seus seguidores, "que não poderei revelar".

---

\* Até hoje os chefes niangas são proibidos de participar da caça.

Mwindo morre, conta-nos o mito, na condição de guerreiro e rei secular, mas renasce como guerreiro sagrado e redentor do mundo. Proibido de participar do ciclo da vida secular, sob pena de morte imediata pelas mãos do deus-raio, ele não pode nem comer carne nem participar de matanças. Na sua caracterização como legislador, ele nos faz lembrar de Moisés voltando com os Dez Mandamentos dos quarenta dias de exílio no cume de uma montanha junto a Jeová, o deus hebreu. E sua lenda ecoa temas encontrados nas figuras de Cristo, do hindu *Jivanmukti*, do budista *Boddhisatva* e da deusa chinesa da compaixão, Kuan-yin (Kwannon no Japão). Todos são iluminados que, por compaixão pela humanidade, retornam para mostrar aos demais o caminho da plenitude e da revelação espiritual.

# 6 A maneira dos animais supremos

> *No fundo ele era um caçador, não de caça avantajada, mas de um significado maior.*
>
> LAURENS VAN DER POST SOBRE OS CAÇADORES SANS DA ÁFRICA MERIDIONAL

Onde a caçada era o modo de vida, o animal supremo era reverenciado. Salmões, búfalos, leões, ursos, baleias, antílopes — todos esses animais supremos representavam uma presença sagrada, inspiradora para essas comunidades cuja principal fonte alimentar também eram eles próprios. A relação entre os seres humanos e esses animais supremos não era simplesmente a de predador e presa, porque nas comunidades caçadoras tradicionais se acreditava que o animal aparecia e se oferecia voluntariamente. Ao matá-lo, o caçador colaborava para a viagem espiritual do animal, de modo que este pudesse retornar de novo para se tornar alimento para a humanidade. Era esse o pacto sagrado entre a presença divina que morria e ressuscitava e a humanidade, que partilhava de seu corpo e sangue — um pacto fortalecido pelo sentimento tradicional de que a Vida era uma só, embora expressa sob uma miríade de formas. Em outras palavras, a vida do caçador e a do animal não eram reflexos distintos, mas, sim, alternados da mesma fonte de vida. E justamente porque os animais supremos eram tidos como viajantes costumeiros entre o mundo dos vivos e o mundo dos espíritos, eles eram venerados como "pontes" entre esses dois mundos, as quais seriam usadas por xamãs e sacerdotes que se aventuravam no reino espiritual pela saúde e o bem-estar dos indivíduos e do grupo.

Os animais aparecem com grande freqüência nos mitos da África tradicional; na verdade, a mitologia africana é quase sempre associada exclusivamente a narrativas populares sobre "animais que falam", por exemplo, "Como o Leopardo Ganhou as Pintas" ou "O Macaco Falante", ou contos sobre "Anase, a Aranha". Em muitas dessas lendas populares, por terem sido transmitidas ao longo dos séculos, a sabedoria mítica esconde-se no seu poder de entretenimento só nos deixando o fundo da história para nos lembrar de que há algo nela além do que agradar ao ouvido. Quase sempre se pode avançar na aparência encantadora de uma narrativa com animais e descobrir vestígios da fonte de conhecimento que a originou: a "teia de aranha" como metáfora do Eixo do Mundo, que liga a humanidade à divindade, como já vimos; as "pintas do leopardo criadas por impressões de mãos humanas", simbolizando a profunda identificação da vida humana com todas as formas de vida; o "macaco falante", como um lado revelador, embora indomável, da nossa psique. Às vezes a fábula tem uma construção tão maravilhosa que não resta dúvida sobre sua importância mítica maior. Os barongas do Sudeste da África, por exemplo, têm um mito sobre "O Milagreiro das Planícies" — denominação que eles usam para seu animal supremo, o búfalo-da-planície africano —, que fala com estilo do pacto sagrado entre a sociedade e os animais supremos:[1]

◎◎ Há muito tempo havia um casal que tinha conseguido um bom casamento para a filha e, com o dote recebido em dinheiro, achou que poderia arcar com o casamento do filho. Mas nenhuma das mulheres do local o atraíam, e ele se foi da aldeia à procura de uma esposa. Esse jovem viajou para muito longe de casa e chegou a uma região que desconhecia; lá, ficou espiando um grupo de moças, e dentre elas havia uma que ele desejou ter por esposa. Levou seu pedido aos anciãos da aldeia e ao mesmo tempo ofereceu em dinheiro o dote esperado, pois não queria passar pela formalidade de voltar para casa e fazer seus pais trazerem o dote a essa aldeia e depois levar a esposa para ele.

Os pais da moça concordaram com aquele arranjo um tanto incomum e lembraram à filha que fosse correta com seu marido e com os parentes dele. Depois sugeriram que levasse sua irmã mais nova para ajudá-la nos afazeres domésticos, mas a recém-casada recusou, dizendo: "Não, não quero que ela me ajude nas minhas tarefas. Em vez dela, por favor deixem-me levar o búfalo da nossa terra, o Milagreiro das Planícies. Ele será meu servente".

"Como você pode pedir uma coisa dessas?", ralharam os pais. "Você sabe que dependemos dele para viver. Nesta aldeia, o búfalo é bem tratado; é alimentado e bem cuidado. Você não saberia como cuidar dele no lugar desconhecido para onde você vai. Ele teria trabalho demais e alimento de menos; passaria fome e morreria, e aí todos nós morreríamos junto com ele."

A filha não retrucou; só juntou seus pertences — um vaso com ervas, um chifre de sangria, uma faquinha para fazer incisões e uma cabaça cheia de banha. Em seguida partiu com o marido na longa viagem. Mas o búfalo os seguiu, ainda que só ela conseguisse vê-lo. O marido não sabia que o Milagreiro das Planícies os acompanhava até sua casa. ◎◎

Nesse episódio inicial, o momento decisivo ocorre quando os pais da jovem protestam contra o pedido do búfalo como servente. Aqui se reafirma o pacto sagrado: o animal supremo não foi feito para servir aos seres humanos, como a moça deseja. Em vez disso, deve existir uma inter-relação entre os dois: a aldeia cuida dele e ele cuida dos moradores garantindo a existência de búfalos para a caça. A vida do animal supremo e a vida dos seres humanos são entrelaçadas e dependentes dessa situação. O mito também deixa claro que o animal supremo é mais do que apenas uma presença física; é seu poder sobrenatural, uma força invisível para os desavisados, que o torna sagrado. A jovem sabe como olhar para essa presença sagrada, mas será que saberá olhar por ela agora que a acompanha na viagem da sua vida?

◎◎ Marido e mulher chegaram à aldeia dele sob gritos alegres de boas-vindas. "Ora", disseram os anciãos, "as mulheres desta aldeia não lhe satisfaziam, então você deu o fora para encontrar uma. Ainda assim você é bem-vindo ao lar. Só se lembre de que a escolha foi sua. Se ela lhe trouxer problemas mais para adiante, você não terá razão de se queixar".

Aí o homem quis que sua mulher conhecesse o pedaço de terra que ela ajudaria a lavrar. Então levou-a para o campo e apontou os limites. Tudo que ele lhe mostrava ela guardava na memória; aí, no caminho de volta, ela lhe disse: "Ai, acho que perdi meu colar no campo. Vá indo que eu vou voltar para procurá-lo".

O marido caminhou de volta para a aldeia enquanto ela voltava para o campo. Na verdade, ela não perdera o colar, mas precisava de uma desculpa para ficar só e ver o búfalo. Como o marido havia feito, ela apontou para o búfalo os limites do lote de terra deles e também lhe deu a direção da floresta mais próxima, para o caso de ele precisar se esconder.

E assim, toda vez que essa mulher queria água, ela simplesmente colocava o jarro na beirada do campo e o búfalo corria com ele até o olho d'água e voltava prontamente com ele cheio. Se ela precisasse de lenha, o búfalo saía às carreiras pela floresta e quebrava as árvores mortas com os chifres enquanto corria, dando a ela toda a lenha que desejasse. Quando era preciso sulcar o campo, o búfalo puxava um arado e preparava a área necessária. Todos na aldeia do marido estavam espantados com a rapidez com que a moça cumpria esses trabalhos, embora ninguém suspeitasse que ela tivesse um ajudante prodigioso.

Durante vários dias o búfalo auxiliou sua dona, mas ela nunca deu-lhe de comer, porque não havia mais de dois pratos em casa, um para ela e outro para o marido. Porém, da aldeia de que ela veio, onde o búfalo era bem cuidado, um prato separado estava sempre pronto para o Milagreiro das Planícies, e sempre lhe deram comida suficiente. O búfalo continuou sulcando a terra, buscando água e carregando lenha para a mulher, embora dia após dia ele ficasse mais e mais fraco e sentisse as dores da fome em ondas sucessivas. ◉◉

A reverência da aldeia da jovem para com o animal supremo opõe-se nitidamente à indiferença da própria jovem. A referência nesta narrativa a reservar um prato para o búfalo é bem conhecida de culturas de todo o mundo. Foram observadas práticas parecidas nos rituais do "culto do urso", que se espalhou pela Eurásia, tendo início em 6000 a.E.C. e persistindo até hoje entre os ainus de Hokkaido. Na Finlândia, na Lapônia, na Sibéria e, pelo Estreito de Bering, até a América do Norte, os ursos, animais supremos desses vários povos, eram sacrificados em rituais, e dava-se comida aos corpos sem vida para que seu espírito pudesse viajar para casa. Escavações em sítios paleolíticos nos Alpes suíços, por exemplo, revelaram que os ursos das cavernas eram enterrados com os ossos longos das pernas enfiados em suas mandíbulas abertas.[2]

O mito baronga é parecido com aqueles que orientaram durante os tempos ancestrais a caça ritual ao animal supremo, e Joseph Campbell afirmou que nesse modo de ver o animal supremo se encontram as mais antigas raízes do conhecimento mitológico e espiritual da humanidade.[3] Tinha-se de descobrir alguma maneira de lidar com a culpa e o remorso relativos à inevitável participação do homem no mais básico e pavoroso aspecto da vida — o de que ela sobrevive acabando com outra vida. O salto psicológico que possibilitou isso foi a crença de que a morte não era o fim da vida, mas etapa de uma transformação que gera de novo a vida. E é essa idéia que a jovem do mito baronga parece incapaz de apreender, pois ela deixa o búfalo quase morrer de fome antes de lhe apresentar esta saída:

◎◎ "De noite", disse ela ao búfalo, "quando ninguém pode vê-lo, vá ao campo e coma algumas favas do meu lote e dos outros também. Mas não pegue muito de nenhum lugar para que ninguém note que a safra diminuiu".

Como o búfalo não conseguia ficar invisível enquanto comia, ele seguiu as instruções de sua dona e esperou anoitecer, para então comer um pouco de fava de vários lotes. Quando as mulheres chegaram ao campo na manhã seguinte, começaram a gritar: "Ei, o que aconteceu com nossas plantas? Um bicho selvagem estragou tudo! Ainda dá para sentir o cheiro dele".

A jovem, no entanto, garantiu ao búfalo que ele não seria descoberto e o instigou a roubar mais favas das plantações. Cada dia que passava, as outras mulheres ficavam cada vez mais irritadas com a perda das favas, e pediram aos maridos que colocassem um guarda armado de noite. Já que era um atirador excelente, o marido da jovem escondeu-se uma noite nas moitas atrás das plantações para esperar o animal saqueador.

"Que espécie de búfalo é esse?", admirou-se o homem ao avistar o Milagreiro de seu esconderijo. "Nunca vi um desses antes. Sem dúvida é um animal muito incomum nesta região."

Ele mirou com o rifle e disparou. A bala penetrou a cabeça do búfalo, e o Milagreiro das Planícies rolou uma vez e caiu morto.

Cheio de alegria, o homem anunciou seu feito para o resto da aldeia, mas, quando todos saíram com facas e cestos para retalhar o búfalo, a jovem passou mal. Ela seguiu com os outros até a carcaça, soluçando e chorando. "O que há com você?", perguntaram todos.

Ela não respondeu, mas insistiu que lhe dessem a cabeça do búfalo para levá-la a sua casa. Colocando a cabeça no depósito em que guardara seus vasos, a jovem deixou claro a todos que não queria ser incomodada. Em seguida, ela pegou as coisas que trouxera da sua aldeia, jogou as ervas numa panela com água fervente e fez cortes no crânio do búfalo no local em que a bala entrara. Em seguida, enfiou o chifre de sangria nas incisões e sugou e sugou até que começou a verter sangue fresco. Então ela expôs essa área ao vapor medicinal e espalhou sobre ela uma camada de banha. Por fim, cantou esta canção:

Ah, meu pai, Milagreiro das Planícies,
eles me contaram: tu atravessarias a escuridão profunda;
e errarias pela noite em todas as direções,
Milagreiro das Planícies;
és a jovem árvore dos milagres nascida de ruínas
e morta antes do tempo, consumida por um verme
persistente.
Fizeste flores e frutos cobrirem teu caminho,
Milagreiro das Planícies!

Quando terminou de cantar, a cabeça do búfalo começou a se sacudir, o corpo foi reconstituído, as patas dianteiras e traseiras cresceram de novo, e ele ficou de pé. ...

Mas, bem nesse momento, o marido da jovem aproximou-se do depósito para saber por que ela estava lá àquela hora da madrugada.

"Deixe-me só", respondeu ela, irritada. Mas tão logo disse isso a cabeça do búfalo tombou no chão, ferida e morta como antes.

Ela preparou de novo as poções, tratou a ferida do búfalo, o animal voltou à vida outra vez e estava prestes a se erguer quando o marido dela correu até a choça exigindo que ela dissesse por que estava fora de casa sozinha. Na hora em que a mulher preparava pela terceira vez as poções, o dia raiou, e as feridas do búfalo aumentaram a ponto de ela não mais poder curá-las. Ela pediu que a deixassem só enquanto ia ao lago tomar um banho. Depois, ao voltar, contou aos outros que encontrara uma pessoa de sua aldeia que viera chamá-la para ajudar a mãe enferma. Claro que também isso era uma artimanha, mas ela convenceu o marido de que precisava partir sem demora, do contrário sua mãe morreria.

A caminho de casa, ela cantou sem parar a canção do Milagreiro das Planícies. Ao chegar à sua aldeia, anunciou que o búfalo morrera.

"Nós a advertimos", afirmaram todos. "Mas você insistiu em levá-lo com você, e agora você matou a todos nós."

Pouco depois, o marido dela, que a seguira até a aldeia, chegou em meio a apupos de "assassino! assassino!"

"Sem dúvida eu matei um búfalo", disse ele, sem entender o que tinha acontecido, "mas isso não é motivo para me chamarem de assassino".

"Sim", disseram os outros, "mas esse não era um búfalo comum; era o ajudante da sua esposa. Ele sulcou suas terras, pegou água e juntou lenha para vocês. Sua mulher não fez nada disso; nosso búfalo é que fez".

O homem olhou chocado para a mulher. "Por que você não me contou? Se eu soubesse, nunca teria matado aquele animal."

"Agora é tarde", declararam os outros. "A vida de nós todos depende dele."

E então os moradores dessa aldeia começaram a cortar a própria garganta. "Ah, meu pai, Milagreiro das Planícies!", clamou uma mulher que morria.

"Atravessarás a escuridão!", foram as últimas palavras da pessoa ao lado.

"Errarás pela noite em todas as direções!", disse a seguinte.

"És a jovem árvore dos milagres nascida de ruínas e morta antes do tempo!", afirmou o próximo.

"Fizeste flores e frutos cobrirem teu caminho!", disse o último a morrer.

Até as criancinhas foram mortas. "Por que deixá-las viver", disseram alguns, "uma vez que elas só vão amargar essa grande perda?"

O homem, atônito, voltou para casa e contou às pessoas da sua aldeia o que acontecera. "Por ter matado o búfalo", lamentou-se ele, "matei a todos".

"Teria sido melhor você nos dar ouvidos", censuraram os anciãos. "Sugerimos uma ótima esposa para você, mas você preferiu escolher outra de acordo com o seu desejo. Agora veja no que deu." ◎◎

É possível, claro, entender esse mito como uma falta do jovem em atentar para os conselhos dos anciãos; e então o interpretaríamos como uma exortação aos leitores para que não rompam com a tradição — mas este é o enredo secundário. A essência desse mito encontra-se muito provavelmente na canção de cura cantada para o búfalo e na morte dos aldeães, pois reafirmam o pacto sagrado.

A canção nos diz que, quando o búfalo é morto pela primeira vez, seu espírito não se desprendeu inteiramente do corpo; ele está "errando pela noite", vagando na escuridão profunda entre o mundo dos vivos e o dos mortos. O animal supremo acabará morrendo, mas ressuscitará, como uma "jovem árvore dos milagres" que nasce "de ruínas".

O ciclo de vida do búfalo é, assim, equiparado ao ciclo de vida do indivíduo. Isso porque em comunidades como a dos barongas diz-se que o indivíduo, ao morrer, ganha uma existência em algum lugar entre os vivos e os mortos. E, ao completar a travessia para o mundo dos mortos, ele se prepara para o renascimento.

Existia entre os Pés-Pretos da América do Norte um mito correlato "O Milagreiro das Planícies" incrivelmente similar. Referia-se também ao pacto sagrado entre os seres humanos e os animais. O bisão norte-americano era, então, o animal supremo deles, e, portanto, era identificado também no búfalo das planícies

Quando uma manada de búfalos se recusou a se lançar de um penhasco para a morte,* uma jovem que acompanhava a situação chamou-os e disse que se casaria com um deles se os outros pulassem. Ela se casou com um búfalo velho. Porém, mais tarde quis regressar para sua aldeia. Seu pai tentou trazê-la de volta, mas foi pisoteado até a morte. Quando ela deu vida ao pai pela magia, o búfalo velho ficou impressionado. Ensinou a ela uma canção para transmitir aos outros antes que se arriscarem na caçada de búfalos. Desse momento em diante, a dança e a canção do feitiço do búfalo eram executadas para conformar a vida tribal aos ritos que faziam os animais mortos todo ano voltarem à vida.[4]

As mulheres das confederações preservaram o pacto sagrado, mas as mulheres barongas não o fizeram.

## A QUE ALTURA CHEGA O MAR?

Que maravilha deve ter sido ver Klara, uma anciã africana, de joelhos e mãos apoiadas no chão, curvar-se em reverência diante de um louva-a-deus.

"Por favor, até onde vai o mar para baixo?", sussurrou ela. O Louva-a-Deus olhou bem em frente e, de repente apontou para o chão com os dois pés dianteiros.

"Por favor", prosseguiu ela, com uma inflexão respeitosa, "até onde vai o mar para cima?" E o Louva-a-Deus ergueu as duas longas patas dianteiras para o céu.

Ávido por domesticar o Louva-a-Deus de um jeito parecido, o garotinho branco tentou fazer o mesmo com o primeiro louva-a-deus que viu, mas não enxergou reação alguma. Frustrado, empurrou-lhe as patas dianteiras na direção desejada com uma folha de grama.

Com um olhar furioso, a africana arrancou a grama da mão do menino e imediatamente o enxotou dali. Pondo a

---

* Essa era uma maneira antiga de caçar búfalos, cercando-os e levando-os a lançar-se de um precipício para a morte.

mão no coração, ela disse: "Nós nunca importunamos os Louva-a-Deus. Nunca perguntamos nada ao Louva-a-Deus de brincadeira. Nunca perguntamos nada, a não ser que a pergunta venha daqui, do coração".[5]

Os Louva-a-Deus são fundamentais na sabedoria sagrada dos sans,* como as encarnações mais adoradas do deus criador san, /Kaggen. Aliás, uma antiga lenda fala do Louva-a-Deus no mar primordial do início da criação, pousado no centro de uma maravilhosa flor branca semiaberta; aqui o mar representa aquele oceano infinito de que surge o Universo em todas as suas formas (simbolizadas pela flor) para depois se dissolver nele de novo. Esse símbolo da divindade no centro de uma flor é bem conhecido: no cristianismo, uma rosa envolve a Virgem, em cujos braços repousa o Menino Jesus, e no hinduísmo e no budismo, o Brama ou o Buda senta-se no centro de um lótus.

"Até onde vai o mar para baixo?" Até lá embaixo, as profundezas escuras que sustentam as raízes da flor pousada em sua superfície; lá se encontra a força abissal que nutre e sustém a vida.

"Até onde vai o mar para cima?" Até lá em cima, as alturas divinas de onde caem as águas celestiais, ungindo e nutrindo o renascimento espiritual da vida que está abaixo.

Como o Louva-a-Deus está pousado no centro da Flor do Mundo, a primeira pergunta de Klara refere-se simbolicamente ao nascimento físico da humanidade, à concepção material do mundo; a segunda pergunta dela, então, refere-se ao renascimento espiritual da humanidade e do mundo.

---

* "San" é a denominação mais adequada para o povo conhecido como boximane. Os sans foram extintos no sul do continente africano; o único grupo sobrevivente são os ju/'hoansi (também conhecidos como !kung), que vivem no Deserto de Kalahari. Ao referir-me a essas pessoas como grupo — tanto os ju/'hoansi quanto os hoje extintos bandos sulinos —, uso o termo "san". Também prefiro ju/-'hoansi ao mais comum !kung, porque este último é como os próprios sans do Kalahari se denominam.

Joseph Campbell lembra que o símbolo da flor pode referir-se tanto ao "florescimento do universo" quanto à "abertura da consciência do indivíduo".[6]

A flor e o louva-a-deus se espelham, pois, se a flor desabrocha, o louva-a-deus também o faz, em três etapas, de crisálida para larva e de larva para um ser alado. Aqui também temos um motivo conhecido, geralmente simbolizado pela borboleta, que retrata tanto os três modos da consciência humana (inconsciente, consciente desperto e consciente extasiado) e os três reinos do ser (reino das trevas do mundo debaixo, reino da humanidade, reino da divindade). E a característica singular do louva-a-deus — a de que a fêmea devora o macho após o acasalamento — reflete o grande ciclo da criação. "O início imperceptível e o fim fatídico tornaram completa a imagem [do Louva-a-Deus] na mente dos [sans]", escreve Laurens Van der Post. "No tocante à vivência e ao comportamento, diz-se que a criação não é apenas nascimento, mas também morte, que a vida terrena renasce pela morte do que existe para ter uma conformidade maior com o que ela deve ser".[7]

## O ANIMAL SUPREMO MORTO E RESSURRECTO

Pelo fato de o Louva-a-Deus representar o potencial de transformação da vida, os mitos a respeito dele geralmente mostram-no transmutando-se em outros animais ou criando do nada outros animais. Quando é descrito dessa maneira, o Louva-a-Deus retoma a forma de um homem comum, um san que deve ocupar-se das tarefas cotidianas da vida. Uma das mutações prediletas do Louva-a-Deus é transformar-se em elã, o enorme antílope africano com chifres espiralados, que é o animal supremo da caçada dos sans.

Os elãs desfrutam uma posição central na subsistência física e espiritual da sociedade san. Os meninos são considerados homens quando matam pela primeira vez um elã

*Figura 9.* Pintura rupestre dos sans da Dança do Elã-Macho. A figura maior, no centro, é uma jovem que menstrua pela primeira vez; as figuras com varas são homens, segurando simbolicamente os chifres de um elã.

adulto com arco e flecha; eles são sentados sobre a carcaça esfolada e escarificada com um caldo feito com a gordura do elã. Assim, o caçador identifica-se plenamente com a caça; o corpo dele é o corpo do elã.

Na primeira menstruação, as meninas sans são isoladas numa choupana e, depois de a maioria dos homens ter saído do conjunto de moradias, as mulheres executam o ritual de iniciação feminina conhecido como Dança do Elã-Macho (ver Figura 9). Também aqui existe uma forte associação entre o elã e a menina púbere; ambos são chamados pelo mesmo nome. Mais tarde, um pretendente jovem caçará um elã e dará o coração do animal à sua provável sogra, e durante o casamento a noiva será untada com gordura.[8] Assim o corpo dela se torna também o do animal supremo.

A reconciliação com o deus sacrificado, para que ele possa retornar de novo como alimento para a espécie humana, é o que motiva esses ritos, a representação san do pacto sagrado entre os seres humanos e o animal supremo. Afinal, o Elã é retratado no mito como o amado primogênito do Louva-a-Deus. Em um deles, quando um grupo de suricates (pequenos carnívoros da África Meridional) matou o primeiro Elã, o Louva-a-Deus chamou o Elã morto, que não veio; então o Louva-a-Deus chorou a perda de seu primeiro descendente. "O Louva-a-Deus não vai gostar de nós se matarmos um elã", disse um san.[9] Assim, esses ritos servem para restabelecer a ordem cósmica (que significa receber o amor do deus) rompida com a morte — mas só para que ela possa ser outra vez rompida, pois assim é a lei natural e inevitável da vida que alimenta a vida.

*Figura 10.* Arte rupestre dos sans retratando a caça ao elã.

## Animais Supremos e Visões dos Xamãs

O Louva-a-Deus é representado freqüentemente como um xamã e retratado cavalgando entre os dois chifres de um elã, o meio supremo de poder mediúnico para os sans. *Tcheni*, palavra ju/'hoasi referente à dança sagrada que permite o transe mediúnico, é também um termo de louvor ao elã que morre, e a semelhança entre a morte do animal supremo e o xamã entrando em transe é surpreendente. Ambos se sacodem violentamente, cambaleiam, abaixam a cabeça, sangram pelo nariz, suam profusamente e, por fim, caem inconscientes.[10] Os sans usam a palavra *morte* para descrever o estado de transe, pois, como dizem, os xamãs "morrem ao atravessar para o mundo espiritual".[11] Claro que constatamos o emprego metafórico de morte com relação à entrada no mundo dos espíritos em quase todos os mitos do herói africano de que tivemos notícia; entre os sans, o mito é representado na forma de um ritual.

A arte rupestre revela claramente essa relação entre a morte do elã e o transe do xamã. David Lewis-Williams, da Universidade de Witwatersrand, de Johannesburgo, renomado intérprete contemporâneo da arte rupestre san, chama a atenção para as semelhanças evidentes entre o elã e os xamãs na pintura mostrada na Figura 11.[12] Note primeiro

*Figura 11*. Arte rupestre dos sans mostra um elã moribundo, rodeado por xamãs entrando em transe.

que as três figuras com forma humana têm na cabeça traços de antílope, e duas delas têm cascos fendidos. Quando um elã está morrendo, seus músculos começam a se enfraquecer, a cabeça pende, as patas dianteiras cedem e as traseiras se cruzam enquanto ele cambaleia; por reação do sistema nervoso vegetativo, os pêlos se eriçam por todo o corpo. Uma das figuras de xamãs é retratada, como o elã, com os pêlos eriçados no contorno do corpo, e a figura segurando o rabo do elã está com os pés trançados, a exemplo do animal.

Qing, informante san sulista do final do século XIX, observou que nessas cenas das pinturas rupestres as figuras humanas foram "despojadas ao mesmo tempo que os elãs e pelas danças retratadas em pinturas que você já viu" — *despojado* é a palavra que Qing usou para descrever o momento em que o xamã entra em transe.[13]

Os ocidentais costumam ver a arte rupestre dos sans como, na melhor das hipóteses, uma representação impressionista de acontecimentos naturais e, na pior, como um simples desenho de figuras para matar o tempo. Muitos duvidaram que essas fossem realmente dos sans, preferindo acreditar que eram executadas por pessoas de fora. Erich von Daniken, o popular escritor de ficção científica, chegou até a sugerir que os autores eram extraterrestres. As pesquisas atuais, no entanto, demonstram convincentemente que essa arte rupestre não dizia respeito a visitantes alienígenas do espaço sideral, mas sim a viagens dos sans ao espaço interior. O que mais salta aos olhos é a existência de registros, entalhados ou pintados na pedra, que ligam a mitologia e a prática ritual dos sans à sua exploração dos estados sobrenaturais da consciência a que chegavam por meio do transe. E parte dessa obra, afirma Lewis-Williams, tem até trinta mil anos de idade segundo métodos científicos modernos de datação, proporcionando as mais antigas representações pictóricas da busca espiritual humana.[14]

/Kaggen, como era de esperar, tem uma posição central na mitologia que fundamenta o fenômeno do transe san. De acordo com os sans sulistas, ele criou a dança do transe:

Cagn [/Kaggen] nos deu a música dessa dança, e nos disse para dançá-la, e as pessoas morreriam com ela [quer dizer, entrariam em transe], e ele lhes daria amuletos para despertarem de novo. É uma dança de roda de homens e mulheres, um após o outro, e é executada durante a noite inteira. Alguns caem, outros ficam como se estivessem loucos ou doentes, escorre sangue do nariz de pessoas que têm amuletos fracos, e todos ingerem poções mágicas em que há pó de cobra queimada. Quando um homem está doente, essa dança é executada à volta dele, e os dançarinos colocam ambas as mãos sob suas axilas, e fazendo com elas pressão sobre o doente, quando ele tosse, os iniciados afastam as mãos e recebem aquilo que o deixava enfermo — coisas secretas.[15]

Entre os ju/'hoansi, ainda se executa regularmente essa dança de transe ao longo dos meses, e todos os membros da sociedade ju/'hoansi participam. Dança e música são dotadas de uma força espiritual que os ju/'hoansi denominam N/um ou ntum, energia liberada pela sensação de fogo no corpo dos dançarinos. As mulheres ju/'hoansi dão início à celebração desse ritual acendendo a fogueira da dança no centro, e depois dão o ritmo do rito executando a "música da dança" — palmas polirrítmicas — e sacudindo chocalhos junto aos pés dos dançarinos do sexo masculino. Depois de várias horas cantando e dançando, alguns homens começam a entrar em êxtase; inicia-se uma viagem espiritual interior, descrita por um xamã ju/'hoansi ao antropólogo Richard Lee da seguinte maneira:

A poção [N/um, dos ju/'hoansi] entra no corpo pela espinha dorsal. Ela ferve na minha barriga e sobe à cabeça como bebida fermentada. Quando as mulheres começam a cantar e eu a dançar, em princípio me sinto muito normal. Aí, lá pelo meio, a poção começa a subir a partir do meu estômago. Depois disso eu vejo todas as pessoas como passarinhos, todo o lugar fica girando em volta, e é por isso que corremos dando voltas. [...] A gente sente o sangue ficar muito quente, como sangue fervendo no fogo, e aí você começa a se recuperar.[16]

Outro dançarino que entra em transe descreveu a experiência à antropóloga Marguerite Biesele:

> Quando as pessoas cantam, eu danço. Eu penetro na terra. Chego a um lugar como aquele em que se bebe água. Ando bastante, até bem longe. Quando saio de lá, já estou subindo. Eu subo por fios, como aqueles que há lá no sul. Subo por um e logo depois subo por outro [...] e por mais outro. [...] E, quando você chega à morada de Deus, tornou-se muito pequeno. Você tornou-se pequeno. Você entra minúsculo no território de Deus. Faz o que precisa fazer lá. Depois você retorna para onde estão todos e cobre o rosto para não ver nada. Você vem vindo e vem vindo e, vem vindo e finalmente entra no seu corpo de novo. Todas as pessoas que ficaram à sua espera por você — e lhe têm medo. Você entra, entra na terra e volta a entrar na pele do seu corpo.
>
> E você diz "he-e-e-e". É o som da sua volta ao corpo. Então você começa a cantar. Os mestres *ntum* estão lá em volta. Eles pegam pó e o sopram — Fu! Fu! — em seu rosto. Eles seguram sua cabeça e o sopram dos lados do rosto. É assim que se consegue ficar vivo de novo. Amigos, se eles não fizerem isso com você, você morre. [...] Amigo, é assim que isso faz, esse *ntum* que eu tomo, esse *ntum* que eu danço.[17]

Ao ler esses relatos diretos da fonte sobre a viagem espiritual interior familiar aos sans, lembro-me das descrições feitas pelo grande mestre hindu do século XIX, Ramakrishna, a respeito da força ou corrente espiritual chamada *kundalini* e daquele estado de êxtase conhecido no Oriente como *samadhi* (a chegada do peregrino à "morada de Deus"):

> Tem-se a sensação de que a Corrente Espiritual é como o movimento de uma formiga, um peixe, um macaco, um pássaro ou uma serpente. Às vezes a Corrente Espiritual aparece pela espinha, andando como uma formiga. Às vezes, no *samadhi*, a Alma nada cheia de prazer no oceano do êxtase divino, como um peixe. Outras vezes, quando me deito de lado, sinto a

Corrente Espiritual me empurrando como se fosse um macaco e brincando alegremente comigo. Eu fico parado. Essa Corrente, como um macaco, atinge de repente, num pulo, o Sahasrara [área da parte superior da coluna vertebral]. É por isso que você me vê dando um salto, como num susto. Outras vezes ainda, a Corrente Espiritual sobe como um pássaro saltitando de um galho ao outro. O lugar em que ele pousa fica como em fogo.

Às vezes a Corrente Espiritual sobe como um cobra. Ziguezagueando, ela enfim chega à cabeça e eu entro em *samadhi*. A consciência espiritual da pessoa não é despertada se o Kundalini dela não estiver desperto.[18]

Enquanto os adeptos do hinduísmo e do budismo escreveram sobre sua experiência do despertar espiritual, milhares de anos antes deles os xamãs sans da África meridional registraram suas experiências de transe em pinturas ou gravuras entalhadas em pedras ou em paredes de cavernas. Lewis-Williams comprovou que as imagens geralmente estranhas da arte rupestre san podem ser entendidas como revelações dos xamãs sobre suas aventuras no mundo dos espíritos. Ele cotejou as declarações dos próprios sans e estudos científicos de pessoas em estado de transe e obteve re-

*Figura 12.* Um xamã com linhas de força espiritual (*N/um*) penetrando-lhe o corpo.

sultados que abalam muitas idéias preconcebidas sobre essas imagens míticas.

A Figura 12, por exemplo, mostra um xamã no momento em que N/*um*, a força espiritual, provavelmente de um elã, penetra seu corpo. Se a pintura sugere um xamã voando, a postura curvada indica a posição fletida de um dançarino* em transe quando começa a sentir o N/*um* entrando pelo estômago. Portanto, as linhas paralelas não estão se afastando dele, mas, sim, entrando nele, ao contrário das duas linhas pretas, que mais se parecem com os braços alongados que o xamã sente ter, voltados para trás. Vemos também nesse xamã chifres de antílope, um gorro de antílope, cascos fendidos e pêlos eriçados, confirmando a representação da morte de um elã como metáfora do transe do xamã; o animal supremo da caçada torna-se o guia espiritual interno.

A sensação de estar voando, como muitos sentem quando estão dormindo, também foi relatada por pessoas em várias formas e estágios de transe. Muitas pinturas dos sans mostram xamãs em vôo, como as duas figuras com cauda de andorinha da Figura 13, lembrando a descrição de Ramakrishna da "Corrente Espiritual" que o faz se sentir como um pássaro.

*Figura 13.* Pintura rupestre de dois xamãs voando com cauda de andorinha.

---

\* Atualmente, há mais mulheres que são xamãs ju/'hoansi do que antes.

Uma das sensações mais estranhas que já senti nos longos períodos de meditação são as "alucinações somáticas", em que algumas partes do meu corpo parecem encurtadas ou inexplicavelmente alongadas quando estou de olhos fechados. Essas alucinações com o corpo, relatadas por pessoas em experimentos controlados, também são muito conhecidas dos xamãs sans em transe, que as representam na arte rupestre por meio de formas humanas com partes do corpo alongadas, como na Figura 14.

Lewis-Williams descreveu muitas outras representações do estado de êxtase dos xamãs na arte rupestre san, de viagens submarinas de xamãs transformados em peixe ao aparecimento espontâneo de alucinações visuais com pontos, linhas retas ou curvas e outras formas conhecidas pelos neurocientistas de hoje como *fenômenos entópicos*. E essas imagens não só correspondem às descrições de outros cientistas de lugares do mundo em que o xamanismo ainda é praticado, como são confirmadas nos laboratórios por neurocientistas que estudam o estado de transe.

São também muito sugestivas as evidências que os sans têm apresentado sobre as etapas do desenvolvimento da espiritualidade humana em geral e particularmente da sabedoria

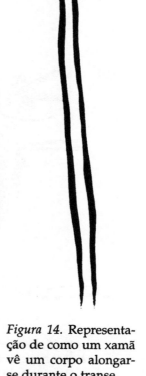

*Figura 14.* Representação de como um xamã vê um corpo alongar-se durante o transe.

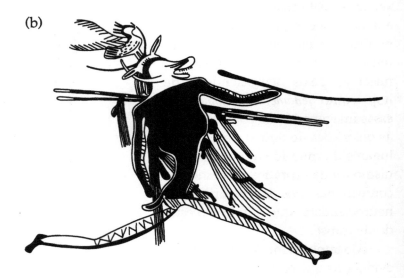

*Figura 15.* Xamãs do Paleolítico: (a) *A Feiticeira de Trois Frères*, Ariège, França; e (b) o xamã da África Meridional, Província do Cabo, África do Sul.

sagrada africana. Nelas se encontra uma ligação muito antiga e preservada entre mito, ritual e espiritualidade humana. Nelas se encontram alguns dos primeiros relatos dos grandes temas da espiritualidade que existem até hoje: o deus morto e ressurrecto; a busca pelo herói e pela heroína espiritual; a experiência de iluminação ao alcançar o ente supremo. E esses temas não são apenas o motivo de uma lenda passível de análise, cujas origens, história e meio de registro podemos até questionar; esses temas ficaram preservados em pedra na África — alguns há trinta mil anos — para que nós os contemplemos. O herói com rosto africano tem não só um lugar entre as grandes mitologias do mundo, mas um lugar que *está* gravado na pedra.

Por fim, essas descobertas sobre os sans mostram que outros sítios de arte rupestre em todo o mundo devem ser analisados sob uma nova luz. Antes da revelação do mistério ancestral da arte rupestre san, pensava-se que as cavernas da Europa contivessem os mais antigos exemplares da arte visionária dos xamãs; isso caiu por terra. As pinturas rupestres de Lascaux, na França, local das mais famosas cavernas da Europa, remontam a apenas cerca de mil a.E.C.; também aí pode-se ver a imagem do touro ou do veado servindo como animal supremo dessa região e época. Com idade parecida, nos Pirineus, há aquela que talvez seja a mais antiga representação pré-histórica de uma xamã, *A Feiticeira de Trois Frères*, e é realmente espantosa a semelhança entre essa xamã européia e imagens rupestres equivalentes de xamãs sans, ainda que algumas destas últimas talvez tenham sido executadas muitas gerações antes. Quando comparadas, como na Figura 15, essas representações européias e africanas se mostram complexas e enigmáticas, compostas de formas humanas e, ao mesmo tempo, de diferentes formas de animais. Os xamãs seguem o caminho dos animais supremos, por eles incorporados nessa arte rupestre, numa viagem que revela não só as conquistas da caçada, mas a doação da alma humana.

# 7 A deusa na África

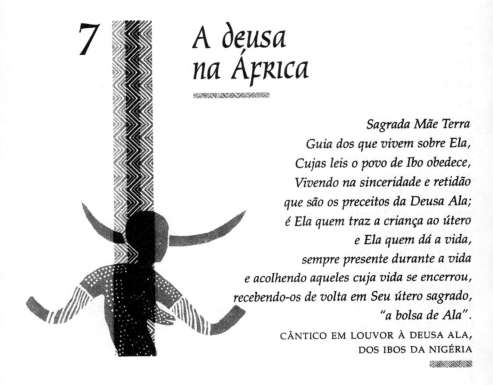

*Sagrada Mãe Terra*
*Guia dos que vivem sobre Ela,*
*Cujas leis o povo de Ibo obedece,*
*Vivendo na sinceridade e retidão*
*que são os preceitos da Deusa Ala;*
*é Ela quem traz a criança ao útero*
*e Ela quem dá a vida,*
*sempre presente durante a vida*
*e acolhendo aqueles cuja vida se encerrou,*
*recebendo-os de volta em Seu útero sagrado,*
*"a bolsa de Ala".*

CÂNTICO EM LOUVOR À DEUSA ALA,
DOS IBOS DA NIGÉRIA

A Deusa se perdeu na África? As evidências de seu reinado ancestral, há vinte mil anos ou mais, estão gravadas para sempre em paredes de rocha e esculpidas em figuras de pedra por todos os lugares que foram centros populacionais da Europa e da Ásia primitivas; estatuetas sem rosto anunciam sua fecundidade: grandes seios, quadris largos, barriga de grávida. Por todo o mundo, da França à China atuais, foi desenterrada essa representação da Deusa — mas não na África, não aqui, o útero da humanidade.

Essas famosas figuras de pedra, a maioria com não mais de poucos centímetros de altura mas ainda assim muito semelhantes, são tidas como marca do auge da Era Mundial da Deusa, quando o Feminino era o princípio reverenciado e inspirador da humanidade. É como se os antigos artesãos, embora muito distantes uns dos outros, tivessem produzido a imagem da Deusa conforme um ideal já difundido. E é para esses ícones que atualmente toda uma geração de mulheres se volta, buscando a espiritualidade fora dos claustros das religiões patriarcais, herdadas, do Oriente e do Ocidente. Porém, ao folhear tantos livros populares a respeito da Deusa, não consigo deixar de notar seu silêncio sobre a África.

Leo Frobenius foi a voz solitária que deu uma resposta sobre esse descompasso na descrição da Deusa na África. Não que ela não tenha existido, afirmou ele com ousadia em 1927, mas fora aquele mesmo ideal que os outros contemplaram — só que suas raízes africanas tinham sido esquecidas há muito tempo. Frobenius declarou que as mais antigas estatuetas da Deusa foram, na verdade, criadas na África, e esse modelo depois migrou junto com a diáspora da África para a Europa e para lugares mais distantes. Mas essas imagens africanas foram esculpidas em madeira, não em pedra, e assim não puderam resistir à investida do tempo.[1]

## EM BUSCA DA DEUSA NA ÁFRICA

A procura da Deusa na África começa pelo entendimento de que ela não é simplesmente a face feminina de Deus. *God* [Deus, em inglês] é uma palavra de origem indo-européia com raiz no sânscrito *gheu*, que significa "invocar" e "derramar, oferecer em sacrifício". Aqui, a alusão é tanto à invocação de nomes de divindades quanto a rituais de libação e sacrifício a eles.[2] A palavra *God* não remete necessariamente a *"Pessoa* Suprema"; é, mais do que isso, uma referência ao Absoluto, ao Eterno — o domínio da existência cuja natureza máxima se encontra sempre além do alcance do raciocínio humano, aquela fonte infindável de que emerge ao nosso redor o mundo dos fenômenos e na qual ele se dissipa. Deus é por definição indefinível, inominável e inclassificável; Nyame, "o Espírito insondável" dos achantis; Njambi-Kalunga, "o Deus do desconhecido" dos lundas; Endalandala, "o Inexplicável", segundo os ngombes; Ngai, "o Desconhecido", de acordo com os massais. Deus também não tem forma humana — nem homem nem mulher, nem jovem nem velho. Os xonas descrevem Deus ao mesmo tempo como "Pai, Mãe e Filho".[3]

Assim, a mera referência a Deus como ele ou ela nos afasta desse reino do Absoluto e nos leva ao reino da dualidade e da distinção que Deus, por definição, ultrapassa. É lamentável, portanto, que muitas religiões, em particular o cristianismo, o judaísmo e o islamismo, tenham preferido definir Deus como homem, pois isso dá um testemunho falso da majestade do mistério de Deus, e seu impacto negativo nas mulheres tem sido bem-documentado por muitos estudiosos da espiritualidade feminina. No entanto, seria também lamentável e falso tentar contrabalançar as descrições históricas de um Deus homem determinando seu sexo como feminino e passar a usar o termo *Deusa*. Isso porque a Deusa é um prodígio todo próprio, que não se pode igualar ao Absoluto — a visão de Deus como amorfo, transcendente e assexuado.

Como fica a Deusa? E como ela se manifesta na África? Depois de estudar os ritos de iniciação masculina e feminina entre os ndembus da África Central nos anos 50, o antropólogo inglês Victor Turner concluiu que a cultura ndembu se fundava em "um princípio maternal ou feminino que permeia sociedade e natureza".[4] Essa definição começa a tomar forma na natureza da Deusa, talvez mais bem entendida como um arquétipo: uma imagem primordial que habita em nós e se expressa em nossos sentimentos e atos, em nossas crenças e atitudes — dos instrumentos que criamos e dos mitos que elaboramos às visões de mundo que mais prezamos, à maneira como agimos no mundo em relação a nós mesmos e aos outros. Uma "mulher com o seu bebê", observa Joseph Campbell, "é a imagem fundamental da mitologia".

> Quando é possível se sentir em relação ao Universo da mesma maneira natural e completa da criança com a mãe, está-se inteiramente harmonizado e sintonizado com o Universo. Harmonizar-se e sintonizar-se com o universo e manter-se assim é a principal função da mitologia.[5]

Assim, por intermédio da Deusa, o indivíduo participa do grande mistério da existência, no plano do cosmos, da terra, da sociedade e do eu.

Porém, a Deusa está quase sempre escondida na mitologia africana. Uma das razões principais está no modo como os mitos da Deusa na África foram coligidos, registrados e interpretados. Como já observamos, os mais antigos relatos deixados por escritos dos mitos africanos que eram transmitidos oralmente não foram feitos por mitólogos, antropólogos ou etnógrafos profissionais; foram feitos por missionários, exploradores e aventureiros. Quase todos eram homens, quase todos cristãos com inclinações e motivos que interferiram nesses registros. O dogma cristão predispunha-os a encontrar um Criador Supremo que fosse homem, mesmo que o relato africano original dissesse o contrário. "Por mais que um missionário se preocupe em avaliar e preservar valores morais e sociais nativos, com relação à religião ele deve ser implacável", disse Diedrich Westerman, professor alemão de culturas e línguas africanas, em uma palestra em 1935 intitulada "África e Cristianismo". "Ele precisa reconhecer e até enfatizar", prosseguiu Westerman, "que a religião que ele professa se opõe à existente e que a existente [religiões africanas tradicionais] deve ceder à sua".[6]

Nyame, divindade akan ou achanti, é um exemplo: R. S. Rattray, político britânico que se tornou antropólogo, referiu-se a Nyame ou Onyame exclusivamente no masculino, o supremo "Deus do Céu" dos achantis; depois dele, muitos cometeram o mesmo erro sem questionar essa interpretação.[7] Todavia, Eva Meyerowitz — que não era nem homem nem cristã — registrou Nyame exclusivamente como Deusa akan, "a única deidade suprema sem princípio nem fim. [...] A matéria ou o corpo de Nyame, em seu aspecto de deusa da Lua e do Firmamento, é figurado como fogo; o espírito ou poder vivificante que deu vida ao fogo e provocou o nascimento do universo chama-se *kra* [força vi-tal]".[8] Geoffrey Parrinder, em uma terceira descrição, assume uma posição um tanto ambivalente entre essas duas: "Nyame, dos achantis, é às vezes descrita tanto como homem quanto como mulher", escreve ele, com a lua representando o lado feminino dessa divindade e o sol, o lado masculino. "O elemento feminino criou os homens com água", continua Parrinder, "e o sol masculino injetou seu fogo vivificante nas veias humanas".[9]

Homem, mulher ou andrógino? Uma ambigüidade semelhante ocorre com várias outras divindades principais africanas: Nzambi, dos bacongos; Nana Buluku e Mawu-Lisa, dos fons; Oduduá e Obatalá, dos iorubás; Obossom, também dos akans; e Nalwanga dos bassogas, para citar umas poucas. E eu, depois de mergulhar nessa literatura, tenho uma impressão diferente: os estudiosos europeus da sabedoria sagrada africana, especialmente as autoridades mais antigas, insistiram na simplicidade e a impuseram ao que encontraram, mesmo que essa simplicidade não tivesse fundamento.

Não, a Deusa não está ausente da África, embora freqüentemente tenha sido escondida pelos incapazes de enxergá-la em sua diversidade de formas. Aliás, um mito persistente sobre a Deusa escondida provém dos soninques do Sahel africano — faixa meridional semideser-

*Figura 16.* Deidade andrógina, figura de madeira dos dogons do Mali.

ta do Saara que se estende do Senegal, a oeste, ao rio Nilo, a leste. O auge da cultura soninque ocorreu por volta de 500 a.E.C., e, do século IV ao XII E.C., trovadores do Sahel cantaram a *Dausi*, epopéia sobre esse período heróico anterior. A maior parte da *Dausi* perdeu-se, principalmente em decorrência da influência destrutiva do Islã sobre a cultura africana tradicional. *O Alaúde de Gassire*, a seguir, é um dos trechos mais bem preservados da *Dausi* soninque.[10]

Nele, tomamos contato com uma história do início da invasão européia na África, anterior ao Islã e ao cristianismo, porque as cidades e os povos mencionados nesse fragmento ladeavam a famosa "Estrada da Charrete" — caminho de 1.600 quilômetros que se estendia de perto de Trípoli, no mar Mediterrâneo, até Gao, no rio Níger (ver Um Mapa dos Povos e dos Mitos da África, p. XVIII). Essa é a estrada em que já no ano 1000 a.E.C. viajavam os *nigretais*, combatentes líbios em carros de guerra admirados pela beleza de sua pele negra (ver o Capítulo 1) e perfeito domínio dos cavalos. Mas foi ela também que conduziu pelo deserto, até a África subsaariana, uma nova tecnologia de transporte, a charrete puxada a cavalos, e com ela uma nova máquina de guerra e conquista. Em 19 E.C., o núncio romano Cornelius Balbus lançou uma ofensiva militar pela Estrada da Charrete, conquistando todas as cidades desde o Mediterrâneo até o Níger. E os novos valores patriarcais trazidos por essas conquistas sangrentas levaram a Deusa a esconder-se, como insinua o mito soninque:

◎◎ Wagadu* esteve lá quatro vezes com todo o seu esplendor. Quatro vezes Wagadu desapareceu e sumiu da vista humana: uma por presunção, outra por falsidade, outra por cobiça e outra por discórdia. Wagadu mudou de nome quatro vezes. Primeiro chamou-se Dierra, depois, Agada, mais

---

* Wagadu é o nome da Deusa soninque e também o nome da lendária cidade do povo fasa (Fezzan).

tarde Ganna, e por fim Silla.[†] Quatro vezes ela virou o rosto: uma para o norte, outra para o oeste, outra para o leste e outra para o sul. Isso porque Wagadu, toda vez que os homens a viram, teve sempre quatro portões: um para o norte, outro para o oeste, outro para o leste e outro para o sul. Por isso essas são as direções de onde vem a força de Wagadu, a força com a qual ela persiste, quer seja de pedra, de madeira ou barro, quer viva só como vulto na mente e saudosa de seus filhos. Porque na verdade Wagadu não é nem de pedra, nem de madeira, nem de barro. Wagadu é a força que vive no coração dos homens e às vezes é visível, porque os olhos a vêem e os ouvidos ouvem o choque das espadas e o tinir dos escudos, e às vezes é invisível, porque o caráter indomável dos homens a fatiga, e então ela dorme.

Wagadu sentiu sono da primeira vez por causa da presunção, da segunda pela falsidade, da terceira pela cobiça e da quarta pela discórdia. Se Wagadu for encontrada de novo, viverá com tal intensidade na mente dos homens que nunca mais será perdida, com tal intensidade que a presunção, a falsidade, a cobiça e a discórdia nunca poderão fazer-lhe mal.

*Uuuh! Dierra, Agada, Ganna, Silla! Uuuh! Fasa!* ◎◉

Ouça os velhos bardos do Sahel, fazendo-se acompanhar por alaúde, cantarem o surgimento e o desaparecimento de Wagadu. É particularmente impressionante o uso metafórico de Wagadu, de imediato uma cidade, mas sempre algo mais: um sentimento no coração; a deusa da compaixão e da sabedoria; a deusa dos pontos cardeais dando ordem ao caos que a antecedeu; a divina postura feminina de esplendor que está além das ânsias humanas básicas. Dessa maneira, Wagadu faz lembrar a antiga deusa indiana Desahai Devi,[11] que governa as quatro direções, ou Arduisor, divindade feminina da antiga Pérsia, de cujo corpo fluíam quatro rios, simbo-

---

† Esses quatro nomes também são de cidades espalhadas pelo Sahel.

lizando os quatro pontos cardeais.[12] Continua assim o restante da epopéia do Sahel:

◎◎ Wagadu foi perdida da primeira vez por causa da presunção. Nessa época, Wagadu voltava-se para o norte e se chamava Dierra. O nome de seu último rei era Nganamba Fasa. Os fasas eram fortes, mas estavam envelhecendo. Combatiam diariamente contra os burdamas e os boromas. Lutavam todo dia e todo mês. Nunca terminava o combate e com ele a força dos fasas cresceu. Todos os homens de Nganamba eram heróis, todas as mulheres adoráveis e orgulhosas da força e do heroísmo dos homens de Wagadu.

Nganamba teve um filho, Gassire, que dia a dia ansiava o desaparecimento do pai. "Quando Nganamba vai morrer? Quando Gassire será rei?" Todos os dias Gassire aguardava a morte do pai como um enamorado aguarda o nascimento da estrela vespertina. De dia, quando lutava heroicamente contra os burdamas e trouxe à sua presença os falsos boromas com uma correia de couro, ele só pensava no combate, na sua espada, no seu escudo, no seu cavalo. De noite, quando cavalgava para a cidade e sentava-se junto aos amigos e seus filhos, Gassire escutava os elogios dos heróis a suas façanhas. Mas o coração dele não estava na conversa; seu coração atentava para a respiração difícil de Nganamba; seu coração se enchia de tormento e ânsia. O coração de Gassire se enchia da ânsia pelo escudo de seu pai, o escudo que ele só poderia carregar quando esse morresse, e também pela espada que ele só desembainharia quando fosse rei.

Kiekorro, um sábio ancião, disse então a Gassire que sua presunção o levaria a pegar o alaúde, não o escudo do pai, e isso faria Wagadu desaparecer. Gassire zombou dele, sem entender direito a profecia. "Ah, Gassire, você pode não me entender", disse o velho. "Mas a sua trajetória o levará às perdizes no campo, e o que elas dizem você entenderá, e esse será seu destino e o destino de Wagadu."

Gassire continuou combatendo os inimigos dos fasas e conquistou várias vitórias importantes. Então, um dia ele se

*Figura 17.* Afresco de deusa com chifres das montanhas Tassili, no Fezzan central, região a nordeste da dos soninques, feita no período 8000–6000 a.E.C. Será que a imagem dela é parecida com Wagadu, a deusa perdida cantada pelos bardos soninques?

afastou de seu exército e saiu campo afora, onde ouviu as perdizes cantarem, como dizia a profecia.

"Ouçam a *Dausi*! Ouçam minhas façanhas!" As perdizes contavam sua batalha com a cobra. As perdizes cantavam: "Todas as criaturas devem morrer, ser enterradas e apodrecer. Reis e heróis morrem, são enterrados e apodrecem. Também eu morrerei, serei enterrado e apodrecerei. Mas a *Dausi*, o hino das minhas batalhas, essa não morrerá. Será cantada vezes sem fim, e sobreviverá a todos os reis e heróis. Uuuh, que eu conquiste essas façanhas! Uuuh, que eu cante a *Dausi*! Wagadu será perdida. Mas a *Dausi* persistirá e sobreviverá!"

*Uuuh! Dierra, Agada, Ganna, Silla! Uuuh! Fasa!*

Então Gassire passou a sentir-se seduzido por essa promessa de imortalidade e foi imediatamente ao velho sábio.

"Kiekorro! Estive no campo. Ouvi e entendi as perdizes. Elas se gabaram de que o hino dos seus feitos teria vida mais longa que Wagadu. As perdizes cantaram a *Dausi*. Diga-me se os homens também conhecem a *Dausi* e se a *Dausi* pode sobreviver à vida e à morte."

"Gassire, você está apressando o seu fim", disse Kiekorro. "Ninguém consegue detê-lo. E, já que você não pode ser rei, seja um bardo, e por causa disso Wagadu estará perdida."

"Então que Wagadu arda em chamas!", gritou Gassire.*
*Uuuh! Dierra, Agada, Ganna, Silla! Uuuh! Fasa!*

Então Gassire mandou um artesão fazer um alaúde[†] para ele. Mas o alaúde não tocava.

"Não posso fazer nada", disse o artesão. "Agora é com você." Gassire perguntou: "E o que eu posso fazer?". O artesão disse: "Isto é uma peça de madeira. Não toca se não houver emoção. Você precisa dar-lhe emoção. Leve esta peça de madeira nas costas quando for ao campo de batalha. A madeira deve soar ao golpe da sua espada. A madeira deve absorver as gotas de sangue, o sangue do seu sangue, o ar da sua respiração. Sua dor deve ser a dor dela; sua fama, a fama dela. A madeira não deve mais ser como a de uma árvore, mas fazer parte da sua gente. Portanto, deve viver não só com você, mas com seus filhos. Aí o tom que vem do seu coração repercutirá no ouvido do seu filho e vi-

---

* A declaração verdadeira de Gassire sem dúvida soava menos britânica, mas se perdeu depois de várias traduções.

† Embora a tradução diga que o instrumento de Gassire era um alaúde, é mais provável que fosse um ude, instrumento de cordas que da África se difundiu na Europa como precursor do alaúde e do violão moderno.

A distinção feita pelo autor deve-se não só às alterações no instrumento europeu mas à etimologia dos nomes distintos do instrumento em inglês: *oud* (o instrumento africano) provém direto do árabe *ud*, e *lute* (o instrumento europeu) provém do francês antigo *lut*, que, por sua vez, provém do árabe *al'ud*. Em português, o instrumento é conhecido só por alaúde, do árabe *al'ud* (N. do T.).

verá com o povo, e o sangue da vida de seu filho, vertendo do coração dele, percorrerá seu corpo e viverá nesta peça de madeira. Mas Wagadu se perderá por causa dela."

Gassire disse: "Que Wagadu arda em chamas!"

*Uuuh! Dierra, Agada, Ganna, Silla! Uuuh! Fasa!*

Com o alaúde pendurado nas costas, Gassire voltou à batalha ladeado por seus oito filhos. Mas, em cada um dos sete dias seguintes, um de seus filhos tombou sob as espadas do inimigo, e em cada um desses dias ele levou de volta para casa o filho morto, sobre o ombro, o sangue dele pingando no alaúde. A morte dos filhos encolerizou Gassire ainda mais, e ele continuou em batalha movido pela raiva. Muitos de seu exército foram mortos. Todas as mulheres choraram. Todos os homens estavam irados.

Antes do oitavo dia de luta, todos os heróis e os homens de Dierra reuniram-se para falar com Gassire: "Gassire, é preciso dar um fim a isso. Não fugimos à luta quando é necessário. Mas você, com sua cólera, continua lutando irracionalmente e sem limite. Agora, vá-se de Dierra! Alguns se juntarão a você e o acompanharão. Pegue seus boromas* e seu rebanho. O restante de nós prefere mais a vida à fama. E, se não queremos morrer sem fama, queremos menos ainda morrer só pela fama".

O sábio ancião disse: "Ah, Gassire! Assim Wagadu será perdida pela primeira vez".

*Uuuh! Dierra, Agada, Ganna, Silla! Uuuh! Fasa!*

Gassire e seu último filho, o caçula, suas mulheres, seus amigos e seus boromas partiram deserto adentro. Atravessaram o Sahel. Muitos heróis cavalgaram junto com Gassire pelos portões da cidade. Muitos voltaram, mas alguns seguiram com Gassire e seu caçula pelo Saara.

Viajaram para muito longe, dia e noite. Chegaram a uma região erma, e nesse descampado descansaram. Todos

---

\* Muito provavelmente membros dessa tribo que eram seus servos.

os heróis e todas as mulheres e todos os boromas dormiram. O caçula de Gassire dormiu, mas Gassire estava irrequieto. Ficou por muito tempo sentado junto à fogueira antes de pegar no sono. Então, teve um sobressalto e apurou os ouvidos. Perto dele, atrás de si, Gassire ouviu uma voz, que soava como se partisse dele mesmo. Ele começou a tremer e ouviu o alaúde cantar. O alaúde cantou a *Dausi*.

Quando o alaúde cantou a *Dausi* pela primeira vez, o rei Nganamba morreu na cidade de Dierra; quando o alaúde cantou a *Dausi* pela primeira vez, a cólera de Gassire desapareceu, e ele caiu no choro. Quando o alaúde cantou a *Dausi* pela primeira vez, Wagadu desapareceu — pela primeira vez.

*Uuuh! Dierra, Agada, Ganna, Silla! Uuuh! Fasa!* ◎◎

E, assim, Gassire aprendeu que, quando se coloca a presunção e a fama acima de tudo, a deusa da compaixão e da vida verdadeira desconcerta quem anseia por elas. Pois Gassire abriu mão dos filhos, da comunidade e do seu reinado pela procura da imortalidade, e, em troca, perdeu Wagadu, a grande Deusa. Pela última vez, os bardos cantam o refrão de Wagadu:

◎◎ Todas as vezes que a culpa do homem fez Wagadu desaparecer, ela ganhou uma beleza nova que tornou ainda mais glorioso o esplendor de sua aparição seguinte. A presunção originou a canção dos bardos, que todos os povos reproduziram e hoje valorizam. A falsidade originou a chuva de ouro e pérolas. A cobiça originou a escrita da forma como os burdamas ainda a praticam atualmente, a qual era uma tarefa de mulheres em Wagadu. A discórdia fará com que a derradeira Wagadu seja tão duradoura quanto a chuva do sul e as rochas do Saara, porque então todo homem terá Wagadu no coração e toda mulher uma Wagadu no útero.

*Uuuh! Dierra, Agada, Ganna, Silla! Uuuh! Fasa!* ◎◎

Uma pena, as canções dos antigos bardos do Sahel perderam-se no tempo; a epopéia está incompleta, e não sabemos qual foi o destino de Gassire, da sua espada e do seu alaúde, ou se depois do exílio ele redescobriu Wagadu e voltou a perdê-la. Só mais adiante sabemos dessa Deusa em outro fragmento da *Dausi* que sobreviveu: "Ninguém sabia onde ela estava. Então, foi redescoberta. E depois foi perdida novamente e não reapareceu por 740 anos".[13]

Não, a Deusa na África não está perdida, mas, como Wagadu, retirou-se para esperar que nós a redescobríssemos. Talvez, quando for encontrada da próxima vez, como profetizaram os bardos do Sahel sobre Wagadu, ela viverá com tal intensidade na nossa mente que nunca mais desaparecerá.

## Mãe Nossa

Estamos tão acostumados a dizer "Pai Nosso" em referência a um ser supremo que é uma grata surpresa descobrir o que vem a seguir, dos ijos do sul da Nigéria:

◎◎ Houve uma vez um campo imenso, e nesse campo se erguia uma enorme árvore *iroko* com raízes esparramadas. Um dia, o céu escureceu e de lá desceu sobre o campo uma mesa grande, uma cadeira grande e uma imensa "pedra da criação". E sobre a mesa havia uma grande quantidade de terra. Então houve relâmpagos e trovões, e Woyengi, a Mãe, desceu. Ela sentou-se na cadeira e colocou os pés sobre a "pedra da criação". Com a terra sobre a mesa Woyengi moldou seres humanos. Mas eles não tinham vida, não eram nem homens nem mulheres, e Woyengi, abraçando um por um, soprou dentro de cada um deles que se tornaram seres vivos. Mas, como ainda não eram nem homens nem mulheres, Woyengi perguntou a cada um de qual sexo queria ser. Assim ela os fez, de acordo com a escolha deles.

Em seguida, Woyengi perguntou-lhes, um por um, que tipo de vida queria ter na terra. Alguns pediram riquezas, outros pediram filhos, outros, ainda, vidas curtas, e coisas de todo tipo. E Woyengi concedeu essas coisas a cada um, conforme o desejo deles. Então Woyengi perguntou a cada um com que tipo de morte eles retornariam a ela. E, dentre as doenças que afligem a terra, cada um escolheu a sua. A todos esses desejos Woyengi disse: "Assim seja".[14] ◎◎

A Deusa mítica na África, a Grande Mãe da Criação, revela-se aqui em três símbolos amplos de sua procedência e poder: árvore, terra e pedra. E é exatamente por esses símbolos que se pode detectar a presença da Deusa no mito sagrado africano. Desses três — árvore, terra, pedra —, o último pode parecer despropositado, porque a pedra é fria e dura e inanimada — características a que normalmente a Deusa não é associada. Mas em *A grande mãe*, sua obra criativa sobre a Deusa, o psicólogo israelense Erich Neumann faz a correlação definitiva. Ao discutir a anatomia da Deusa (o corpo feminino) como um receptáculo simbólico que contém um universo santificado, Neumann relaciona o corpo da Deusa com uma montanha emergindo das águas primitivas da criação, e observa que o útero da Deusa é representado por "símbolos como fenda, caverna, abismo, vale, profundezas, os quais em numerosos ritos e mitos desempenham o papel de útero da terra à espera da fecundação [...]. Conseqüentemente, não só a montanha é cultuada como a Grande Mãe, mas também as rochas que representam a montanha — e a ela".[15]

Dominique Zahan, antropóloga francesa, denomina os sítios dessas pedras sagradas africanas de "catedrais rudimentares".[16]

Encontram-se por toda a África essas pedras e rochas sagradas que representam a força da Deusa. Malidoma Somé conta uma história atual sobre as "pedras da Deusa", que participaram de seu retorno à comunidade dagara, depois de ter passado vários anos em escolas européias. Foi marcado um encontro em um santuário à Deusa da Terra para decidir se esse filho pródigo deveria ser recebido pelos dagaras. O conselho de anciãos sentava-se sobre seis pedras sagradas.

> De repente havia um homem sentado em cada uma das seis pedras. A cada ancião cabia uma pedra que ele usaria até morrer. Toda vez que uma pedra ficava vaga por causa da morte de alguém, o chefe do santuário da terra [o sacerdote da Deusa] escolhia outro homem dentre os avôs e bisavôs da comunidade. Ao morrer, o sacerdote do santuário da terra é sempre substituído pelo mais velho de seus filhos com a primeira esposa. Esse ciclo perdurava desde tempos imemoráveis.[17]

Além disso, os cabres do Togo identificam certas rochas como "pedras da criação", as que têm a marca dos pés dos primeiros humanos que foram criados; e os mossis do Alto Volta entronam seu rei fazendo-o sentar-se sobre uma série de pedras entre a cidade de sua coroação e a cidade que será a sede do governo. Assim, o rei terreno senta-se num trono que simboliza a Deusa Mãe divina, imagem reproduzida em uma estátua egípcia do faraó Amon Rá sentado num trono de pedra da Grande Deusa Ísis, como se fosse uma criança no colo na mãe. Joseph Campbell percebeu a relação entre a representação egípcia desse tema e uma variante cristã posterior: "Na Catedral de Chartres", lembrou ele, "você vai ver uma imagem da Virgem Maria como trono no qual Jesus se senta e abençoa o mundo na condição de seu Imperador. É precisamente essa a imagem que chegou a nós do mais antigo Egito. Os primeiros padres e os primeiros artistas adotaram essas imagens intencionalmente".[18]

## A Deusa e a Serpente

◎◎ No princípio havia um Deus, Nana-Buluku; era ao mesmo tempo homem e mulher. Mawu proveio de Nana-Buluku. Mawu era uma pessoa, mas tinha dois rostos: o primeiro era o de uma mulher, cujos olhos pertenciam à lua. Esse rosto adotou o nome de Mawu. O segundo era o rosto de um homem, cujos olhos pertenciam ao sol, e ele adotou o nome de Lisa. Mawu governava a noite, enquanto Lisa governava o dia. Por isso, quando ocorre um eclipse da lua ou do sol, diz-se que Mawu está copulando consigo mesma, que Mawu e Lisa estão fazendo amor. Como Mawu era tanto homem quanto mulher, ficou grávida. ◎◎

É assim que os fons do Benin começam a contar a criação feita por intermédio de Mawu, um exemplo evidente da mitologia da Deusa fálica.[19] Mawu-Lisa era por tradição celebrada na semana de quatro dias dos fons, rememorando os quatro da sua criação. No primeiro dia, ela deu à luz os deuses e deusas menores, os *vodun*, e criou os seres humanos com barro. No segundo dia, Mawu-Lisa tornou a terra habitável para a vida; no terceiro dia, a humanidade recebeu os dons da visão, da fala e da consciência; e no quarto e último dia, os conhecimentos foram transmitidos à humanidade. Nessa obra, Mawu também teve a colaboração de Aido-Hwedo, a Grande Serpente:

◎◎ Quando a Criadora fez o mundo, tinha a seu lado a servidora Aido-Hwedo. A serpente levava-a na boca a todo lugar. Não sabemos se o mundo já existia. Sabemos que a terra foi a primeira criação, porque o mundo é como uma cabaça: só se põe a tampa por último.

Por onde fosse a Criadora, Aido-Hwedo ia junto. É por isso que a terra é como é. Ela se curva, serpenteia, tem lugares altos e lugares baixos. Isso se deve ao movimento da serpente Aido-Hwedo. Onde Mawu e Aido-Hwedo descansaram, há montanhas, porque as montanhas foram feitas pelos excrementos de Aido-Hwedo. É por isso que encontramos coisas preciosas nas montanhas.

Mas, quando a obra estava acabada, Mawu achou que a terra tinha muito peso. Havia coisas demais — muitas árvores, muitas montanhas, elefantes, tudo o mais. Era necessário descontar em alguma coisa. Então mandou Aido-Hwedo enrolar-se formando um círculo debaixo da terra, como se fora uma rodilha.*

Por isso, agora, toda vez que Aido-Hwedo se mexe, há um terremoto.[20] ◎◎

Essa poderosa imagem apresenta a Deusa — Criadora de tudo — sendo levada ao seu trabalho de dar forma ao mundo na boca da serpente, que simboliza a vitalidade que fundamenta a vida. Onde quer que a serpente vá surge vida, ou um traço essencial do mundo; a mesma essência vital, então, entrelaça toda a criação em um tecido único e intrincado. Não surpreende que a Deusa, a Serpente e a Morte apareçam sempre juntas no cenário mítico; seja no paraíso do Éden, seja no âmbito da mitologia africana, todas são manifestações parecidas. A Serpente desfaz-se periodicamente da camada externa de sua pele, da mesma maneira que todo mês a mulher se desfaz da camada interna do útero; e a Serpente comendo o próprio rabo (imagem conhecida como uroboros; ver Figura 18) representa o ciclo infinito da vida, que origina a morte, que origina a vida de novo.

*Figura 18.* Aido-Hwedo em forma de uroboros, em um baixo-relevo nos muros do palácio do rei Gezo de Abomé.

---

* Rodilha é uma rosca de pano em que se assenta a carga na cabeça, daí a imagem com relação à serpente Aido-Hwedo. (N. do T.)

A Deusa, manifesta em todo corpo de mulher, é quem assegura esse ciclo.

A Deusa e a Serpente aparecem também como personagens principais em um mito da criação, com trama bem apurada, do povo uarrungüê do Zimbábue:[21]

◎◎ Maori (Deus) fez o primeiro homem e o chamou de Mwuetsi (lua). Depois colocou-o no fundo do Dsivoa (um lago) e lhe entregou um chifre *ngona* cheio de óleo *ngona*. Mwuetsi vivia no Dsivoa.

Mwuetsi disse a Maori: "Quero ir para a terra". Maori disse: "Você vai se arrepender". Mwuetsi disse: "Mesmo assim, eu quero ir para a terra". Maori disse: "Então vá para lá". Mwuetsi saiu do Dsivoa e seguiu para a terra.

A terra era fria e vazia. Não havia nem mato, nem arbustos, nem árvores. Não havia animal algum. Mwuetsi chorou e disse a Maori: "Como eu vou viver aqui?". Maori respondeu: "Eu avisei. Você pegou um caminho que, quando chegar ao fim, será sua morte. Mesmo assim, vou-lhe dar outro de sua espécie". Maori deu a Mwetsi uma moça chamada Massassi, a estrela-d'alva, dizendo-lhe: "Massassi será sua esposa por dois anos". Maori deu a Massassi uma peça para fazer fogo.

À noite, Mwuetsi entrou numa caverna com Massassi, que pediu: "Ajude-me a fazer uma fogueira. Vou juntar *chimandra* [gravetos] e você pode girar a *rusika* [o bastão que provoca faíscas]". Massassi juntou gravetos. Mwuetsi girou a *rusika*. Mwuetsi deitou-se do um lado da fogueira acesa e Massassi do outro. O fogo ardeu entre eles.

Mwuetsi pensou consigo: "Por que Maori me deu essa moça? O que eu vou fazer com essa Massassi?". Ao anoitecer, Mwuetsi pegou seu chifre *ngona*, umedeceu o dedo indicador com uma gota de óleo *ngona*, e disse: "*Ndini chaambuka inhiri ne mhiri*". ("Vou pular a fogueira.")* Mwuetsi pulou a

---

* Essa frase é repetida várias vezes em tom melodramático, cerimonial.

fogueira e aproximou-se da moça, Massassi. Mwuetsi tocou seu corpo com o ungüento em seu dedo. Então Mwuetsi voltou a seu leito e dormiu.

Quando ele acordou de manhã, olhou para Massassi e viu que o corpo dela estava inchado. Ao raiar do dia, Massassi começou a parir. Massassi pariu mato. Massassi pariu arbustos. Massassi pariu árvores. Massassi não parou de parir enquanto a terra não estivesse coberta de mato, arbustos e árvores.

As árvores cresceram. Cresceram até as copas chegarem ao céu. Quando isso aconteceu, começou a chover.

Mwuetsi e Massassi viveram na fartura. Tinham frutos e cereais. Mwuetsi construiu uma casa, fez uma pá de ferro. Mwuetsi fez uma enxada e semeou a terra. Massassi trançou puçás e apanhou peixes. Massassi pegou lenha e água. Massassi cozinhou. Assim Mwuetsi e Massassi conviveram por dois anos. ◎◎

Massassi, a Deusa da primeira etapa da criação, é associada à estrela-d'alva — a fase matutina do planeta Vênus na parte da sua órbita em que é o corpo mais brilhante no céu antes de o dia raiar. Por ser Virgem, o útero de Massassi representa o teatro do mundo em que se desenrolará o drama da criação. Ela é a matriz do Universo: não existe nada antes dela, exceto a vontade divina aguardando expressão; ela não precisa ser penetrada, mas apenas ungida para que o ciclo da criação tenha início. Pela gota de óleo, o chifre tem, evidentemente, um sentido fálico. Mas um chifre *ngona* cheio de óleo também aparece em muitos mitos dos zimbabuanos, revelando-se mais importante como símbolo lunar.

Essa associação entre a lua e o aspecto masculino da criação pode surpreender de início, pois freqüentemente a lua é retratada no feminino, em virtude da relação entre os ciclos lunares e menstruais. Nesse mito, porém, Mwuetsi, do mesmo modo que o herói chaga Murile, simboliza o Rei-Lua, que reina na terra, como a luz da lua, depois morre e ressuscita. Sabemos por outros mitos zimbabuanos e pela descoberta de um chifre *ngona* (ver Figura 19) que esse chifre representa as duas metades da lua crescente — o chifre mais grosso é de fêmea e o mais fino, de macho. O chifre, então, é um símbolo andrógino da criação, como a Deusa andrógina mencionada anteriormente.

*Figura 19.* A Deusa Fálica na África. Par de chifres *ngona* de antílope, encontrado por arqueólogos alemães e levados para o Afrika Archive, em Frankfurt. O da esquerda é de um macho; o da direita, de uma fêmea. Em Frobenius (1968).

No início desse mito, portanto, temos o tema da Deusa Fálica da criação. Como na vida real, o homem, Mwuetsi, fornece o sêmen, mas logo em seguida sua tarefa está praticamente encerrada; a Deusa é a criadora ativa: ela se incha de vida e dá à luz o mundo. Cumprida a tarefa, a Deusa, em sua forma primeira de estrela-d'alva, retira-se do teatro do mundo e cede lugar a outra:

◎◎ Depois de dois anos Maori disse a Massassi: "Acabou o prazo". Maori retirou Massassi da terra e colocou-a de volta no Dsivoa. Mwuetsi lamentou, e chorou dizendo a Maori: "O que eu vou fazer sem Massassi? Quem vai buscar água e lenha para mim? Quem cozinhará para mim?" Mwuetsi chorou durante oito dias.

Depois dos oito dias, Maori disse: "Eu o avisei de que você está caminhando para a morte. Mas vou-lhe dar outra mulher. Morongo, a estrela vespertina. Ficará com você por dois anos. Aí venho apanhá-la de volta". Morongo foi à choça de Mwuetsi. À noite, Mwuetsi quis se deitar de seu lado da fogueira. Morongo disse: "Não se deite aí. Deite-se aqui comigo". Mwuetsi deitou-se ao lado de Morongo. Mwuetsi pegou o chifre *ngona*, pôs um pouco de ungüento em seu dedo indicador. Mas Morongo disse: "Não faça assim. Eu não sou como Massassi. Agora besunte seus órgãos genitais com óleo *ngona*. Besunte meus órgãos genitais com óleo *ngona*". Mwuetsi assim o fez. Morongo disse: "Agora copule comigo". Mwuetsi copulou com Morongo. Mwuetsi caiu no sono.

Perto da manhã, Mwuetsi acordou. Olhou para Morongo e viu que seu corpo estava inchado. Quando o dia raiou, Morongo começou a parir. No primeiro dia ela pariu galinhas, ovelhas, cabras.

Na segunda noite, Mwuetsi dormiu com Morongo de novo. Na manhã seguinte Morongo pariu primeiro meninos e depois, meninas. Os garotos, nascidos de manhã, já eram crescidos ao entardecer. ◎◉

Estrela e crescente aparecem simbolicamente nessa segunda fase da criação, quando Mwuetsi recebe a Deusa disfarçada de Morongo, a estrela vespertina, a fase vespertina do planeta Vênus. A Mãe Cósmica é então engravidada, e por seu intermédio seres sensíveis são trazidos ao mundo. Mas o ciclo da Deusa ainda não terminou, pois vimos a saber que:

◉◉ Na quarta noite, Mwuetsi quis copular com Morongo de novo. Mas então veio um temporal com trovoada e Maori se pronunciou. "Deixe estar. A hora da morte se aproxima rapidamente." Mwuetsi teve medo. A tempestade passou, e Morongo disse a Mwuetsi: "Faça uma porta e use-a para fechar a entrada da choça, pois assim Maori não conseguirá ver o que estamos fazendo. Então você poderá copular comigo". Mwuetsi fez a porta, fechando a entrada da choça. E aí ele copulou com Morongo. Depois Mwuetsi dormiu.

Perto da manhã Mwuetsi acordou. Viu que o corpo de Morongo estava inchado. Raiando o dia, Morongo começou a parir. Morongo pariu leões, leopardos, cobras e escorpiões. Maori viu tudo. Maori disse a Mwuetsi: "Eu o avisei".

Na quinta noite, Mwuetsi quis dormir com Morongo de novo. Mas Morongo disse: "Veja, suas filhas estão crescidas. Copule com elas". Mwuetsi olhou para as filhas. Viu que eram lindas e estavam crescidas. Então ele dormiu com elas. Elas geraram filhos. As crianças que nasceram de manhã já eram crescidas ao entardecer. E assim Mwuetsi tornou-se o *mambo* (rei) de um povo numeroso.

Mas Morongo dormiu com a cobra. Morongo nunca mais pariu. Ela morava com a cobra. Um dia Mwuetsi foi a Morongo e quis dormir com ela. Morongo disse: "Deixe estar". Mwuetsi disse: "Mas eu quero". Ele se deitou com Morongo. Sob a cama de Morongo estava a cobra. A cobra picou Mwuetsi. Mwuetsi adoeceu.

No dia seguinte não choveu. As plantas murcharam. Os rios e os lagos secaram. Os animais morreram. As pessoas começaram a morrer. Muitas pessoas morreram. Os filhos de Mwuetsi perguntaram: "O que podemos fazer?" Eles propuseram: "Vamos consultar os *hakata* [dados sagrados]". As crianças consultaram os *hakata*. Os *hakata* disseram: "Mwuetsi, o Mambo, está doente e definhando. Mandem Mwuetsi de volta ao Dsivoa".

Depois disso os filhos de Mwuetsi o estrangularam e enterraram. Enterraram Morongo junto com Mwuetsi. Então escolheram outro homem para ser o *mambo*. Morongo, como Massassi, vivera por dois anos no Zimbábue de Mwuetsi. ◉◎

Nesse mito da criação, vemos as etapas que devem ser seguidas na progressão da divindade para a humanidade, do Deus solitário (Maori) ao mundo visível, do Uno à pluralidade, do vazio à abundância, do Imortal ao Mortal. Essa progressão é realizada pela Deusa em suas diferentes formas: primeiro a Virgem, trazendo ao mundo a matriz primeira, o cenário vazio em que se desenrolará o drama da criação; depois a Mulher Tentadora, que seduz o parceiro com malícia e feitiço a gerar mais vida com ela; depois a Mãe Cósmica, que gera com seu corpo mítico todos os tipos de seres vivos; e por fim a Portadora da Morte, consorte da Cobra, a qual produz em seu parceiro e na sua prole a aceitação incondicional da vida e, portanto, a rendição incondicional à morte. Com sua obra encerrada e sua mensagem transmitida, a Deusa, morta simbolicamente por sua prole, pode retirar-se do drama do teatro do mundo.

Cabe então à humanidade honrar o ciclo da vida a ela concedido pela Deusa: Mwuetsi é sacrificado e se escolhe um novo *mambo* reproduzindo-se o ideal primeiro, que foi lançado ao fundo da psique coletiva da humanidade sob as águas do Dsivoa. E que ideal é esse? Dito de modo simples, é o princípio fundamental da vida: a vida consome a si mesma; da morte surge a vida eterna; da mortalidade surge a imortalidade.

Sabemos que esse ideal era seguido na sociedade uarrungüê: os reis uarrungüeses portavam o *ngona*, e os uarrungüeses praticavam o ritual do regicídio. Numa versão desse mito corrente entre o povo uacaranga, também do Zimbábue,[22] fica explícita a relação entre os corpos celestes e os temas principais de morte e ressurreição. O final da narrativa conta que Mwuetsi emergiu do Dsivoa e agora persegue Massassi pelo céu, tentando reaver a felicidade de seu primeiro casamento. Aqui é a Lua no aparente encalço do planeta Vênus, a mortalidade no encalço da imortalidade, a humanidade no encalço da Deusa.

## A MULHER-BÚFALA VERMELHA

Nos lugares em que a caça constitui o principal meio de subsistência, o corpo da Deusa é o terreno da perseguição, seja floresta, seja descampado, ao passo que sua fecundidade se dá no fornecimento constante de animais de caça, para que sejam cercados e mortos. Ela oferta de bom grado as vidas da sua prole para nutrir as vidas alimentadas pelo caçador, para depois gerar de bom grado essas vidas de novo. O caçador tradicional vê-se não como um salteador da mata dos tempos modernos, ávido por saquear a generosidade da terra, mas sim como um agente da vontade da Deusa. O caçador, então, deve identificar-se profundamente com a Deusa. Tal reconhecimento do poder de regeneração da vida da Deusa do Caçador foi encontrado entre os tongas, já citados, que consideram o caçador recém-chegado da caçada muito "quente" para participar da vida social cotidiana. Ele é, então, isolado à maneira normalmente reservada às mulheres que estão menstruadas. Os caçadores iorubás, por outro lado, identificam-se com essa Benfeitora da Floresta pela lenda da Mulher-Búfalo Vermelha, uma das faces da deusa iorubá Oya.*

Com uma adaptação à floresta sem igual, o búfalo africano representa um desafio formidável para o caçador; pesando cerca de 300 quilos, com chifres de 60 centímetros curvados para dentro, esses animais conseguem se embrenhar na mata fechada e sair dela com agilidade e sem ruído; são rápidos, capazes de manter uma velocidade de 50 quilômetros por hora em campo aberto; e lutam destemidamente contra os adversários, sejam seres humanos, sejam outros animais. A cor dos búfalos varia do marrom-escuro ao preto, mas as búfalas são avermelhadas, e os rebanhos desses búfalos africanos são tangidos por mulheres mais velhas.

Há, portanto, uma forte associação entre o búfalo e a Deusa na sociedade iorubá. A etnógrafa Judith Gleason observa que os homens iorubás acham atraente nas mulheres

---

* Mais conhecida no Brasil como Iansã, divindade dos ventos e das tempestades, também associada à floresta e à terra; é inteiramente vermelha. (N. do T.)

o vermelho da búfala, e, assim, as mulheres iorubás usam cosméticos dessa cor.[23] Mas o búfalo é também um símbolo da reprodução feminina e, portanto, do poder regenerador da Deusa. A incrível semelhança entre a cabeça do búfalo e o aparelho reprodutor feminino tem sido séculos a fio a razão dessa associação do búfalo, do touro e de animais de chifres similares com a Deusa em todo o mundo. Ao juntarmos a isso o fato de que a forma dos chifres é de lua crescente, podemos perceber por que esses animais se tornaram potentes símbolos da Deusa.

Casar-se com a Mulher-Búfala, então, representa o ponto máximo da ligação entre o caçador e esse poder regenerador feminino da floresta. Pelo menos era esse o objetivo do Chefe dos Caçadores, que saiu em busca de uma esposa no rebanho, uma que "brilhasse para ele" como a luz da lua cheia que a Deusa da Floresta personifica:[24]

◎◎ Saiu para a caçada noturna, permaneceu fora a noite toda, mas o Chefe dos Caçadores não avistou nada; ficou só deitado na plataforma no alto das árvores. A aurora chegou à floresta, e o Chefe dos Caçadores decidiu esperar um pouco mais, até que estivesse bem claro para voltar com mais facilidade para casa. De repente, viu uma búfala se aproximando, olhando para a direita e para a esquerda; não vendo ninguém, ela prosseguiu majestosamente por seu caminho. Quando chegou junto a um formigueiro, para grande surpresa do Chefe dos Caçadores, começou a tirar a própria pele — as tiras dos braços, as tiras das pernas e o couro da cabeça. Ele a viu fazendo uma trouxa de tudo isso e enfiá-la no formigueiro. Então, olhando para a direita e para a esquerda de novo, não vendo ninguém, ela se transformou em uma bela mulher. ◎◎

Que espetáculo maravilhoso: a Deusa desmascarando-se para revelar sua forma divinamente humana; com essa transformação, ela agora está vulnerável mas eminentemente próxima.

O Chefe dos Caçadores precisará planejar com cuidado o que fazer:

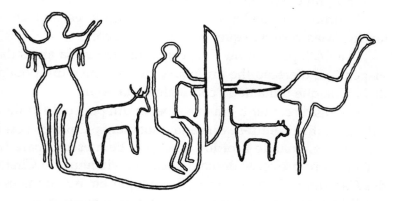

*Figura 20.* Entalhe do Paleolítico sobre rocha retratando a ligação entre um caçador e a Deusa Mãe por um cordão umbilical. De Argel.

◎◎ Enquanto a Mulher-Búfala seguia pela estrada em direção ao mercado, levando sementes de alfarroba para vender, o Chefe dos Caçadores esperou até perdê-la de vista, desceu da plataforma e foi sorrateiramente até onde ela escondera a pele. Pegou a trouxa e seguiu para casa com ela. Então o Chefe dos Caçadores foi ao mercado para comprar sementes de alfarroba.

"Dê-me três xelins de *iru*,\* por favor", disse ele à Mulher-Búfala, ainda em sua bela forma humana. "Só que eu não posso pagar agora", afirmou ele, fingindo procurar o dinheiro. "É claro que você não vai se importar de passar em casa, quando estiver indo embora, para pegar o que eu lhe devo", acrescentou.

"*Iru, iru*", disse alto a Mulher-Búfala ao voltar naquela noite para a floresta, "quem nesta aldeia comprou *iru* de mim hoje?"

---

\* *Iru* é um prato feito de sementes de alfarroba fritas, uma das oferendas prediletas para Ifá. E Ifá é o princípio de ordenamento e o sistema universal da cosmologia iorubá consultado como oráculo.

"Aqui", disse o Chefe dos Caçadores, saindo de sua casa, "eu comprei *iru* de você no mercado hoje pela manhã".

"Eu vim buscar meu dinheiro", disse a Mulher-Búfala.

"Ótimo", respondeu o Chefe dos Caçadores, acrescentando: "Mas você não quer entrar um pouco?"

"Venha", prosseguiu ele, "coma alguma coisa antes da viagem". E ofereceu-lhe um pouco do inhame e um pouco da bebida que tinha dado como oferenda ao Ifá.

Depois de comer o inhame e beber um pouco do vinho, a linda mulher sentiu-se cansada e sonolenta. Caiu em sono profundo e, quando acordou, já estava bem escuro para ir embora sem provocar desconfiança nos vizinhos do Chefe dos Caçadores. Porém, ao chegar ao lugar em que tinha escondido suas peles, a Mulher-Búfala não as encontrou.

"Ai", gritou ela. "Ai, ai, ai! Como é que pode?

"Eu olhei para a direita e para esquerda e não vi ninguém", recordou. "Quem, então, pode tê-las apanhado?", matutou. "Deve ter sido o homem que comprou meu quitute de alfarroba sem pagar", concluiu ela. "É melhor eu voltar e ter uma conversinha com ele."

Quando chegou à casa do Chefe dos Caçadores, a Mulher-Búfala protestou com ele: "Por favor, devolva aquelas coisas que você tirou do meu esconderijo na floresta".

"Eu não vi nada seu", respondeu o Chefe dos Caçadores.

"Viu sim", disse a Mulher-Búfala. "Por favor, eu lhe imploro. Tenha compaixão, eu imploro que devolva minhas coisas!"

"Então se case comigo!", disse abruptamente o Chefe dos Caçadores.

"Está bem", sorriu a Mulher-Búfala. "Só que primeiro você vai prometer nunca contar a suas outras esposas onde me encontrou nem o que pegou de mim", advertiu ela.

"É só isso?", disse surpreso o Chefe dos Caçadores. "Bom, então eu prometo", garantiu ele.

E, assim, aconteceu de o Chefe dos Caçadores se casar com a Mulher-Búfala. ◉◎

Anteriormente, ressaltamos que o casamento de um herói com uma deusa deve ser entendido não só no sentido normal do casamento de uma pessoa com outra, mas também no sentido espiritual de uma união sagrada do indivíduo com seu mais elevado desejo espiritual. A Mulher-Búfala, Deusa da Floresta, é esse ideal espiritual do Chefe dos Caçadores, cujo nome superlativo indica que ele domina não só o desenrolar externo da caçada, mas também a dinâmica interna, e, portanto, está preparado para alcançar essa revelação máxima — a consciência da Deusa, a força motriz do ciclo de predador e presa, vida e morte, no qual ele está tão intimamente envolvido. Sabemos disso também porque o Chefe dos Caçadores é uma manifestação da divindade iorubá Ogum, Deus da Caça. A aceitação imediata e absoluta da tão inesperada proposta dele de casamento confirma que o Chefe dos Caçadores está preparado para essa dádiva máxima; ele não enfrenta nem provas nem provações por almejar a mão da Deusa. Mas sua conquista da Deusa não encerra a história; mantê-la é o desafio seguinte, e aí a Mulher-Búfala ensinará uma lição ao Chefe dos Caçadores que ele não esquecerá tão cedo:

◉◉ Depois de muitos anos, a Mulher-Búfala deu à luz quatro crianças do Chefe dos Caçadores. Certo dia, quando ele notou que sua safra de feijão-roxo estava boa para colher, pediu a todas as suas mulheres que fossem ao campo ajudá-lo. Aliás, suas mulheres mais velhas nunca deixaram de perguntar de onde tinha vindo aquela mulher "vermelha". Nenhum parente tinha aparecido, nem um sequer, vez alguma, para visitá-la, nem nunca ela fora chamada pela família.

"Que espécie de mulher é essa?", pensavam elas. Mas o Chefe dos Caçadores recusava-se a dizer qualquer coisa.

Uma noite, porém, elas o encheram de comida e bebida a ponto de ele não mais segurar a língua.

"Senhor, estimado marido, pai da família, o senhor tem uma dívida conosco", disseram suas outras mulheres. "É no mínimo justo que nós tenhamos referências daquela com quem somos forçadas a conviver", prosseguiram. "Somos de boas famílias — e aparentemente ela não é —, mas, seja qual for a ascendência dela, nós merecemos saber. Não acha que já é hora de nos contar?", pediram elas.

"Vocês não conseguem deixar aquela pobre coitada em paz?", esbravejou o Chefe dos Caçadores. "O que ela é de vocês?", vociferou ele em meio à bebedeira. "Não é ela aquela búfala que eu vi aquele dia, tirando a pele na floresta?", disse, comendo as letras. "Eu comprei *iru* dela e ela veio pegar o dinheiro. É por isso que eu me casei com aquela búfala, para ter em quem confiar, alguém que me encantasse", confessou ele em seu estupor. "Afinal, o que vocês, magricelas, sabem dos encantos da floresta?", continuou. "Por que um caçador não poderia se casar com um animal? Agora, será que estão satisfeitas? Larguem do meu pé, estou cansado." E o Chefe dos Caçadores mergulhou em sono profundo.

"Olhe só", vangloriaram-se as mulheres. "É muito bom sabermos disso, não é?", disseram para os ouvidos surdos dele.

Então, o Chefe dos Caçadores foi passar a noite anterior ao início da colheita dos feijões em seu sítio. As mulheres iriam se juntar a ele na manhã seguinte. Assim que acordaram, pararam à porta da Mulher-Búfala.

"Você está pronta?", perguntaram.

"Ainda não", respondeu ela, ocupada com as crianças.

"Ande logo!", provocaram as mulheres. "O sol já nasceu. Vai ser um dia quente."

"Tenham paciência, por favor", tentou convencê-las a Mulher-Búfala. "Vou estar pronta num instante."

"Vermelhinha, Vermelhinha, venha quando estiver pronta", tripudiaram elas.

"Estamos indo na frente", disseram com sarcasmo. "Não se apresse, Vermelhinha, pode ficar ruminando. O seu couro está bem guardado nas vigas do telhado, portanto considere-se sortuda, Vermelha!"

"Ai!, Ai!" O estômago da Mulher-Búfala ficou embrulhado com o choque. Assim que as outras esposas sumiram de vista, ela mandou as crianças saírem de casa, pegou sua bolsa de magias e foi buscar água. Em seguida, subiu até o depósito sob o telhado, apanhou a trouxa com seu couro e começou a encharcá-lo. Então a Mulher-Búfala vestiu sua pele, pouco a pouco, por sobre os cascos, por sobre o quadril e por sobre os braços. ◎◎

A Mulher-Búfala representa uma ameaça significativa às outras mulheres do Chefe dos Caçadores, pois personifica as forças selvagens, desconhecidas, indomáveis da floresta, enquanto elas representam as forças estáveis, controladas, da sociedade, o *status quo*. Só conseguem conviver se conciliarem as exigências tremendamente diferentes de cada uma. A Mulher-Búfala mostra-se capaz de conviver no mundo domesticado das outras, mas estas são incapazes de lidar com o lado selvagem dela.

Seria de esperar que o Chefe dos Caçadores intermediasse essas disputas entre suas mulheres; ao abrir mão dessa responsabilidade, retirando-se para suas plantações de feijão, ele cometeu um erro maior do que ter sido iludido por suas outras mulheres para revelar o segredo da Mulher-Búfala. Aliás, a Mulher-Búfala foi convencida de modo parecido a se casar pelo Chefe dos Caçadores. Mas esse mito não é sobre a preservação da harmonia familiar; é um mito sobre a opção entre viver a vida comprometido com os impulsos genuínos de seus mais elevados ideais espirituais (o casamento com a Deusa) ou viver a vida comprometido com o *status quo* da sociedade (o casamento com as outras mulheres). Ao se retirar para o seu sítio, o Chefe dos Caçadores deixa de dar um passo crucial em direção à vida genuína. Pois, após reassumir sua forma animal:

◎◎ A Mulher-Búfala saltou de lá e correu pela cidade sem tocar nem importunar ninguém, a caminho do sítio do Chefe dos Caçadores. Ela investiu contra a primeira esposa e a matou, depois contra a segunda, e a matou, e a terceira teve o mesmo destino. Quando seus filhos a viram aproximando-se, começaram a correr, choramingando: "Por favor, não nos machuque!"

"Vejam", disse a Mulher-Búfala, parando para retirar o couro da cara, "eu sou sua mãe!"

"Não, não é, você é uma búfala", gritaram as crianças. "Deixe-nos em paz! Por que você não volta para a floresta?"

"Claro, é assim que deve ser", respondeu a Mulher-Búfala. "Vou voltar para a floresta." Mas antes ela tirou uma lasca do seu chifre. "Isto é para vocês", disse ela aos filhos. "Quando vocês quiserem alguma coisa de mim, peçam a eles. Chamem-me do jeito certo, digam Oya, porque esse é o meu nome e eu sempre atenderei. Se qualquer pessoa agir mal com vocês, avisem-me. Se vocês quiserem qualquer coisa — dinheiro, esposas, filhos —, chamem-me; digam Oya, Oya!

"Adeus, meus filhos", disse enfim, puxando o couro por sobre o rosto e partindo na direção do sítio do seu marido.

O Chefe dos Caçadores viu-a aproximando-se a distância; seu instinto lhe disse tudo.

"Ai! Ai! Minhas esposas arruinaram minha vida!", lamentou-se.

A Mulher-Búfala daria cabo dele num instante, mas ele começou a elogiá-la. "Nobre Búfala, nada a detém. Você faz seu caminho por mata cerrada. Não há vegetação fechada que a impeça. Guerreira, por favor não mate este caçador só por matá-lo. Foi ele quem a alimentou com inhame. Foi ele quem lhe deu de beber vinho de amomo. Por favor, poupe o caçador que a acolheu, búfala guerreira!"

A Mulher-Búfala ficou cheia de dó.

"Hoje eu me vou por bem", declarou ela. "Mas deixei uma lasca de chifre com meus filhos. Também você pode me chamar se precisar — quer dizer, se souber como chamar. Saiba que eu sou este som — Oya! Esta figura — Mulher-Búfala Vermelha. Saiba que eu sou esta força."

Depois disso a Mulher-Búfala sumiu na floresta. ◉◉

Se você encurralar um búfalo africano, ele vai se virar e correr rápido ou então vai ficar firme e se lançar num combate implacável; se você defrontar uma Deusa da maneira errada, ela reagirá rápida e implacavelmente. Quanto à morte das outras três esposas, não devemos concluir muito depressa que houve vingança, pois a atitude da Mulher-Búfala não foi a de simplesmente derrotar inimigos. Aqui vemos mais outra face da Deusa — a destruidora da inflexibilidade, aquela que estraçalha personalidades fúteis e egoístas. Então, no momento seguinte, ao encontrar seus filhos amedrontados com sua forma selvagem, ela tira a máscara pela última vez para revelar sua humanidade inata; esteja certo de que, embora ela tivesse necessidade de apresentar-se como a Grande Destruidora, também nunca deixou de ser a Grande Mãe que traz satisfação.

Até mesmo os filhos da Deusa não são filhos quaisquer, mas um símbolo de todos nós, pois a prole da Deusa é a humanidade. E é sem dúvida uma cena pungente a Mulher-Búfala partindo e deixando com os filhos uma lasca do seu chifre. Esse episódio faz lembrar a partida de outra Mulher-Búfala mitológica, conhecida dos sioux-lakotas da América do Norte. Nesse mito de fundação dos lakotas, uma linda jovem aparece em um grupo de anciãos, chefes e outras pessoas nas Montanhas Negras de Dakota do Sul. Ela ensina a eles sete cerimônias sagradas e lhes deixa um pacote, que, ao ser desembrulhado, mostra um cachimbo sagrado que deve ser fumado em celebração das suas revelações aos lakotas.

Chifre e cachimbo são os "santos grais" que remetem não apenas às Mulheres-Búfalas que os entregaram, mas à mensagem que essas deusas portam; essa, no caso da Mulher-Búfala Vermelha, encontra-se nas últimas palavras proferidas pelo Chefe dos Caçadores: "Nobre Búfala, nada a detém. Você faz seu caminho por mata cerrada. Não há vegetação fechada que a impeça". Assim, o chifre da Mulher-Búfala Vermelha nos faz lembrar, como ela lembrou a seus filhos e ao Chefe dos Caçadores, que seu poder pode ser nosso quando necessitarmos; só precisarmos chamar o nome dela e seguirmos seu modelo, abrindo caminho pela mata cerrada da nossa vida, pois não há vegetação fechada que nos impeça de prosseguir.

E, se parece que estamos indo longe demais com um simples mito africano, talvez seja bom saber que a lenda da Mulher-Búfala Vermelha é contada especificamente como uma história curativa. Quando o oráculo do Ifá é lançado, o que consiste em jogar dezesseis conchas de búzio no chão, como se fossem dados, se a pessoa receber o sinal chamado de Ossá-Ogunda, é essa história que será contada pelo babalaô, o sacerdote iorubá (ver na Figura 21 e Capítulo 8 para uma descrição mais detalhada do Ifá). A pessoa afligida poderia assim receber o diagnóstico de que sofre de um problema de impotência ou incapacidade, provável mas não necessariamente sexual, e as ervas medicinais prescritas são chamadas de "remédios de luta", consistindo principalmente de uma planta conhecida como "folha de búfalo", apreciada por seus "chifres grandes". Porém, o propósito fundamental desse procedimento é desenvolver um relacionamento com a Deusa.

"Ao desenvolver uma relação de busca com o animal-deusa", observa Judith Gleason a respeito desse meio de cura, "o paciente presumivelmente adquire uma consciência mais profunda do eu. A aplicação do 'remédio de luta' a seu corpo é apenas o começo. Espera-se que a história [da

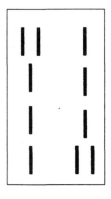

*Figura 21.* O símbolo do Ifá conhecido como Ossá-Ogunda, associado à Mulher-Búfala Vermelha, que seria desenhado por um babalaô com pó consagrado.

Mulher-Búfala Vermelha] permaneça viva em sua memória, chamando-lhe a atenção para questões mais profundas do que os sintomas evidentes. Tudo depende da capacidade do paciente de crescer interiormente".[25]

## O Legado da Deusa na África

Começamos este capítulo falando da "lacuna" no registro arqueológico das obras artísticas de pedra sobre a Deusa na África. Gostaria de afirmar aqui que, talvez, até Frobenius não se tenha empenhado suficientemente na explicação dessa lacuna. Nós identificamos a Deusa na África por meio de rochas e árvores e cobras e búfalos, entre outras manifestações. Talvez o aparecimento na Eurásia dessas mesmas formas da Deusa, gravadas ou entalhadas na pedra, sejam vestígios de uma época mais antiga na África, na qual era inteiramente desnecessário representar a Deusa em pedra porque ela já era contemplada na pedra bruta, já vivenciada nos rituais, já sentida nas caçadas na floresta. Então, à medida que a civilização se distanciou cada vez mais de uma interação mística profunda com o arquétipo, talvez as estatuetas de pedra da Eurásia tenham sido modeladas conforme as lembranças distantes dessa época anterior, quando, como um bebê na mãe, a humanidade se aninhava no seio da Deusa. Não temos certeza, mas, como disse Leo Frobenius, é uma possibilidade que deve ser considerada.

Não sabemos se bem depois das estatuetas de pedra da Eurásia a Deusa do Norte *nasceu* da Deusa do Sul, uma vez que a Deusa africana era reverenciada em regiões da Europa. Ísis, a Grande Deusa do Egito, era cultuada em localidades da Europa mediterrânea e do Oriente Próximo já durante o século III E.C. Depois, no Renascimento italiano, voltou-se de novo a atenção para ela, durante um breve período, com o surgimento da interpretação metafórica do cristianismo em certos locais da Europa, estimulada pela nova tradução de *Corpus Hermeticum* (textos gregos sobre filosofia, teologia e sua relação com o conhecimento egípcio). Muitos artistas da época inspiraram-se nesse amálgama de idéias do Egito antigo e da Grécia antiga.

Em viagem recente a Roma, visitei o Vaticano para ver suas obras de arte, particularmente os afrescos do pintor italiano renascentista Pinturicchio, na Sala dos Santos do palácio Borgia, perto da Capela Sistina. Para passar pela guarda de segurança dessa área do Vaticano, então fechada aos turistas, me fiz passar por um dos devotos que tinham vindo dos Estados Unidos. Apesar do artifício, senti um respeito sincero ao contemplar esses afrescos. Vários painéis retratavam o mito de Ísis e Osíris; e em um deles se via Ísis (ainda que pintada como européia) com Hermes e Moisés postados à sua frente. Eles representavam duas aproximações diferentes em relação à sabedoria mítica africana: a maneira hermética, que olha essa sabedoria antiga como metáfora; e a maneira mosaica, que considera esse conhecimento popular pronto para ser substituído pelas novas verdades bíblicas. Sob esse enfoque, a Deusa na África perdeu-se no tempo, mas sob o anterior ela se mostra em todo o seu esplendor. Por me encontrar ali, no centro mundial da tradição mosaica, achei que se escutasse com devoção eu ainda ouviria a Deusa proveniente da África dizer estas palavras:

> Eu sou a Natureza, a Mãe universal, senhora de todos os elementos, filha primeira do tempo, soberana de todas as coisas espirituais, rainha dos mortos, rainha também dos imortais, manifestação única de todos os deuses e deusas existentes. Meu arbítrio governa as alturas resplandecentes do Paraíso, as brisas marinhas benéficas, os silêncios lastimosos do mundo abaixo. Embora eu seja cultuada sob várias formas, conhecida por numerosos nomes e agraciada com todas as espécies de ritos, ainda assim a terra inteira me venera [...] e os egípcios, que primam no conhecimento ancestral e me cultuam com cerimônias próprias da minha divindade, chamam-me por meu nome verdadeiro, o de Rainha Ísis.[26]

# 8 ORIXÁS: MISTÉRIOS DO EU DIVINO

*Não existisse a humanidade, não existiriam os deuses.*

PROVÉRBIO IORUBÁ

Numa noite de meados dos anos 70, sentado num restaurante de Berkeley, travei uma conversa com um freguês que se apresentou e depois perguntou meu nome.

"Shiva", disse eu, porque naquela época eu usava o nome que me havia sido dado numa cerimônia de batismo por um guia espiritual da Índia. Shiva é o nome do grande herói divino hindu, deus da morte e da transformação, arquétipo de masculinidade.

"Sim", disse aquele sujeito, "eu o conheço. Você é Xangô, nosso deus iorubá. Ele tem qualidades semelhantes."

Começamos a conversar sobre nomes, e eu me vi contando a história de outra cerimônia de batismo por que passei, só que dessa vez na África. Muitos anos antes, na véspera da minha memorável visita à fortaleza escravista de Elmina, eu estava em Kumasi, Gana, andando pela rua, quando alguns homens me rodearam, interessados no que fazia um jovem afro-americano recém-chegado à África.

"Como você se chama?", perguntou um deles.

"Clyde", respondi.

"Não", disse ele sorrindo, "qual é o seu nome africano?"

"Ora, não tenho", gaguejei.

Quando lamentei não ter um nome africano, ele se fez de chocado e horrorizado e insistiu que, antes de prosseguir minha viagem pela África, eu deveria ganhar um nome.

"Sim", disseram todos juntos. Eu precisava ter um nome africano. O que eu pensava, em princípio, que seria uma brincadeira, logo se mostrou um negócio sério. Fui levado a um beco, formou-se um círculo ao meu redor, e com pouca pompa começou uma iniciação improvisada. Vários homens sugeriam nomes, enquanto outros não tiravam os olhos de mim e faziam perguntas precisas sobre minha personalidade, minha família e meus interesses.

"Não", disse um sujeito rejeitando uma sugestão, "esse nome não é bom para ele; a família dele não é de agricultores".

"Esse nome", interveio outro, "não combina com o temperamento dele".

Isso prosseguiu por pelo menos uma hora, quando enfim um homem perguntou em que dia da semana eu havia nascido. Em muitos locais da África, as crianças ganham um nome básico de acordo com o dia do nascimento. À medida que vão vivendo e definindo sua personalidade, ganham outros nomes.

"Nasci numa terça-feira", revelei.

"Ah, Kwabena", disse quem me perguntou.

"Huummm", entoaram os outros.

"Para mim ele não se parece com terça-feira", objetou alguém.

"Em que dia você chegou à África?", perguntou outro em seguida.

Tive de parar para pensar, pois minha viagem por Lisboa, Madri, Zurique e Roma tinha sido confusa por causa das pontes-aéreas que perdi. "Segunda-feira", respondi. "Cheguei à África numa segunda-feira."

"Kojo", disseram em coro vários homens.

"Sim", reiterou o que assumira a condução desse círculo de batismo. "Seu primeiro nome será Kojo, um menino nascido numa segunda-feira", prosseguiu ele. "Assim que pisou neste continente você renasceu com o espírito da África."

Seguiu-se uma rodada parecida, até que se chegou ao meu segundo nome, Baako (Bá-á-co), que significa o primeiro menino da família. Então, Kojo Baako foi o nome que ganhei em meio a dança, abraços e muita alegria; e assim fiquei conhecido na África desse dia em diante.

• • •

A diferença entre as práticas de batismo na África e no Ocidente é digna de nota, pois no Ocidente encaramos os nomes como uma imposição dos pais, não como denominação das qualidades que personificamos. Há uma diferença parecida na idéia de divindade ou deidade entre a África e o Ocidente, pois no Ocidente vemos as divindades como realidades com atributos próprios, não como personificações de atributos encontrados na natureza ou em nós mesmos. Por exemplo, no Ocidente falamos de um deus piedoso, um ser que demonstra compaixão, enquanto na sabedoria mítica da África fala-se de um deus da compaixão, a personificação de um poder (neste caso, a compaixão) que motiva toda forma de vida, inclusive a nossa.

Essas duas maneiras diferentes de considerar a divindade originam duas maneiras diferentes de interpretar a mitologia, pois, onde as deidades são consideradas fatos, as narrativas sobre elas são compreendidas historicamente, e onde as deidades são vistas como personificações de forças básicas da natureza e de nós mesmos, as narrativas sobre elas são compreendidas simbolicamente. Como fatos, as divindades são adoradas e acreditadas principalmente como entidades fora do indivíduo — "acima" ou "abaixo", de um céu ou de um inferno para além da existência humana. Mas, como símbolos representantes das forças básicas da vida, as divindades são sentidas como partes do *self* individual: do nascimento à morte, da fome à raiva, do amor à dor, as forças que nos motivam são em si os deuses e as deusas que existem em nós.

Quando se vê a divindade como fato, até mesmo os símbolos referentes a ela são comprometidos. Na maior parte do mundo cristão, por exemplo, a cruz tem apenas aquele significado único proveniente do acontecimento histórico da crucificação de Jesus. Porém, essa interpretação única deixa de lado a possibilidade de relacionar esse símbolo às questões mais permanentes da morte e da ressurreição, da compaixão e do sofrimento, que surgem como forças dinâmicas em nossa vida a todo instante. É comum no Ocidente materializar a divindade mediante esse tipo de interpretação histórica, ao passo que nas tradições míticas da África se permite que a divindade participe da vida humana pela interpretação de modo simbólico e pessoal.

Um dos exemplos mais contundentes da interpretação simbólica da divindade ocorre entre os iorubás da África Ocidental, que totalizam cerca de 10 milhões na Nigéria, e em Benin. O panteão iorubá, conhecido como os orixás, é significativo não só por ocupar uma posição central na cultura iorubá, mas também porque os orixás sobreviveram nas Américas, constituindo o coração vibrante de práticas espirituais afro-caribenhas e afro-sul-americanas como a *santería*, a macumba, a capoeira e o candomblé, às quais se entrelaçaram o cristianismo. Essas práticas estão presentes até nos Estados Unidos, principalmente nas colônias latinas urbanas.

A maioria dos analistas interpreta essa sabedoria sagrada africana singular segundo os padrões ocidentais; em outras palavras, vêem os deuses e as deusas do panteão iorubá como entidades ou forças, "seres de fato", capazes de possuir aqueles que os invocam pela dança, pela música, pelo ritmo dos tambores e por outros recursos rituais. As próprias declarações de seus praticantes contribuem para esse ponto de vista, pois muitos escrevem as várias divindades como cavalgadores, ou seja, que montam neles como num "cavalo".

Há, todavia, outra abordagem, que considera os orixás personificações daquelas energias-arquétipo que se manifestam na natureza e na vida humana. Assim, os orixás podem ser vistos não como se estivessem fora do indivíduo, mas profundamente interiorizados; e o indivíduo, por intermédio do espírito, se apossa desses deuses e deusas como forma de recarregar esses traços essenciais e divinos do próprio *self*. Em *Myth, Literature, and the African World*, Wole Soyinka, que é um iorubá premiado com o Nobel,* sugere esse tipo de abordagem para a compreensão da mitologia africana, chamando essas energias-modelo do panteão iorubá de "ideais essenciais".[1]

O psicólogo C.G. Jung tinha algo similar em mente quando descreveu seus "arquétipos do inconsciente", pois os arquétipos junquianos são esses "ideais essenciais" do inconsciente que dão vazão aos nossos pensamentos, sentimentos e atitudes conscientes. Imagine-os como o DNA da nossa psique, contendo o modelo básico da nossa estrutura psíquica, as tendências padrão da nossa personalidade, que afinal são moldadas pelas circunstâncias e educação que tivemos e por nossas experiências de vida. Jung acreditava que esses arquétipos eram tão fundamentais para a espécie humana que haviam sido primordialmente formados nos mais antigos estágios do desenvolvimento humano, há milhões de anos; assim como estruturas básicas dos nossos corpos, passaram por pequeninas e significativas mudanças nas eras subseqüentes. Esses modelos da psique são de tal forma universais que Jung sugeriu pensarmos que eles não existem no inconsciente de cada indivíduo, mas no *inconsciente coletivo*, compartilhado, da humanidade, comparável à atmosfera comum a todos.[2]

---

\* Wole Soyinka foi o primeiro africano a receber o Prêmio Nobel de Literatura, em 1986. (N. do T.)

"Esses padrões", escreve o psicólogo junguiano Jean Shinoda Bolen, "podem ser descritos na personalidade, como deuses e deusas; seus mitos como histórias-modelo".

E quando você interpreta um mito sobre um deus [ou uma deusa] ou apreende racionalmente seu significado ou intuitivamente o acha relacionado com sua vida, ele pode ter o impacto de um sonho seu que esclarece uma situação ou sua personalidade ou a personalidade de alguém que você conhece[3].

É dessa maneira que podemos entender e sentir os orixás.

## A ENTIDADE SUPREMA ESTILHAÇADA

Antes do panteão era a plenitude; antes das formas-arquetípicas era a amorfia primordial; antes dos muitos deuses e deusas era a divindade única, conhecida como Orisa-nla.[4] No princípio havia apenas essa divindade, um ente não existente, um ponto sem dimensão, um invólucro infinito de tudo, inclusive de si mesmo; e esse criador não-criado era assistido por um escravo chamado Atunda. Quando Orisa-nla trabalhava duro num canteiro na encosta de um morro, Atunda rebelou-se e rolou uma enorme pedra ribanceira abaixo, destroçando Orisa-nla numa profusão de fragmentos. Esses fragmentos — cuja quantidade varia entre 200 e 201, 400, 401, 600, 601, 1001 ou mais — tornaram-se os deuses e as deusas iorubás, conhecidos como orixás.

A princípio, soa estranho nessa narrativa que aquele que criou tudo seja ajudado por outro ser, Atunda, que, afinal, é o responsável pelo primeiro ato criativo. Mas os africanos, como você se recorda, gostam de denominar as pessoas por suas qualidades, e aqui o nome de Atunda é a chave do segredo do significado dessa narrativa curta sobre a origem dos orixás. O nome dele é, na verdade, uma palavra iorubá que se pode analisar em três etapas, *a-tun-da*; da direita para a esquerda, temos *da*, destruir e criar; *tun*, prefixo que significa de novo ou novamente (como o prefixo *re-*); e *a*, prefixo que substantiva o que seria o verbo *tunda* (destruir e criar de novo). Assim, *atunda* significa *"aquele que destrói e cria de novo"*.[5]

A palavra *atunda* é também usada em referência ao principal acesso divinatório aos orixás, conhecido como Ifá, pelo qual a pessoa pode consultar o panteão como oráculo; essa busca de aconselhamento é considerada equivalente a uma morte — uma renúncia à situação ou circunstância que provocou a necessidade de consulta — e depois a um renascimento por intermédio da sabedoria dos deuses e das deusas apresentada pelo oráculo.[6] Então, a mensagem que essa interpretação do nome de Atunda sugere é a de que o ciclo primal da destruição conduziu a criação, que a morte gerou vida nova, sendo a força motriz que criou os deuses e as deusas, os arquétipos da própria consciência humana.

Por que, então, despedaçar a entidade como se fosse Humpty-Dumpty?* Soyinka inteligentemente sugere que Atunda fez isso para que os deuses e as deusas tivessem como meta na vida voltar àquela plenitude de cujos estilhaços eles surgiram.[7] Portanto, pode-se chegar à segunda parte dessa fórmula espiritual do panteão iorubá: se você seguir os deuses e as deusas, se você se envolver com os arquétipos presentes no seu inconsciente, por meio do mito, do ritual, da dança, da poesia, da intuição e de outros mo-dos de meditar sobre eles, também você será levado de volta à plenitude divina original. Depois, por fim, existe a revelação de que o mesmo ciclo que dá vida a deuses e deusas dá vida a você, já que a grande pedra de Atunda ressoa em todos os momentos da sua vida, para a sua consciência de que: você está sempre sendo esmagado de numerosas maneiras só para ser gerado outra vez física, mental e espiritualmente.

E também não é interessante, o que observamos no capítulo sobre a Deusa na África, ou seja, que uma pedra enor-

---

\* Referência a personagem de *Através do espelho* ou *Alice no país dos espelhos*, de Lewis Carroll. (N. do T.)

me, não um raio ou uma flecha ou uma espada, tenha sido usada para despedaçar a entidade suprema? A pedra redonda de Atunda é a "pedra da criação", que simboliza a Deusa. Mesmo aí, na mais simples das narrativas, a Deusa abre caminho como força imanente e transcendente que destrói e cria deuses e deusas, os arquétipos do inconsciente, os modelos da nossa existência consciente no mundo que também ela, portanto, faz nascer.

A divindade explodiu em pelo menos várias centenas de fragmentos — pelo menos várias centenas de "recipientes de sabedoria sagrada", pois a palavra orixá significa literalmente "aquele que fez cair um pote". Dessas centenas de orixás, um punhado representa as figuras principais da tradição de sabedoria dos iorubás; é a biografia mítica deles que nos interessa acompanhar.[8] Um aspecto significativo dos contos míticos do panteão iorubá é que a terra, e não o céu, é o palco de suas façanhas. Ao contrário de vários mitos de busca espiritual, os deuses e as deusas iorubás vêm do céu para a terra em busca da nossa humanidade, não o contrário. Isso faz lembrar os apócrifos Manuscritos do Mar Morto, em que Jesus, ao lhe perguntarem sobre o reino dos céus, responde que ele estava espalhado diante de toda a humanidade, só que ela não o enxergava.[9] Na lógica dos orixás, podemos ver aquele reino revelado diante de nós — e encontrar os deuses e as deusas, os santos e os sábios no nosso interior.

## OBATALÁ E A CORRENTE DE OURO DOS DEUSES

◎◎ No início dos tempos, depois de os orixás terem provindo da entidade suprema despedaçada por Atunda, não havia a terra que hoje conhecemos, só uma vasta extensão de água e pântanos virgens. Os orixás viviam então num lugar acima do céu, uma terra celestial governada por Olorum, o orixá supremo, também conhecido como Olodumaré, ao qual cabem muitos nomes de louvação. Cada orixá possuía atributos diferentes dos outros. Orunmilá, por exemplo, o filho mais velho de Olorum, detinha a chave da sabedoria sagrada: a capacidade de perscrutar o futuro, de adivinhar o destino e de entender os mais profundos mistérios do ser. Obatalá era símbolo do poder de gerar vida. E havia Exu, que apreciava seu papel de deus *trickster*,* jogando com os elementos de mudança e das descobertas felizes; Exu também dominava o discurso e a língua e era, por isso, intérprete de Olorum. Agemo, o camaleão, embora não fosse orixá, atuava como servente de Olorum.

Olokum era o único orixá que vivia separado dos outros. Ela governava as águas primordiais da terra enevoada, um lugar de penumbra sem plantas e vida animal. Por muitas eras esses dois reinos, o de Olorum, acima, e o de Olokum, abaixo, coexistiram sem conflito, pois os outros orixás se contentavam em passar os dias sem prestar muita atenção ao reino primitivo abaixo deles.

Obatalá, no entanto, não estava satisfeito com essa situação; ele acreditava que, se emergisse terra do reino aquático de Olokum, os orixás e outras formas de vida poderiam habitá-la. Ele expôs essa preocupação a Olorum, e a entidade suprema o incumbiu de empreender essa grande campanha para remodelar a terra e levar vida a esse ambiente estéril. ◎◎

Assim, definido o cenário universal e com os atores celestiais prontos para entrar em cena, ficamos conhecendo o quadro das principais divindades iorubás, com as quais se desenrolará a primeira etapa da saga da criação. Aqui, apresenta-se um antigo mapa mitológico, com uma figura masculina que habita acima e uma figura feminina como a terra, abaixo, agora prestes a dar à luz a vida. Obatalá, a força motriz dessa narrativa, é chamado de Rei das Vestes Brancas, em parte porque o branco simboliza o líquido seminal, o poder criador masculino, que ele está prestes a inserir no

---

*\* Nota do editor.* Decidimos pela manutenção da palavra *trickster* em inglês por considerarmos que o tratamento dado a ela pelo autor, carrega uma riqueza de sentidos não alcançada pelas diversas alternativas de tradução do termo para o português.

reino feminino de Olokum. Mas Obatalá não sabe bem como fecundar as águas primordiais com terras e vida, então antes consulta Orunmilá, o grande vidente.

◎◎ Orunmilá lançou dezesseis dendês numa gamela de adivinhação, e pela forma como os dendês caíram ele interpretou seu significado. Depois de várias jogadas e muitas interpretações, Orunmilá disse a Obatalá: "Vá ao mundo aquático de Olokum por uma corrente de ouro, mas não se esqueça de levar consigo uma concha de caracol cheia de areia, uma galinha branca, um dendê e um gato preto para lhe fazer companhia. É isso que os dendês nos dizem". ◎◎

Orunmilá é também conhecido como Ifá, nome do processo de adivinhação iorubá que usa dezesseis búzios lançados numa gamela consagrada; são possíveis 256 configurações, dependendo de como caiam as conchas, com as pontas para cima ou para baixo, e cada configuração é associada a várias centenas de versos de poesia que propiciam uma interpretação. Assim, as mesmas forças sagradas que governam o mistério da criação de toda vida também governam o mistério de cada vida humana. Essas forças são controladas por Orunmilá, deus e detentor dos mistérios sagrados, e comunicado à humanidade por meio do processo divinatório do Ifá.

◎◎ Obatalá procurou um ourives que lhe fizesse a corrente sagrada, mas, quando descobriu que não tinha ouro suficiente para que a corrente alcançasse a terra, foi de orixá em orixá pedindo o ouro que pudessem doar para a sua empreitada. Ainda assim o ourives informou ao deus que a corrente não chegaria a tocar as águas de Olokum.

"Faça-a mesmo assim", ordenou Obatalá. "E derreta alguns elos para fazer um gancho na ponta."

Então foi feita a corrente de ouro, e Obatalá desceu do céu levando um saco cheio com as outras coisas necessárias — uma concha de caracol com areia, uma galinha branca, um dendê e um gato preto. Na metade dessa longa corrente, Obatalá começou a sentir que passava do mundo iluminado dos orixás para o mundo nevoento, tenebroso de Olokum. Ele prosseguiu até ouvir o bater das ondas, mas, exatamente como o ourives previra, quando chegou ao fim da corrente ainda estava bem acima das águas. Sem alternativa, agarrou-se ao último elo da corrente imaginando o que fazer.

"A areia", sussurrou uma voz de cima. Era Orunmilá dando-lhe instruções.

Então Obatalá pegou a concha de caracol do saco e despejou toda a areia.

"A galinha", soprou a voz de cima.

Em seguida, Obatalá tirou a galinha e a deixou cair no montinho da areia que ele despejara. Imediatamente, a galinha começou a arranhar a areia, espadanando-a para todos os lados e criando, assim, terra firme; os arranhões da galinha não foram uniformes, por isso a areia formou lugares altos e baixos, morros e vales, montanhas e ravinas. Quando a galinha parou, Obatalá largou a corrente e caiu em chão duro, que se estendia por distâncias enormes em todas as direções. Ele chamou o local onde caiu de Ifé.

Obatalá construiu uma casa lá e plantou o dendê, que rapidamente cresceu e se tornou uma palmeira. A palmeira amadureceu, e sementes maduras caíram, fazendo nascer mais árvores, de modo que passou a existir vegetação. Obatalá viveu por algum tempo em Ifé desse jeito, tendo só o gato por companhia. ◎◎

Vemos aqui alguns símbolos clássicos da mitologia, expressos nas variantes locais dos iorubás: a corrente de ouro como Eixo do Mundo, que interliga o paraíso e a terra; a palmeira como Árvore do Mundo, o primeiro símbolo de nutrição e abrigo da vida na terra; e a terra trazida por Obatalá como a Terra Santa consagrada. Ifé, a primeira Cidade Santa, fundada por Obatalá nesse mito, tornou-se um importante centro de sabedoria sagrada para os iorubás e é uma cidade da Nigéria até hoje, situada a cerca de 170 quilômetros a nordeste da atual capital, Lagos.

●● Porém, quando Agemo, o camaleão, desceu pela corrente de ouro, a mando de Olorum, para ver como estava Obatalá, ele encontrou o orixá satisfeito mas querendo um pouco de luz para aquecer e iluminar aquele lugar escuro, que era agora seu lar. Quando Olorum foi informado disso, concordou inteiramente que as terras abaixo deveriam ter luz, então criou o Sol e o fez se mover pelo céu.

Obatalá cansou-se de ter apenas a companhia do gato e um dia resolveu criar homens e mulheres para dividir a terra com ele. Trabalhando sem parar, colheu pedaços de barro e modelou figuras pequenas com eles, à sua imagem. Obatalá ficou exausto e com sede de tanto trabalhar e quis beber um pouco de vinho de palmeira para se refrescar e se revigorar. Então, interrompeu um pouco o trabalho da criação de seres humanos e retirou a seiva de uma palmeira, que deixou descansar e fermentar. Depois, tomou um gole demorado do vinho de palmeira antes de voltar ao trabalho de criar gente. Mas aí Obatalá ficou bêbado com o vinho; o mundo ficou turvo, um pouco fora de foco; os dedos dele perderam a destreza. E algumas das figuras que ele criou em seguida denunciavam seu estado alterado: eram albinos, aleijados, corcundas, anões e surdos-mudos. Mas, embriagado, Obatalá nem percebeu essas deformidades.

Depois de criar muitas figuras de barro, Obatalá recorreu de novo a Olorum e rogou ao orixá supremo: "Eu criei essas figuras de barro para habitar a terra, mas elas não têm vida. Somente você, Olorum, tem o poder de lhes dar vida. Peço-lhe que lhes conceda essa dádiva para que eles me façam companhia".

Olorum teve prazer em atender aos desejos de Obatalá e soprou vida em cada uma das figuras de barro criadas na terra. Esses seres humanos recém-criados viram a choupana de Obatalá e começaram a construir as suas ao redor dela. Desse modo, a aldeia de Ifé cresceu à volta da casa do orixá.

Quando passou o atordoamento do vinho de palmeira, Obatalá olhou em volta e, ao ver os seres mal-formados, percebeu a desgraça que sua bebedeira provocara. Ficou com o coração cheio de dó e remorso. "Nunca", disse a si mesmo, "nunca mais vou beber vinho de palmeira. E serei sempre o protetor desses que foram criados com deformidades e imperfeições".

À medida que a aldeia de Ifé se transformava em cidade grande, Obatalá ansiava cada vez mais por voltar a seu lar atrás das nuvens. Certo dia ele subiu pela corrente de ouro e foi recebido no reino de Olorum com uma grande comemoração em sua honra. Quando os outros orixás ouviram-no contar dos lugares e das pessoas que ele criara lá embaixo, muitos resolveram descer à terra para viver junto à humanidade. Eles se aprontaram para a partida com esse código de conduta ditado por Olorum: "Como orixás, nunca se esqueçam de que vocês devem proteger até o mais humilde dos seres humanos. Atendam sempre às preces deles e ofereçam ajuda sempre que necessitarem. Obatalá, que desceu primeiro pela corrente de ouro para criar esse mundo de seres vivos, controlará todas as questões terrenas, mas cada um de vocês deverá cumprir uma função específica entre os seres humanos. Sejam condizentes com essa confiança e responsabilidade".

Os outros orixás partiram então para a terra nova, enquanto Obatalá desfrutava um longo período de descanso, descendo pela corrente de ouro de vez em quando para supervisionar sua criação lá embaixo. ◎◎

Conhecemos agora o caráter de Obatalá, o deus criador dos iorubás, retratado aqui como um Pai Grande, misericordioso, protetor. Porém, como afirmamos, o panteão iorubá simboliza as vicissitudes da psique humana, de modo que o mito apresenta com precisão o lado humano de Obatalá, que se embebeda no momento crucial de sua glória. "Os iorubás declaram sem meios-termos que o deus estava bêbado e sua mão fraquejou", observa Wole Soyinka, "dando indubitavelmente a esse deus a característica humana de falibilidade. Já que a falibilidade humana costuma acarretar conflitos na sociedade, ela também exige reparações, e é esse ciclo que garante o processo regenerativo constante do universo. Quando os deuses são inseridos nesse ciclo, assegura-se também a continuidade do preceito cósmico que envolve os mundos dos ancestrais e dos não-nascidos".[10]

Esse ciclo de erro e reparação, em si uma variante do ciclo de morte e ressurreição, regenera não só a sociedade mas também o indivíduo. Isso porque se pode passar a ver o divino no erro, e a reparação divina torna-se um potencial alcançável na vida de todos os humanos. Mais traços de Obatalá são revelados por outros mitos do ciclo iorubano.

◉◉ Antes de partir para visitar seu amigo Xangô, Obatalá, Rei das Vestes Brancas, consultou Orunmilá, adivinho supremo do Ifá. Depois de lançar os búzios e consultar o oráculo, Orunmilá aconselhou Obatalá a não embarcar na viagem. "Grande adversidade, até morte, pode lhe acontecer", disse a Obatalá. Naquela noite a mulher de Obatalá teve um sonho pressago: de que as vestes brancas de Obatalá tinham sido manchadas e, mesmo depois de lavadas, pontos escuros permaneciam nelas depois de secas. Ela também implorou a Obatalá que não viajasse.

Mas Obatalá queria ver o amigo e insistiu em fazer a viagem. Relutante, Orunmilá aconselhou-o de que, embora pudesse sofrer muito, ele nunca deveria reclamar nem reagir se quisesse sobreviver à viagem, independentemente do que fizessem a ele.

Obatalá partiu para o reino de Xangô, e a caminho encontrou Exu, o orixá *trickster*. Exu pediu três vezes a Obatalá que o ajudasse a erguer um vaso de óleo, e toda vez o óleo espirrava na roupa de Obatalá, mas Obatalá não reclamou. Com a roupa suja, ele prosseguiu pela estrada para o reino do seu amigo Xangô, e logo avistou um dos excelentes cavalos de Xangô, aparentemente fugido. Sem que Obatalá se apercebesse, Exu magicamente tinha feito o cavalo aparecer à frente dele. Obatalá pegou o animal e se dirigiu ao reino de Xangô quando alguns dos servos deste surgiram repentinamente e o tomaram por um ladrão de cavalos. Detiveram Obatalá e o encarceraram; Obatalá não protestou.

Obatalá ficou na cela pensando que certamente alguém perceberia esse erro grosseiro e logo o corrigiria. Mas se passaram muitos meses, e ninguém veio em sua ajuda. Durante esse período, uma grande peste espalhou-se pelo reino de Xangô; durante sete anos ficou sem chover, perderam-se as safras e as mulheres abortaram.

Finalmente, em face da grande privação de seu império, Xangô consultou o oráculo. O babalaô* disse-lhe que uma pessoa sagrada inocente estava definhando em uma das prisões e que a libertação dessa pessoa daria um fim ao flagelo. Xangô partiu imediatamente para dar busca nos seus presídios e afinal descobriu Obatalá num deles. Sua roupa branca estava suja, sua barba, desgrenhada e sua pele coberta de poeira, mas mesmo assim Xangô o reconheceu como o Rei das Vestes Brancas. Embora fosse um governante famoso e altivo, Xangô prostrou-se diante de Obatalá como uma pessoa comum, implorando por perdão. Obatalá foi solto, mas, como criara os seres humanos, ficou muito ressentido ao vê-los sofrer. Ainda que não tivesse provocado o flagelo, ele o suspendeu, e voltou a chover, as plantações germinaram e as mulheres deram à luz. ◎◎

Obotunde Ijimere, dramaturgo nigeriano, juntou esses dois mitos de Obatalá em sua peça *The Imprisonment of Obatala* (A prisão de Obatalá), que tem uma cena em que o babalaô recita a transformação do deus criador em deus aprisionado:

> *Bebeste o vinho leitoso da palmeira*
> *Frio e quente era ele de manhã,*
> *Fermentando na cabaça*

---

\* Babalaô significa sacerdote em iorubá.

*Sua espuma doce transbordou*
*Como olhos de mulher apaixonada*
*Tu te refrescaste de manhã*
*Mas à noite tuas mãos vacilaram,*
*Teus sentidos se embotaram, teus dedos se entorpeceram.*[11]

## OBATALÁ, O ARQUÉTIPO

Vemos nessas narrativas que Obatalá era criativo, compassivo, misericordioso e paciente; pronto a assumir o que lhe cabe; aquele que evita conflitos; protetor das crianças e dos desafortunados ou inválidos da sociedade; benfeitor da

| LOCAL | NIGÉRIA | CUBA | BRASIL | HAITI | CRISTANDADE |
|---|---|---|---|---|---|
| FORMA DE CULTO | Religião iorubá | Santería | Candomblé* | Vodun | Cristianismo |
| GRUPO | Orishas | Orixas | Orixás | Loas | Santos |
| | Olodumare/ Olorun | Oloddumare | Olodum | Gran Maître | |
| | Obatala | Obatalia | Oxalá | Guede | Nossa Senhora da Misericórdia, Nossa Senhora de Monte Carmel |
| | Eshu, Elegba | Eleggua | Exu | Legba | São Simão, Santo Antônio de Pádua |
| FIGURAS INDIVIDUAIS | Shango | Chango | Xangô | Ogou Shango | Santa Bárbara, São Jerônimo |
| | Ogun | Oggun | Ogum | Ogou | São João Batista, São Jorge |
| | Oya | Oya | Oya† | Erzulie | Santa Catarina, Santa Teresa |
| | Yemoja | Yemalia | Iemanjá | Agwe | Nossa Senhora de Regla, Nossa Senhora da Conceição |

**Quadro 1.** Principais correspondências entre a tradição iorubá e sua sobrevivência nas Américas.

---

* No Brasil, há várias outras denominações locais, especialmente: tambor de mina (MA e PA), xangô (PE e AL), candomblé (BA), macumba (RJ) e batuque (RS). (N. do T.)

† Oya é também chamada Iansã no Brasil. (N. do T.)

humanidade; dedicado à amizade e à preservação do tecido social. Como arquétipo, Obatalá representa o Rei Bom, que incorpora por completo sua *anima*, o lado feminino da pessoa masculina; ele não é deus da guerra, mas da paz; cria harmonia e ordem. Obatalá, como divindade masculina, seria relacionado com aqueles aspectos da psique masculina quase sempre menosprezados na sociedade moderna: sensibilidade, afeto, carinho, sentimento, auto-sacrifício. Não surpreende que, quando Obatalá reapareceu do outro lado do Atlântico como resultado do tráfico de escravos, foi associado a Nossa Senhora da Misericórdia e a Nossa Senhora do Monte Carmel. Nessa forma cristianizada, foi cultuado às escondidas por toda a América Central e do Sul e o Caribe (ver Quadro 1) como Nossa Senhora da Misericórdia.

Na África, o nome de louvação de Obatalá, Rei das Vestes Brancas, indica que ele é símbolo da pureza ritual, ética e espiritual. Seus santuários, seguidores e sacerdotes cobrem-se de branco; em sua memória, os devotos ainda se abstêm de beber o fatídico vinho de palmeira, e um bosque de palmeiras pode ser consagrado como local simbólico da descida de Obatalá pela corrente de ouro para criar a humanidade.

Em um concerto em dezembro de 1973, o programa da Orquestra de Filadélfia continha não só músicas dos compositores americanos Samuel Barber e Paul Creston, mas também os ritmos vibrantes dos iorubás, quando a orquestra acompanhou o renomado bailarino afro-americano Arthur Hall na apresentação de sua peça *Obatala*. O espírito do Rei das Vestes Brancas subsiste perfeitamente no presente.

## EXU, O DEUS *TRICKSTER*

Na viagem ao reino de Xangô, Obatalá sofre a investida de Exu, um orixá que sempre aparece no papel de *trickster*. Mas Exu é uma figura complexa, quase sempre associada a um mensageiro entre os deuses e a humanidade. É por intermédio de Exu que o oráculo do Ifá é entregue à humanidade, como relata o mito a seguir:

◎◎ Uma vez os deuses e as deusas estavam com fome. Eles não ganhavam muito que comer de seus filhos e filhas que habitavam a terra, então começaram a brigar entre si; alguns deles até tentaram caçar e pescar, mas ainda assim não era o suficiente para sustentá-los. Então Exu resolveu que ele mesmo daria um jeito na situação. Primeiro, consultou a orixá Iemanjá, a deusa do rio. Ela lhe disse que desse aos seres humanos uma coisa tão boa que eles sempre a desejassem. Exu perguntou então ao marido de Iemanjá, o orixá Orungã, o que se poderia dar aos seres humanos.

"Sei de uma coisa que de tão boa os seres humanos vão desejá-la", disse Orungã. "É uma coisa maravilhosa feita de dezesseis dendês. Pegue-os, entenda seu significado e você reconquistará a boa vontade dos seres humanos."

Assim, Exu foi a um bosque de palmeiras e, lá, uns macacos lhe deram os dezesseis dendês sagrados. Mas Exu não sabia o que fazer com esse presente, e os macacos lhe disseram que ele deveria viajar pelo mundo perguntando o significado desses dezesseis dendês. Ele acabaria ouvindo dezesseis provérbios para cada um dos dezesseis dendês, e em seguida deveria primeiro consultar os outros orixás e depois transmitir aos seres humanos o que ele aprendera.

Os deuses e as deusas ficaram maravilhados em saber o que Exu conseguira e transmitiram seu conhecimento e seu desejo à humanidade por intermédio dos dezesseis dendês mandados à terra. Depois que os seres humanos perceberam a desgraça que se abateria sobre eles e viram uma forma de escapar dela oferecendo sacrifícios e consultando os dendês, os deuses e as deusas nunca mais passaram fome. Exu voltou para ficar com Ogum, Xangô e Obatalá, e esses quatro orixás ficaram observando o que a humanidade faria com esse presente divino. E foi assim que Exu levou o Ifá para a humanidade. ◎◎

*Figura 22.* Gamela de adivinhação do Ifá com imagens de Exu, animais e deuses na borda.

E também por isso que talvez possamos julgar melhor a complexidade do caráter de Exu, como aquele que levou a sabedoria dos deuses à humanidade e, por outro lado, aquele que levou o sacrifício da humanidade aos deuses. Pois a sabedoria dos deuses é um elixir esotérico, e quem busca tal conhecimento deve ter um guia que o leve à origem dele. Exu é esse guia. Seu rosto é entalhado nas gamelas de adivinhação do Ifá, na qual os dendês ou os búzios são lançados para colocar a humanidade em contato com essa sabedoria sagrada; parte de todos os sacrifícios oferecidos pertence a ele, já que ele é o *eshuona* ("Exu do caminho"), o que abre alas para a fonte misteriosa do conhecimento. E essa fonte de conhecimento, seja como for, imaginada ou retratada, encontra-se, em última análise, no indivíduo, porque, quando o Ifá é consultado, o babalaô repete os mitos relativos a essa distribuição dos dendês ou dos búzios lançados — as histórias colhidas por Exu em sua viagem pelo mundo —, até que um mito entre em consonância com as particularidades de quem busca. É aí que se encontra a resposta.

*Figura 23.* Imagens do *trickster*: o orixá Exu no entabuamento e nas portas de templos iorubás. Conforme Arriens em Frobenius (1968).

Porém, Exu é também o notório "aprontador" do panteão iorubá, tão irritante que até "Olodumaré [Olorum], que o fez, agora questiona sua criação".[12] A queda de Exu pela travessura é bem exemplificada nesta narrativa.[13]

◎◎ Havia uma vez dois agricultores que eram excelentes amigos. Onde quer que fossem estavam sempre vestidos igual, e seus campos eram vizinhos, separados só por um caminho. Toda manhã Exu andava por esse caminho usando um barrete preto. Mas, certa manhã, Exu decidiu pregar uma peça nesses amigos. Primeiro fez para si mesmo um barrete com tecidos de quatro cores — preto, branco, vermelho e verde —, que dava a impressão de ser um barrete de uma só cor conforme o ângulo de que fosse visto. Ele colocou o barrete, depois pegou seu cachimbo e o pôs não na boca, como de costume, mas na nuca, como se estivesse fumando pela parte detrás da cabeça. Seu bastão, que ele sempre carregava sobre o peito, foi colocado atravessado detrás dos ombros. Então ele partiu pelo caminho que separava os dois amigos, dando bom-dia a cada um deles, que responderam do mesmo modo.

A caminho de casa, os dois agricultores comentaram sobre o velho (Exu) que passou pelo campo deles naquele dia. "Que estranho ele estar andando na direção contrária do trajeto normal dele", disse um. "Eu percebi pelo cachimbo e pelo bastão, e ele estava de barrete branco, em lugar do preto de sempre."

"Você está cego, homem!", retorquiu o outro. "Ele estava de barrete vermelho e andava na direção de sempre."

"Meu amigo, você deve ter bebido vinho hoje de manhã", respondeu o primeiro. "E isso mexeu com seus sentidos."

"Saia para lá!", bradou o outro. "Você está mentindo só para me incomodar."

"Você é que é mentiroso, não eu!", gritou o primeiro.

Então um dos homens pegou sua faca e feriu o outro na cabeça. Mas o outro também puxou uma faca e atingiu seu agressor. Depois, os dois correram sangrando para a cidade, cada um contando seu caso para os habitantes e dizendo que o outro era mentiroso.

Nesse ínterim, Exu foi para o tribunal do rei do local, que julgaria a desavença entre os dois. Quando os dois amigos apareceram, o rei perguntou: "E então, o que fez dois grandes amigos brigarem?"

"Não entramos em acordo sobre quem atravessou nossos campos hoje de manhã", disse um. "Normalmente, esse homem usa um barrete preto e sempre anda na mesma direção", prosseguiu. "Mas hoje ele usava um barrete branco e andava na direção oposta."

"Mentiroso, mentiroso!", gritou o outro sujeito. "Ora, qualquer um podia ver que o velho estava hoje com um barrete vermelho e andava na mesma direção de sempre!"

"Esperem um pouco", interferiu o rei, antes que a discussão esquentasse de novo. "Quem conhece esse velho?"

"Era eu!", disse de repente Exu, para espanto de todos. Ele tirou o barrete e disse: "Hoje eu coloquei este barrete, que é vermelho de um lado, branco do outro, verde na frente e preto atrás. Aí eu coloquei meu cachimbo na nuca e meu bastão nas costas. Quando eu andava", prosseguiu ele, "parecia que ia numa direção se olhassem meus pés e na direção oposta se olhassem o cachimbo e o bastão.

"Esses dois amigos não poderiam concordar nunca", confessou Exu, "eu os fiz brigar. Provocar discordâncias é o meu maior prazer". ◎◎

Como guia do caminho da sabedoria sagrada, Exu leva o indivíduo e o grupo além da obviedade, pois o âmbito do comum, das aparências superficiais, não é o da sabedoria sagrada. Exu, como *trickster*, consegue romper o verniz quase sempre duro do lugar-comum, como fez com tanta eficiência nesse mito. Na verdade, não há duas pessoas tão parecidas quanto os dois agricultores desse mito se fizeram parecer, mas foi necessário o estratagema de Exu para revelar a verdade oculta sob a aparência externa de conformidade e uniformidade que eles apresentavam de início. Assim, Exu age para romper as maneiras de ser improdutivas e antiquadas, em ato ou em pensamento, abrindo caminho para o revigoramento do eu e da sociedade. Em certo sentido, ele atua tanto como psicoterapeuta quanto como socioterapeuta.

## Exu, o Arquétipo

Como arquétipo, Exu é o "guia interior" — aquela parte de nós capaz de nos levar a percepções e revelações que mudam ou sustêm a vida. Ele é o transformador de velhos hábitos que nos fazem empacar; a parte da nossa psique pronta para desafiar limites e romper fronteiras; é ele quem apresenta sem remorso nossas verdades profundas, mesmo quando nos contentaríamos com menos. Exu é também o "aprontador" ou a "aprontadora" da nossa psique, travesso e malicioso com todas as conotações sexuais resultantes; freqüentemente o descrevem com um corte de cabelo fálico (ver Figura 23), e as celebrações a ele contam com cânticos sobre suas façanhas e seus infortúnios sexuais. A sexualidade é, evidentemente, o grande fator de motivação oculto dos homens e das mulheres, e a intenção de Exu é desvelar e expor nosso relacionamento a essa dinâmica energia vital. Ao contrário de Obatalá, que trabalha com essa energia vital para modelar seres humanos, Exu é a própria personificação da energia vital da sexualidade.

Esse aspecto de Exu como personificação da energia vital abrange seu papel de angariador de sacrifícios, já que o sacrifício serve a mais do que apenas "sossegar os deuses". Sacrificar uma galinha, uma cabra, uma vaca é participar ativa e conscientemente do ciclo elementar e às vezes grotesco da vida que alimenta a vida para a subsistência. Elementar e grotesco em si mesmo, Exu é um lembrete do nosso lado que estará sempre ligado a esse ciclo da vida que alimenta a si mesma.

Por fim, Exu é o grande mediador das forças contrárias da vida. Ao negociar com os deuses, como faz com freqüência nos mitos iorubanos, ele reafirma um equilíbrio, por exemplo, entre a compaixão de Obatalá e o espírito guerreiro agressivo de Ogum. E, se esses deuses estão dentro de nós, então Exu representa o caminho interno que contrabalança todas as tendências opostas da nossa personalidade e, talvez, exija um empenho tão obstinado e capaz de abalar uma situação quanto o velho que passou entre os pretensos grandes amigos. Isso porque "os iorubás sempre recordam que a restauração da ordem começa com a extinção da falsa ordem", escreve Robert Pelton, "passa por uma fase de confusão e termina com uma 'nova ordem', que, no fundo, é uma recriação do mundo. Essa lembrança centra-se em Exu, que faz aflorar conflitos ocultos e, depois de o Ifá se pronunciar, tece em verdadeira mutualidade de relações [inter e intrapessoais] rompidas por negligência, ignorância, paixão, despeito e pela pura e simples rotina".[14]

## XANGÔ, O VENERADO LANÇADOR DE RAIOS

Não é difícil compreender por que Xangô é um dos mais venerados e temidos orixás entre os iorubás e por que seu culto sobreviveu às provações da escravidão e ressurgiu nas Américas: o símbolo dele é o trovão; seu som, o troar da tempestade. É, sem dúvida, uma daquelas sincronicidades audaciosas que eu esteja procurando descrever a presença de Xangô no mundo e ele esteja aqui comigo agora. Apesar de eu morar num lugar em que as trovoadas são raras, elas ressoam no horizonte nesse exato momento. Um oceano tranqüilo, como um espelho delicadamente ondulado, espalha-se por quilômetros diante de um horizonte cinzento-azulado, escuro; um ronco surdo atravessa o ar e a água e a terra, penetrando em mim num ritmo inconstante que não consigo acompanhar, um tamborilar sobrenatural que se apossa de todas as células do meu corpo e as faz sacudir e sobressaltar. Aí, de repente, vêm traços ofuscantes — um aqui, outro acolá —, raios saltando por esse espetáculo panorâmico, como bailarinos cintilantes, cujos movimentos foram coreografados para acompanhar a cadência espantosa da percussão celestial.

Voltando-me da janela para as notas de Leo Frobenius, escritas em 1913, leio a descrição que ele fez de uma dançarina que recebeu Xangô. Nas sombras de um templo dedicado a Xangô, um sonoro atabaque tomou um grupo de dançarinos, até que de repente um deles se desprendeu do grupo e correu para o altar, agarrando um oxé de Xangô (machadinha de dois gumes que representa o raio). Essa dançarina começou a pular freneticamente, movimentando-se de modo diferente dos outros — a divindade havia "montado" nela e a "cavalgava"; ela incorporara a divindade estimulada pelo som do tambor Bata, cujo ritmo fazia com que os outros celebrantes a acompanhassem. E ela dançou pelas ruas, puxando uma procissão de tambores e pessoas até sua casa, onde carneiros para sacrifício, oferendas, comida e bebida eram entregues ao grupo, para que pudessem partilhar, simbolicamente, do êxtase e da graça que ela experienciava. Porém, esse não seria o único raio da noite, o único lampejo do obséquio do deus; outra pessoa deveria ser eleita, para o grupo ir de casa em casa até que as descargas terminassem.[15]

O principal mito de Xangô enfoca sua dominação despótica sobre o antigo reino de Oyo, localizado cerca de 480 quilômetros ao norte de Ifé:

◎◎ Xangô era famoso por ser um rei apaixonadamente dedicado à guerra e um mago incomparável detentor de uma poção potente que o fazia lançar labaredas pela boca. Rei de Oyo, ele expandiu as fronteiras de seu império lançando ataques impiedosos e implacáveis contra os reinos vizinhos, mas, após uma batalha particularmente renhida, dois de seus comandantes, Timi e Gbonka, foram mais aclamados pela vitória do que Xangô, o que enfureceu o poderoso rei. Além do mais, muitos de seus súditos estavam cansados de seu regime brutal. Assim, para se livrar de quaisquer pretendentes ao trono, Xangô ordenou que os dois comandantes duelassem até a morte. Gbonka ganhou o primeiro de dois embates, mas, a despeito da ordem de Xangô, decidiu poupar misericordiosamente a vida de seu amigo Timi, aumentando ainda mais a ira de Xangô. Este os obrigou a combater outra vez e, encolerizado, Gbonka decepou a cabeça de Timi e a lançou em provocação aos pés de Xangô.

Xangô, cheio de raiva, tomou providências para dar a Gbonka uma morte dolorosa. Erigiu-se uma pira, e Gbonka foi colocado vivo no meio dela. Com uma enorme labareda lançada por sua boca, Xangô incendiou a pira. Mas, depois de consumido no grande incêndio, Gbonka voltou à vida. Xangô, muito surpreso, declarou: "O que Gbonka consegue fazer eu também consigo. Mas não serei mais um homem, abandonarei este mundo para me tornar um orixá".

Pouco depois, Xangô retirou-se para a floresta, levando seus dezesseis búzios, e lá se enforcou em uma árvore, da qual subiram duas correntes para alçá-lo à sua nova morada no céu. Quando outras pessoas vieram procurar por ele, só encontraram sua machadinha dupla no chão. "Xangô deixou a terra", disseram elas, "e retirou-se para o céu, de onde nos vigiará eternamente e justiçará rápido quem o desagradar". ◎◎

Aqui, mais uma vez, um deus separa dois amigos, mas nessa história a finura enganosa de Exu é substituída pela força bruta de Xangô. Os excessos de Xangô, no campo de batalha e com seus dois comandantes, só são amenizados se se perceber que a obediência de Gbonka submeteu esse lugar-tenente a uma lei maior que o regime terrestre já controlado por Xangô — ou seja, o código espiritual de morte e ressurreição. Porém, o vício de Xangô é também uma virtude; sua vontade indômita de guerrear transforma-se num desejo igualmente incontrolável de buscar a libertação espiritual, que ele consuma ao se enforcar na Árvore do Mundo da iluminação espiritual. Essa relação entre guerra e espiritualidade é bem arraigada na mitologia por todo o mundo; o Bhagavad Gita, por exemplo, um tratado indiano muito amplo sobre espiritualidade, usa o campo de batalha como metáfora da busca espiritual humana. Tanto na Índia quanto na África, a idéia central é a de que a determinação irrefreável do guerreiro sempre é necessária para vencer os desafios e superar os obstáculos do caminho da iluminação espiritual. Xangô demonstra essa vontade irrefreável. A dificuldade está em discernir quando essa própria determinação constitui um obstáculo à viagem espiritual, como ocorreu com Xangô no reino terrestre. Mas sabemos que o empenho dele em transformar seu vício em virtude foi de certa forma bem-sucedido, pois, ao encontrar Obatalá na prisão, conforme conta a narrativa anterior, o grande rei da terra curva-se diante do grande orixá do céu.

# Xangô, o Arquétipo

Xangô mostra-nos o aspecto obstinado da personalidade humana — a vontade, a determinação, o compromisso. Em relação às realizações no mundo, o arquétipo de Xangô é patente naqueles que se dão bem nos negócios, na política, no meio militar, nos esportes ou em qualquer área em que sejam imprescindíveis a competição e a determinação. Xangô representa a conduta de vida de "não fazer prisioneiros", geralmente reagindo antes de refletir sobre as coisas. Em relação à transformação pessoal ou social, Xangô representa a energia que leva o indivíduo a superar os empecilhos de um problema aflitivo na vida e a trabalhar com afinco por um ideal ou uma causa digna. Aqui, o perigo é que o aspecto negativo da determinação pessoal pode provocar um excesso desmesurado, como os mitos sobre Xangô costumam demonstrar.

Xangô encarna a masculinidade, como Shiva no panteão hindu. Mas Xangô tem raízes na Deusa; não surpreende que Shiva também tenha. A maioria dos devotos de Xangô é mulher, e muitos de seus seguidores do sexo masculino vestem-se de mulher nas celebrações a esse deus. Isso se deve parcialmente ao simbolismo sexual que envolve os ritos relativos aos orixás, que, segundo as descrições, "montam" naqueles que caem sob sua influência. Depreende-se em muitas tradições espirituais uma correspondência sexual parecida: o Velho e o Novo Testamento, por exemplo, referem-se freqüentemente a Deus ou a Jesus como "noivo", fazendo da humanidade a "noiva".

O aspecto feminino de Xangô está enraizado numa veneração ainda mais antiga da Deusa. Isso porque o principal símbolo de Xangô, o oxé (ver Figura 24), ou machadinha de dois gumes, embora seja uma representação do raio, é ainda um símbolo ancestral da Deusa encontrado também na Europa e na Ásia. Marija Gimbutas comprovou que esse símbolo apareceu na Europa como representação estilizada da borboleta, ela própria uma manifestação "da Deusa, de quem dependia a transformação mágica da morte para a vida".[16] A bipene, nome da machadinha de dois gumes, teve um papel importante nos ritos associados à deusa grega Deméter, e foram encontradas representações da bipene em cerâmica minóica e micênica de até catorze a quinze séculos a.E.C.

Em todos os oxés de Xangô, a bipene-raio é presa à cabeça, pois se diz que Xangô penetra no corpo por aí. Aqui temos, então, o raio, há muito um símbolo da consciência espiritual, penetrando o corpo pela porta do saber, o que leva à procura decidida do despertar espiritual, como o do próprio Xangô.

Algumas seitas budistas reverenciam um panteão de cinco Budas conhecido por Mahāvairochana; entre essas imagens, o Buda da direção do leste é chamado Akshobhya, que significa "aquele que não se pode mover". A qualidade fundamental de Buda é a tenacidade — mas, dizem os budistas, se essa tenacidade não se orientar para a iluminação espiritual, ela implica teimosia. A questão é mais aceitar do que erradicar seu vício, transformando-o em virtude. "Não poucos dos que tencionavam expulsar de si o demônio", escreveu Nietzsche, "tornaram-se por isso mesmo desprezíveis".[17] Se, para começar, você é obstinado como era Xangô, então não abra mão dessa qualidade; oriente-a para um propósito mais elevado, mais esclarecedor. E que sinal Akshobhya, símbolo da transformação da tenacidade de vício em virtude, leva na mão? Nada além do raio, também um símbolo de Xangô, porque o despertar espiritual é o objetivo dessas duas figuras divinas determinadas.

*Figura 24.* Um oxé de Xangô usado por devotos do deus.

## OGUM, CRIADOR E DESTRUIDOR

O tema da divisão entre humanidade e divindade tem várias facetas na mitologia africana (ver Capítulo 9). Muitos mitos retratam uma época em que deuses e deusas misturavam-se à humanidade, até que se rompeu esse relacionamento idílico. Geralmente culpa-se a humanidade por esse afastamento; algum ato humano, um motivo de desgraça, precipita a partida dos deuses, assim como Adão e Eva são responsabilizados por exilar a humanidade do jardim bemaventurado. Depois do pecado, cabe à humanidade tentar reaproximar-se da divindade, recuperar o tesouro perdido que é seu direito inato. Os céus podem mandar representantes à terra em forma de deuses, deusas, salvadores, santos, sábios, anjos, demônios ou outras figuras divinas, mas o propósito é sempre o mesmo: lembrar os seres humanos de sua divindade perdida e inspirá-los a atravessar as trevas para recuperá-lo.

Porém, com os orixás a situação é singularmente contrária. No início, tanto a divindade quanto a humanidade estavam contidas na divindade suprema, Orisa-nla, o ser primordial universal despedaçado pela pedra de Atunda. Depois foram os deuses e as deusas que viajaram para o reino terrestre, pois sua condição divina estava incompleta, afirmam os mitos, e era preciso que readquirissem a mortalidade para consumá-la. E Ogum foi o orixá que abriu o caminho sagrado para que a divindade retornasse à condição humana. Há muitas versões desse mito, mas em linhas gerais ele é assim:

◎◎ Quando os orixás quiseram voltar à terra, o caminho para eles se reintegrarem à humanidade estava fechado por uma floresta densa. Cada um deles tentou desbravar a selva, mas as ferramentas de que dispunham, feitas de madeira, pedra ou metal mole, não prestavam para o trabalho. Ogum penetrou bastante numa montanha, o útero da terra, a fim de retirar o material para fazer ferro e com ele criar utensílios capazes de abrir uma estrada. Depois de abrir o caminho sagrado, Ogum lançou-se pelo abismo em direção à terra e ordenou aos outros orixás que o seguissem. Eles se juntaram a Ogum e lhe imploram que fosse seu rei, o que ele recusou, preferindo vagar desobrigado pela terra, como os outros orixás.

Ogum acabou chegando à cidade de Ire e foi bem recebido pelos habitantes, aos quais ajudou a combater um adversário terrível. Por gratidão, os anciãos da cidade ofereceram-lhe a coroa, mas ele recusou de novo e retirou-se para o isolamento nas montanhas, onde caçou e lavrou a terra. Várias vezes os moradores de Ire foram à montanha, na esperança de persuadir Ogum a ser seu chefe. Para dissuadi-los, Ogum desceu certo dia da montanha com vestimenta de guerreiro e ensangüentado dos pés à cabeça. Ao vê-lo, todos correram, e ele achou que tinha conseguido dar o recado. Mas ainda assim eles voltaram e rogaram que viesse com uma aparência menos aterradora, que então eles imediatamente o acolheriam como general e rei.

Por fim, Ogum cedeu, abandonando sua casa na montanha ornada de folhas de palmeiras e entrando em Ire como rei. Muitas batalhas ele liderou, e muitas venceu, até que um dia Exu apareceu durante uma pausa na batalha e ofereceu ao sedento deus uma cabaça de vinho de palmeira. Ogum aprovou o vinho e, num instante, não havia uma gota na cabaça. Depois ele combateu com destreza jamais vista, dominando o inimigo praticamente sozinho. Porém, em seu estupor, confundiu os combatentes e aniquilou não só o inimigo mas também todos que lutavam sob o seu comando. Agora se confirmava seu maior medo, a idéia perturbadora que o fez abster-se do reinado anteriormente, e Ogum era o único de pé em meio ao amontoado de cadáveres. Alguns dizem que Ogum tombou sob a própria espada, enquanto outros dizem que ele viveu sempre solitário e angustiado em sua casa na montanha. ◎◎

Sem dúvida é tentador colocar Ogum entre Xangô e Obatalá, e isso não seria inteiramente errado, pois Ogum incorpora aspectos dessas outras deidades: como Xangô, Ogum é um guerreiro implacável que se volta contra os próprios subordinados e, como Obatalá, o fraco de Ogum pelo vinho de palmeira provoca o seu infortúnio. Mas Ogum tem mais do que isso: é uma confluência de forças opostas. Ele abre uma picada para que a divindade se junte à humanidade, mas depois procura isolar-se de ambas; ele descobre o ferro para a humanidade, o qual se torna fundamental para a criação (na forma de utensílios agrícolas) e a destruição (na forma de armas); ele se compadece daqueles que posteriormente acaba matando.

Embora esse mito tenha apenas insinuado, Ogum é a quintessência do caçador de floresta; nós o vimos como Chefe dos Caçadores num mito anterior sobre a Mulher-Búfala Vermelha. Também aí ele encarnava a contradição: intimamente ligado ao ciclo de vida e morte; identificado tanto com a prática sagrada da caça quanto com as necessidades profanas de um marido. Além disso, sabemos, por outros mitos, poemas e cânticos de louvor, que Ogum é agricultor, artista, inventor, "protetor dos órfãos", "teto para os desabrigados", "guardião temível do voto sagrado" e "senhor do caminho" da sabedoria sagrada. Wole Soyinka coloca-o no centro da metafísica iorubá. "A história de Ogum", comenta ele, "é a história da conclusão da cosmogonia iorubá; ele resume o nascimento dessa cosmogonia em seus ritos de passagem".[18] Afinal, a cosmogonia é um ciclo que descreve tanto a criação quanto a desintegração do universo, dos mundos e de todas as formas que eles contêm.

Um momento notável desse mito de Ogum ocorre quando os moradores de Ire se escondem ao vê-lo com roupas ensangüentadas. Um caso parecido, relatado em outra versão desse mito, ocorre com os outros orixás, quando, depois de passar muitos dias caçando na floresta, Ogum aparece diante deles com os cabelos desgrenhados e vestindo peles cheias de sangue. Também eles recuam ao vê-lo, tirando-lhe o título de obá (rei dos orixás) que lhe haviam dado. Ogum lembra a eles que, quando precisaram de ferro para abrir caminho, lhe imploraram que fosse rei, mas agora se voltavam contra ele, incomodados porque ele se sujou na caçada.

Essa história transmite uma mensagem extremamente refinada: para abraçar a vida, você também deve abraçar a morte; para acolher a criação, você também deve acolher a destruição; para se comprometer com seus mais elevados objetivos, você também deve comprometer-se com suas necessidades mais vis. No pensamento cristão predominante no Ocidente, é característico buscar o "bom" (vida, criação, objetivos espirituais) e rejeitar o "ruim" (morte, destruição, necessidades mundanas); mas com essa confluência de opostos Ogum indica um saber transcendente que vai além dos pares conflitantes que se apresentam diariamente à vida humana. "Há um contraste marcante entre os modos de pensar da África Ocidental e do Ocidente cristão", escreve a etnóloga Sandra Barnes a respeito de Ogum.

> No Ocidente, positivo e negativo — familiarmente mencionados como bem e mal — podem ser divididos em partes contrárias e simbolizados por Satanás e por Deus. Na África Ocidental, a força positiva e negativa não é divisível. A força é singular, e, portanto, aquilo que vemos no Ocidente como dualidade, e passível de divisão em duas noções místicas, não é divisível no pensamento africano.[19]

Encontra-se também no Oriente um conhecimento mítico parecido, particularmente no hinduísmo e no budismo. No *Mahabharata*, por exemplo, Krishna, deus hindu da guerra nessa epopéia, diz a Arjuna, personagem guerreiro que se prepara contrariado para a batalha, que para encontrar paz de espírito ele deve livrar-se do desejo de viver e do medo de morrer, nem buscando prazer nem fugindo da dor, nem ansiando por saúde nem temendo a doença. Quando se consegue superar esses opostos ilusórios, diz a Arjuna a entidade suprema, o estado natural é o de satisfação suprema. E, mesmo na espiritualidade ocidental, essa idéia sobressai no pensamento do bispo alemão do século XV Nicholas Cusanus, que se referiu à união dos opostos como o estado mais elevado da revelação espiritual.

## OGUM, O ARQUÉTIPO

Ogum é aquele "centro dinâmico" da nossa psique capaz de abranger, integrar, sintetizar e até transcender as várias forças contrárias que atuam dentro de nós. Todos temos um Obatalá, um Xangô e um Exu em nossa psique — o lado piedoso, o lado destrutivo e o lado *trickster* da nossa personalidade — e temos vários outros traços também. Só abordamos quatro orixás principais, mas cada um das centenas ou dos milhares que existem poderiam ser relacionados com alguma de nossas facetas. Ogum representa o elemento capaz de reunir todos os outros. Pode haver momentos em que precisemos prosseguir com a determinação implacável de Xangô; outros momentos em que precisemos proteger dos outros essa determinação e adotar uma postura mais misericordiosa, como Obatalá. Não que um seja ruim e o outro bom; é mais uma questão de se esses vários aspectos do nosso eu atuam mediante um centro de controle, e esse centro é Ogum.

Os rituais relativos a Ogum mostram que ele funciona como esse "centro dinâmico". Sendo aquele que revelou o ferro à humanidade, Ogum representa uma presença sagrada para a fundição e a metalurgia; a forja do ferreiro, por exemplo, é considerada um santuário em seu louvor e um refúgio para quem esteja "fugindo metaforicamente de Xangô".[20] O caçador ou o guerreiro que tenha matado deve submeter-se à *Ogum wiwe*, "lavagem de Ogum", ritual em que a água usada pelo ferreiro é também utilizada pelo matador durante muitos dias, até que ele esteja "purificado da matança" e possa juntar-se à sociedade.[21] E nos tribunais iorubás, até hoje, deve-se usar o ferro para prestar juramento, em lugar da Bíblia ou do Corão, um símbolo de fé no poder de Ogum como "guardião do voto sagrado" e em sua capacidade de fazer justiça imparcialmente entre forças conflitantes.

Ogum está presente em diversas atividades humanas, mas também as transcende. Ele é o deus solitário, o lado asceta da alma humana que reconhece, ainda que em momentos efêmeros, que deve existir algo mais, algo além da azáfama da vida. "Por incorporar tantos atributos aparentemente contraditórios", escreve Wole Soyinka, "[Ogum] representa a concepção mais próxima da unicidade primordial de Orixalá".[22]

## O BARRETE DO *TRICKSTER*

Talvez o comprometimento de Exu seja o que nos impede de saída de investigarmos mais a fundo o panteão iorubá. Mas ele pelo menos nos deixou um presente precioso de despedida: o barrete de quatro cores que usou para ludibriar os dois agricultores. Esse barrete, como você sabe, era vermelho de um lado, branco do outro, verde na frente e preto atrás. Leo Frobenius foi o primeiro estrangeiro a descobrir nisso mais do que um recurso literário; o barrete de Exu é um resumo da cosmologia representada pelos orixás e contida no Ifá, o sistema sagrado pelo qual a humanidade pode receber essa sabedoria divina (ver Figura 25).[23]

Esse sistema composto baseia-se no movimento anti-horário do sol pelos quatro pontos cardeais. Cada direção da bússola associa-se ao orixá, ao elemento, à característica psicológica, à matéria da terra, à época do ano e ao dia da semana principais.

Cada direção associa-se também a um *odu* ou sinal do Ifá principal, marcas desenhadas pelo babalaô em terra consagrada depois de lançar os búzios, marcas que representam a disposição que elas formam ao cair. No centro desse sistema há uma cruz, o cruzamento do eixo horizontal, chamado de "Sentido Principal", com o eixo vertical, chamado de

"Sentido Secundário"; são os caminhos principais para a apreensão desse sistema enigmático. Portanto, com base no diagrama, o modo principal dos iorubás de atingir a sabedoria sagrada é ressaltando na vida da pessoa os arquétipos representados por Xangô e Exu; o secundário é pelos arquétipos representados por Ogum e Obatalá.

Assim, aparentemente Exu fez jus ao seu papel, provocando outra vez a revelação do que estava oculto — nesse caso, a sabedoria mítica dos iorubás. Isso porque o barrete do *trickster* é um símbolo, a chave de uma ordem mítica ampla que ao mesmo tempo resgata os mistérios do Cosmo, da terra e da ordem social e os junta aos mistérios do eu divino.

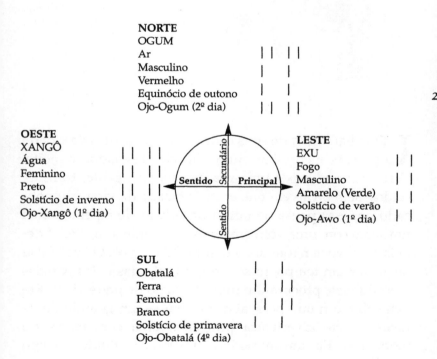

*Figura 25.* Barrete de Exu e as principais correspondências da sabedoria sagrada iorubá.

# 9
## Mitos do princípio e do fim da Criação

> *Carregamos dentro de nós as maravilhas que buscamos fora: Há toda a África e seus prodígios em nós.*
> SIR THOMAS BROWNE,
> RELIGIO MEDICI

Uma balbúrdia de sons durante o dia, as ruas da cidade podem mergulhar num silêncio desolador à noite. Certa vez andei por uma rua dessas, sem gente, trânsito, ruídos, sem o vaivém que enche a cidade de vida. Hipnotizado por essa pausa no pulsar da cidade, de repente tomei um susto com uma voz sem dono chamando alto, "Yo",* depois de novo, em tons ascendentes, "Yo ... yo". O "yo" ficou no ar por um tempo, ressoando das calçadas e das paredes dos edifícios, procurando fugir do vazio de onde viera. Refleti sobre o fundo pessoal desse som — um gemido de lamento, uma advertência pungente, uma consciência do momento? Eu nunca poderia responder. Rindo comigo mesmo, segui em frente, certo de que os ancestrais ficariam

---

\* *Yo* é uma forma popular no inglês de chamar ou cumprimentar alguém, como o "ei" e o "oi" em português. (N. do T.)

satisfeitos. Seja por que caminho for que essa monossílaba acabou entrando no linguajar popular urbano, eu estava convicto de que poucos que o pronunciam sabem que Yo é dotado de espiritualidade. Os bambaras do Mali acreditam que o universo começa e termina com o som Yo. Assim, junto com o eco dele nessa travessa da cidade, eu também ouvi o próprio som das origens da criação.

Pela astrofísica de hoje em dia, sabemos que:

No início não havia nada, nem mesmo o espaço e o tempo existiam.[1]

E pelos ensinamentos ancestrais dos bambaras:[2]

No início não havia nada, a não ser o vazio do vácuo (*fu*).

A astrofísica continua:

Então, de um único ponto veio um grande estrondo, uma explosão de enormes proporções. Só restam alguns lampejos fracos dessa explosão, detectáveis como um ruído de fundo constante no Universo.

A sabedoria sagrada bambara responde:

Todo o Universo começou de um ponto sonoro único, o som fundamental da criação, Yo. Yo é o primeiro som, mas é também o silêncio no núcleo da Criação.

A astrofísica prossegue:

Dessa primeira erupção de cinco a dez bilhões de anos atrás, a energia propagou-se em ondas, fazendo nascer estrelas e planetas e galáxias com explosões termonucleares tremendamente violentas, e, bilhões de anos depois, levando-os à morte de modo parecido. Essas fornalhas siderais criaram átomos de carbono, oxigênio, hidrogênio, nitrogênio, silício, enxofre, ferro e os outros elementos; cada átomo desses elementos em todas as coisas vivas e inertes da terra atual foi um dia matéria de uma galáxia, componente de uma estrela, produto da primeira grande explosão.

Os bambaras complementam:

As emanações desse vácuo, pelo som fundamental Yo, criaram a estrutura dos céus, da terra e de todas as coisas vivas e inertes.

Então, a cosmologia da ciência moderna e a da África tradicional divergem. Isso porque a astrofísica se contenta em tratar da origem física do Universo, enquanto os bambaras procuram também se reportar à origem da consciência. Eles começam com a crença de que tudo, a consciência humana inclusive, emana do som fundamental Yo:

"Yo vem de si mesmo, é conhecido por si mesmo, parte de si mesmo, do nada que é ele mesmo." Tudo é Yo.[3]

Daqui por diante, a comparação mais adequada é com o conjunto de mitologias do Oriente. Nos Upanishades, textos sagrados védicos da antiga Índia, por exemplo, ouvimos um som fundamental parecido, Om:

Om. Essa Palavra eterna é tudo: o que foi, o que é e o que será, e o que além disso está na eternidade. Tudo é Om.[4]

Os bambaras dizem:

Do vácuo, as vibrações de Yo fizeram surgir *gla gla zo*, o estado de consciência mais elevado. *Gla gla zo* manifestou-se por fim na criação da consciência humana.

Ao que os Upanishades fazem eco:

> A consciência suprema (Atman) é a palavra eterna Om. Seus três sons, A, U, M, são os três primeiros estados de consciência, e esses três estados são os três sons.[5]

Os ensinamentos bambaras voltam, então, a referir-se ao "silêncio" no núcleo da criação, diferenciando esse "silêncio" do "ruído" — daí, confusão — do mundo material das formas criadas:

> Para aqueles que detêm o conhecimento, portanto, há silêncio no núcleo do Universo; dele todas as coisas emanam sem cessar. Diante do ruído do universo social, material, os anciãos anseiam voltar para o silêncio primevo.[6]

Os Upanishades fazem coro aos bambaras ao falar de Brama — não a deidade de mesmo nome, mas o mistério divino, o terreno imanente e transcendente do ser:

> Há dois modos de contemplar o Brama: pelo som e pelo silêncio. Por meio do som chegamos ao silêncio. O som do Brama é Om. Com o Om vamos ao Fim: o silêncio do Brama. O Fim é imortalidade, união e paz.[7]

Se o Universo surge de uma hecatombe termonuclear abrasadora e depois nela se desintegra, em meio às vibrações de um som cósmico, ou por outro modo de vir a existir e deixar de existir, essa cosmogonia — essa descrição humana do início e do fim da criação — reporta-se a poucos temas básicos: a origem e o destino do Universo, o nascimento e a morte da vida, o surgimento e a desintegração da consciência humana. Então, a diferença entre a descrição científica da criação e a mitológica é a confiança desta em fatos observáveis e o apoio da outra na verdade metafórica; o problema encontra-se não na formulação contrastante delas, mas na tentação imediata de interpretar mito como fato científico ou confundir ciência com realidade mitológica.

Os mitos da Criação africanos são mais do que tentativas ingênuas, primitivas, de explicar o mundo dos fenômenos. Mais do que isso, eles se agarram às questões centrais cujas respostas todas as mitologias da Criação procuram: como se cria a forma da amorfia que a antecedeu? Como se estabelece a ordem no caos? Como a unidade se subdivide em muitos? Como o vazio se transforma em abundância? Como o invisível se torna visível? E, por fim, como se fecha esse círculo sagrado: a multiplicidade voltando à unidade; a forma desintegrando-se na amorfia; a ordem cedendo ao caos; a abundância dissolvendo-se no vazio; o visível rendendo-se ao invisível. Ou, no âmbito humano, como a vida e a consciência humanas surgem ao nascer do mistério que a precedeu e depois se desintegram ao morrer naquele desconhecido transcendente? A ciência moderna não dá respostas mais pertinentes a essas perguntas espantosas do que aquelas propostas pelos criadores dos mitos africanos. E onde a ciência busca uma relação isenta com o conhecimento objetivo, a mitologia oferece uma ligação íntima com a sabedoria subjetiva — pois os mitos da Criação africanos não foram feitos somente para o deleite do coração dos crentes, dos ouvidos dos ouvintes ou dos olhos dos leitores; foram feitos para serem *vividos*.

## O Gênesis Africano

Um tema familiar é visto num mito da criação proveniente dos bassaris do norte da Guiné:[8]

◎◎ Unumbote fez um ser humano. O nome dele era Homem. Unumbote fez depois um antílope, chamado Antílope. Unumbote fez uma cobra, chamada Cobra. Na época em que esses três foram feitos, só havia uma única árvore, uma palmeira. E a terra ainda não tinha sido socada para ficar lisa. Todos os três estavam sobre o chão áspero, e Unumbote disse a eles: "A terra ainda não foi socada. Vocês precisam socar o lugar onde estão para o chão ficar liso". Unumbote deu-lhes sementes de todos os tipos e disse: "Vão plantá-las". Então Unumbote foi embora.

Unumbote voltou. Ele viu que os três ainda não tinham socado a terra. Porém, tinham plantado as sementes. Uma das sementes germinara e crescera. Era uma árvore, e ela havia crescido muito e estava carregada de frutos, frutos vermelhos. A cada sete dias Unumbote voltava e apanhava um dos frutos vermelhos.

Certo dia a Cobra disse: "Nós também deveríamos comer desses frutos. Por que deveríamos sentir fome?". O Antílope disse: "Mas não sabemos nada sobre esse fruto". O Homem e sua esposa colheram alguns frutos e os come-ram. Unumbote desceu do céu e perguntou: "Quem comeu dos frutos?". Eles responderam: "Nós". Unumbote pergun-tou: "Quem disse que vocês podiam comer desses frutos?". Eles responderam: "A Cobra". Unumbote perguntou: "Por que vocês deram ouvidos à Cobra?". Eles disseram: "Está-vamos com fome". Unumbote perguntou ao Antílope: "Você também está com fome?". O Antílope disse: "Sim, estou. Gosto de comer capim". Desde então o Antílope vive no des-campado, comendo capim.

Unumbote então deu sorgo ao Homem, e também inha-me e painço. E as pessoas se reuniam em grupos para comer e sempre comiam da mesma tigela, nunca das tigelas dos outros grupos. Foi assim que surgiram as diferenças de lín-guas. E desde aquela época o povo governou o território.

Mas a Cobra ganhou de Unumbote uma poção para morder as pessoas. ◎◎

Essa narrativa, claro, é extremamente parecida com a história contada no terceiro capítulo do Gênesis. Leo Frobe-nius coletou esse mito bassari no início do século XX e foi longe para documentar sua existência antes do contato dos bassaris com missionários cristãos. "É importante saber", escreveu Frobenius em 1924, "que tudo indica que não houve influência dos missionários sobre os bassaris. [...] Muitos bassaris conheciam essa narrativa e sempre me disseram que fazia parte da antiga herança tribal. [...] Portanto, devo rejeitar categoricamente a afirmação de que uma influência recente de missionários pode ter motivado essa narrativa".[9]

O povo mbuti da floresta de Ituri, no sopé das Montanhas da Lua, na atual República Democrática do Congo, apresenta uma história da criação semelhante:

◎◎ Deus fez o primeiro homem e a primeira mulher e os pôs na floresta. Eles tinham tudo que poderiam desejar; havia tanta comida que tudo que eles tinham de fazer era se agachar e pegar. Deus lhes disse que eles precisavam ter filhos e toda a humanidade viveria para sempre, e deixou-os fazer o que quisessem, mas os advertiu: "Vocês podem comer de todas as árvores da floresta, mas não dos frutos da árvore *tahu*". Ambos prometeram obedecer à proibição.

O homem nunca teve interesse pelo fruto da *tahu*, mas, quando estava grávida, a mulher foi tomada pelo desejo irresistível de comê-lo. Ela convenceu o marido a entrar na floresta e apanhar o fruto, que ele descascou e comeu com ela, escondendo as cascas sobre um monte de folhas. Porém, não era fácil tapear Deus, e ele mandou um vento forte pela floresta, que levou as folhas.

"Vocês descumpriram a promessa que me fizeram", Deus os repreendeu, zangado. "Por isso agora vão aprender o que é trabalhar duro, sofrer doenças e morrer. E a mulher", prosseguiu, "ela vai sofrer dores ainda mais fortes no parto de seus filhos". ◎◎

Mais uma vez, a semelhança desse mito com a história do Gênesis é surpreendente. Essa reprodução foi feita com base em diversas versões coletadas separadamente, ao longo de muitos anos, pelo padre Paul Schebesta,[10] clérigo e estudioso austríaco, e por Jean-Pierre Hallet,[11] escritor e filantropo belga, os quais garantem sua existência antes do contato dos cristãos com os mbutis, da mesma maneira que Frobenius com os bassaris. Em cada uma das versões originais desse mito mbuti, os pontos principais ficaram inalterados: Deus cria primeiramente a humanidade no reino paradisíaco e imortal da terra, e depois faz apenas uma proibição — não comer o fruto da árvore *tahu*. Claro, o fruto é comido (em todas as versões por causa de insistência da mulher) e a humanidade conseqüentemente deve passar pelas adversidades da vida dos mortais.

Lembramos que, na versão do Gênesis desse episódio da criação, Deus entra no jardim e, ao ver o primeiro casal com folhas de parreira cobrindo seus órgãos genitais, pergunta se eles comeram o fruto proibido. Adão culpa Eva, e Eva culpa a serpente (a lenda bassari apresenta uma seqüência parecida de acusações). Então Deus teme que os humanos tenham saboreado sua divindade, tornando-se divinos por conhecerem o bem e o mal, e tentem em seguida provar o fruto de outra árvore — a Árvore da Vida —, com o qual ganhariam a imortalidade. Então Deus expulsa os homens dessa morada exuberante e coloca querubins e uma espada flamejante que se volvia por todo lado como guardiões do caminho da Árvore da Vida.[12] Desse modo, depois do pecado — depois dessa separação entre os seres humanos e a entidade divina — fecha-se para o gênero humano o caminho de acesso à divindade; agora a única aproximação é pela conciliação e reparação com Jeová, esse deus-pai zeloso. Essa é, pelo menos, a compreensão judaico-cristã oficialmente aceita da cena bíblica da criação.

Hoje, antes de os mbutis embrenharam-se todas as manhãs na floresta, eles fazem orações de gratidão e dedicam danças e cânticos alegres à entidade divina, que chamam de "nosso Pai". "*Ndura nde Kalisia, ndura nde Mungu*", dizem eles: a floresta é a divindade, a floresta é o próprio criador.[13] Os mbutis não vêem a separação da humanidade em relação a Deus como perda da graça divina; essa separação não é o Pecado Original, como atestariam os cristãos, mas diz mais respeito à Bênção Original. E um excelente motivo dado pelos mbutis para encarar com alegria o afastamento de Deus daquilo que ele criou é o de que com essa separação a consciência humana ganha o distanciamento necessário para ter uma visão beatífica em qualquer lugar — assim como precisamos nos afastar de uma obra-prima artística para apreciar por inteiro o seu esplendor.[14] Porque os mbutis veneram uma divindade que é percebida em todo lugar, uma presença sagrada — observa o antropólogo Colin Turnbull, que viveu muitos anos entre eles — sentida "[...] não apenas nas árvores ou nos córregos, ou no céu ou no solo, mas na totalidade, até no menor grão de areia".[15]

E essa noção africana de que a divindade se encontra em todo lado, ao mesmo tempo que lembra o preceito budista de que "tudo tem a consciência de Buda", tem um paralelo até nos elementos abandonados do antigo cristianismo. Os Manuscritos do Mar Morto contêm referências a afirmações de Cristo que só poderiam ser interpretadas de um modo simbólico condizente com as seitas gnósticas de que provieram. No Evangelho de Tomás, Jesus fala da divindade da criação: "Eu é que sou o todo. De mim veio o todo, e até mim o todo se estendeu. Corta uma acha, e eu estou lá. Levanta a pedra, e tu me encontrarás lá".[16] Mais adiante, ele responde à pergunta "quando virá o reino dos céus?". "Ele não virá esperando por ele", afirma Cristo. "Não será o caso de dizer 'ele está aqui' ou 'ele está lá'. Mais exatamente, o reino do pai está espalhado pela terra, e os homens não o vêem."[17]

Então, é necessário mudar de visão para sentir a presença do divino que traz um contentamento pleno. Essa mudança ocorre no que os mbutis chamam de *ekimi mota*: quietude "intensa", "ardorosa" ou "poderosa"; uma "alegria no mais íntimo do ser, que é o objetivo de vida dos mbutis e só pode ser expressada em cânticos alegres de agradecimento à deidade da floresta, em danças, e uma tranqüilidade profunda sentida quando se está ocupado com as atividades diárias".[18]

## LOGOS AFRICANA —
## A PALAVRA SAGRADA NA ÁFRICA

Entre os uapanguás, que habitam a margem nordeste do lago Malaui, na Tanzânia, uma história da criação começa assim:[19]

◎◎ O céu era amplo, branco e muito claro. Estava vazio; não havia estrelas nem lua; só uma árvore pairava no ar, e ventava. Essa árvore se alimentava da atmosfera e nela viviam formigas-brancas. O vento, as formigas-brancas da árvore e a atmosfera eram controlados pelo poder da Palavra. Mas a Palavra não era coisa que se visse. Era uma força que permitia que uma coisa criasse outra. ◎◎

A Palavra desfruta de uma posição parecida num mito de criação mande, no qual o deus Faro, modelo dos futuros seres humanos, revela as primeiras trinta palavras a Simboumba Tanganagati, um dos ancestrais da gênese humana que desceram do céu numa arca celestial, conta o mito, junto com todos os animais e as plantas que se multiplicariam na terra. A primeira Palavra revelada pelo deus à humanidade foi *nko*, "eu falo"; a segunda palavra referia-se ao sêmen de Faro e ao nascimento posterior da humanidade.[20]

Depois, ficamos sabendo por Ogotemmêli, o mais velho dos dogons, que a criação ocorreu por meio de palavras divinas trazidas à terra pelos deuses criadores gêmeos chamados Nummo; essas palavras são simbolizadas nas fibras das saias usadas ainda hoje nas cerimônias de máscaras dos dogons. "Trajada dessa maneira, a terra tinha um idioma", observou Griaule, antropólogo francês que passou a vida entre os dogons, "[...] o primeiro idioma deste mundo e o mais antigo de todos os tempos. Sua sintaxe era elementar, poucos os verbos, e o vocabulário era despojado". E, como já vimos, os bambaras, vizinhos próximos tanto dos mandes quanto dos dogons, também entendem que o universo emana de uma Palavra Cósmica, cujo vibração tem o som Yo.

Para os iorubás, a Palavra Cósmica foi primeiramente Hòò, o som não-manifesto, inoculada por Olodumaré com *ogbón* (sabedoria), *ìmò* (conhecimento) e *óye* (compreensão), estes três elementos representando os aspectos mais fortes da criação. Só depois de o orixá Èlà (quase sempre associado com Orunmilá) ter trazido Hòò à terra, seu potencial criativo se tornou acessível para a humanidade como Òrò, a Palavra Cósmica manifesta.[21]

Ao dotar a Palavra desse poder de criação, essas mitologias africanas procuram responder *como* a criação ocorreu. Pois não basta dizer que "este deus" ou "esta deusa" criou o mundo; os sábios africanos ancestrais também procuraram saber como foi criado. Esses relatos africanos, sobre a aurora da humanidade e do mundo, contêm uma solução há muito considerada, para a preocupação do homem, como a origem da vida: a de que o mistério eterno, o princípio da existência, sempre envolto em silêncio, foi abalado por um som cósmico. Assim, por meio dessa Palavra primeva, a unidade tornou-se muitos; instaurou-se a ordem onde antes só era caos; a forma surgiu da amorfia; extraiu-se a abundância do vazio, e a Palavra fez-se então carne.

Todos os compiladores desses mitos africanos sobre a Palavra confirmam sua origem anterior ao cristianismo, mas ainda assim eles podem, sem dúvida, ser comparados com o evangelho de João, mais conhecido no Ocidente, cujos versículos (João 1:1-14) dizem respeito a *Logos*, nome dado à Palavra sagrada* no cristianismo: "No princípio era o Verbo, e o Verbo estava com Deus, e o Verbo era Deus. Ele estava no princípio com Deus. Todas as coisas foram feitas por intermédio dele, e sem ele nada do que foi feito se fez. [...] E o Verbo se fez carne, e habitou entre nós". E sabemos ainda que João, ao consagrar dessa maneira a Palavra, to-

---

\* As versões em português da Bíblia consagraram "Verbo", enquanto as de língua inglesa mantiveram "*Word*" (Palavra); ambos os termos têm aí o mesmo sentido, o de palavra sagrada, sabedoria eterna. (N. do T.)

mou emprestadas suas idéias teológicas de doutrinas da criação grega, hebréia e egípcia mais antigas.[22]

Na abertura deste capítulo comparamos a Palavra sagrada dos bambaras com a do hinduísmo, pois Yo e Om são invocações à divindade equivalentes. E não se deve deixar de notar que até a ciência moderna tem um ponto de vista semelhante, porque o que é o Big Bang senão o som primevo, a Palavra que quebrou o silêncio do vácuo cósmico?

Mas voltemos agora à narrativa uapanguá, pois há mais para conhecer sobre a Criação:

◎◎ Parece que o Vento estava incomodado com a árvore, pois ela estava em seu caminho, então ele soprou até que um galho se partiu, levando consigo uma colônia de formigas-brancas. Quando o galho enfim parou, as formigas-brancas comeram todas as folhas, a não ser uma grande, sobre a qual deixaram seu excremento. O excremento cresceu e se tornou um montículo e depois uma montanha, que se aproximou do topo da árvore de origem. De novo em contato com a árvore primordial, as formigas-brancas tinham mais alimento para comer e fezes para eliminar, das quais elas construíram uma coisa enorme, a terra, com montanhas e vales, todos os quais tocavam o topo da árvore de origem. ◎◎

Se não virarmos as costas contrariados ao pensar em um mundo criado com os dejetos de formigas-brancas — ou rirmos do exagero disso —, devemos lembrar que os dogons revelaram a idéia de que um ancestral-deus criou o mundo com um vômito, assim como Mbumba,[23] o deus criador dos cubas. E o deus supremo egípcio Rá, associado ao sol, aparece num antigo papiro criando o mundo com uma masturbação.[24]

Porém, a árvore de origem uapanguá é mesmo curiosa; a terra, diz o mito, é feita do chão para cima para pousar na copa da árvore. Só uma árvore de cabeça para baixo faria essa imagem dar certo, e a Árvore do Mundo invertida é ainda outro símbolo da mitologia africana com presença histórica respeitável na mitologia de todo o mundo. "Feliz é a região de Israel", diz o *Zohar*, principal texto medieval da Cabala, "de que se apraz o Todo-Poderoso, louvado seja, e a que ele deu a Torá da verdade, a Árvore da Vida. [...] Agora a Árvore da Vida se estende de cima a baixo, e é o Sol que a tudo ilumina".[25] Dante encontrou uma árvore dessas no sexto cume, em sua ascensão visionária pela montanha do mundo do Purgatório, árvore que ele descreveu com a forma invertida da árvore proibida que se encontrava no Jardim do Éden.[26] E o sentido desse símbolo talvez esteja mais bem-descrito num verso do Upanishade *Katha*:

> A Árvore da Eternidade tem as raízes no céu e seus galhos alcançam a terra. É Brama, o Espírito puro, que, na verdade, se chama o Imortal. Todos os mundos repousam nesse Espírito e além dele ninguém pode ir.[27]

Então, essa árvore, com raízes no mistério eterno, lança folhas que representam o mundo criado e todas as suas formas. Mas a saga da Criação uapanguá traz também outros símbolos universais:

◉◉ Um dia a Palavra mandou um vento terrível, e uma geada branca apareceu sobre a terra. Logo depois soprou um vento quente, e o gelo derreteu-se em água. As águas subiram e afogaram as formigas-brancas, e por fim inundaram toda a terra, até que não houve lugar seco. Naqueles tempos a terra era tão grande quanto hoje, e era um deserto de água. ◉◉

A lenda do Grande Dilúvio destruindo o primeiro mundo criado é, sem dúvida, outro símbolo universal da mitologia da criação. Faro, o criador bambara que revelou a primeira Palavra à humanidade, também provocou uma enchente para limpar a terra das impurezas trazidas por seu irmão gêmeo mau, Pemba; desapontados com as imperfeições da humanidade, os deuses sumério-babilônios mandaram um Grande Dilúvio contra o mundo ao qual só sobreviveram Ziussudra (Utnapishtim, na Babilônia) e sua mulher; fatalidade semelhante foi provocada pelo panteão romano, da qual só escaparam ilesos Deucalião e Lirra, que se tornaram Pais do Mundo pós-diluviano; e encontram-se histórias do Grande Dilúvio entre os hindus da Índia, os yaos da China, os chewongs da Malásia, na cultura andina da América do Sul e, claro, na cultura judaico-cristã. Da mesma maneira que a criação do mundo por meio de fluidos do corpo do criador é análoga ao parto virginal do herói, o Grande Dilúvio propicia uma analogia entre a morte e a ressurreição do herói mítico e a morte e a ressurreição do mundo; porque a água que afoga o mundo é também a *aqua mater* do seu renascimento. Depois do dilúvio uapanguá, ficamos sabendo que:

◉◉ Um dia a atmosfera trouxe seres que flutuavam pelo ar — eles falavam e gritavam e cantavam. Eles se assentaram na terra e cada um criou o seu som. Pássaros, animais e homens — cada qual tinha o seu grito.

Havia pouco alimento. Os animais queriam comer da árvore de origem, mas os homens os proibiram. Mas, quando os homens viram que os animais não obedeceram, eles os atraíram para um vale e começaram uma grande guerra, atacando-os com paus e pedras. Foi uma guerra terrível. O ventou soprou com enorme força e a água estrondeou. Muitos morreram antes que a guerra enfim acabasse. Alguns animais ficaram prisioneiros dos homens, outros escaparam para a floresta. Mas os animais da floresta passaram a atacar os homens e a devorá-los. Assim o mal se instaurou no mundo — todos matando e devorando uns aos outros. ◉◉

Junto com o surgimento de seres vivos no teatro do mundo aparecem tanto o mistério, presente na atmosfera que gera vida, quanto a desgraça, pois essa criação também origina o ciclo horripilante da vida que se alimenta eternamente de si mesma, o mal necessário de os seres vivos matarem e comerem uns aos outros. Essa guerra da vida continua, contam-nos eles:

◎◎ A própria terra começou a tremer e pedaços dela se desprenderam. Alguns dos pedaços começaram a se incandescer com o calor enquanto rodopiavam no ar. Eram o sol, a lua e as estrelas. O sol brilhou mais, porque se desprendeu em fogo. A lua e as estrelas desprenderam-se sem fogo, mas depois brilharam também com a luz do sol. Porque os raios do sol as atravessaram, já que não passam de discos finos, transparentes.

Quando a guerra terminou, muitas das coisas novas criadas existem ainda hoje: os deuses, a chuva, o trovão e o relâmpago. ◎◎

Aqui o mito faz a sugestão tentadora de que nossa relação com o Cosmo, os deuses e os fenômenos naturais é essencialmente uma projeção dos conflitos e das necessidades fundamentais da nossa psique, visto que os deuses e o Cosmo passam a existir depois da humanidade e como resultado da agitação induzida por nossa descoberta da necessidade de a vida alimentar-se de si mesma. "Os primeiros homens não tinham deuses", sabemos na seqüência da história, "mas os descobriram depois das grandes guerras". Essa observação faz lembrar a máxima iorubá de que "Não existisse a humanidade, não existiriam os deuses".

◎◎ Nos tempos de guerra os homens costumavam rezar pedindo ajuda para o vento, as árvores e outras coisas. Naquela época os homens tinham mais deuses do que hoje. Muitas pessoas oravam então para o trovão. Quando a guerra acabou, nasceu um cordeiro com cauda longa e chifres longos e pontudos. Ele ficou tão feliz com o fim da guerra que enlouqueceu. Começou a pular e correr e se lançava no ar. Flutuou pelo ar e pegou fogo na atmosfera. Desde esse dia ele provoca trovões e relâmpagos toda vez que chove forte. Dizem que esse cordeiro acabou matando a Palavra e assim se tornou o Deus do mundo. Passou a governar tudo: terra, lua, estrelas, sol e chuva, e era o deus do trovão e do relâmpago. ◎◎

Esse é um acontecimento marcante que assinala a última volta no ciclo da criação, pois o cordeiro é um animal doméstico, criado para ser morto, um símbolo da vitória da humanidade na guerra de predadores e presas — e esse símbolo é agora cultuado como um deus. Onde certa feita a Palavra se fez carne, agora a carne se fez Palavra; o sustento terreno (o cordeiro) substitui o sustento espiritual (a Palavra) como presença venerada. A divindade procura dar fim a esse sacrilégio, sabemos pelo ato final desse mito; pois, quando se pede a um deus que encerre para sempre a guerra entre animais e homens, ele diz à humanidade:

◎◎ "Homens, vocês cuidaram de um cordeiro, fizeram guerra, e o seu cordeiro enlouqueceu — voou pelo ar e matou a Palavra, da qual floresceram todas as coisas que embelezam o mundo. Bem, eu sou o irmão mais novo da Palavra. E lhes digo, vocês são magníficos, mas, por causa das coisas que fizeram, devem ser diminuídos, vocês devem ser pequenos até que no fim sua altura não seja nem metade da sua estatura atual. E no fim todo o seu mundo deverá ser consumido pelo fogo." ◎◎

Então, no fim, a Palavra faz o mundo voltar a sua origem.

## PARTICIPAÇÃO MÍSTICA EM TODA A CRIAÇÃO

Do indivíduo à família, à comunidade, à terra, ao Cosmo — do microcosmo ao macrocosmo e vice-versa —, os mitos da criação africanos são uma sinopse do engajamento humano em todas as formas de criação. Assim, a mitologia da criação dos bambaras, do silêncio quebrado pelo Yo cósmico, constitui a sua base da meditação deles sobre essa sílaba sagrada como um modo de voltar ao silêncio; o chão transcendente do princípio e do fim da existência.

Essa participação mística se evidencia ainda mais na mitologia africana com os dogons, que são vizinhos dos bambaras. A história deles sobre a criação é complexa e controversa, e revela muita coisa tanto sobre a mitologia quanto sobre o contato entre a cultura africana e a européia. Ela foi transmitida durante as conversas de Marcel Griaule, antropólogo francês, com seu informante dogon, Ogotemmêli:[28]

Ogotemmêli começou a tecer a complexa rede de crenças dos dogons, contando suas reflexões sobre uma cosmologia misteriosa e muito antiga. Ele iniciou pelo surgimento de todas as coisas, quando o deus único Amma modelou a terra de um torrão de barro arremessando-a para sua localização atual no espaço. Quando esse Deus solitário notou a beleza da sua criação — com forma de mulher deitada de costas com os braços e as pernas abertos —, ele quis copular com ela, e foi assim que surgiu a vida na terra. Primeiro nasceram gêmeos. Chamados Nummo, esses dois se tornaram os demiurgos do drama — os atores secundários com os quais se desenrolou a saga da criação.

Amma, segundo Ogotemmêli, criou então dois seres humanos com torrões de barro arremessando-os à terra; surgiram o corpo masculino e o feminino, mas lhes faltava alma. Então os Nummo traçaram no chão a silhueta da alma humana — um homem deitado sobre uma mulher — e tanto o corpo masculino quanto o feminino se espicharam nessa forma simbólica para obter uma alma humana. Desse modo, observou Ogotemmêli, a alma humana englobava tanto os princípios masculinos quanto os femininos, independentemente do sexo do corpo.

Quando os Nummo se puseram a dar ordem ao caos instaurado pelo ato procriador inicial de Amma, houve um acontecimento crucial. Um dos filhos do primeiro casal humano foi transformado em uma cobra, que a humanidade matou em seguida; comeram o corpo dela, mas a cabeça foi enterrada. Coube então a Lébé, o ser humano mais velho de todos, empreender uma viagem em busca do conhecimento notável enterrado junto com a cabeça da cobra. Ele desceu às entranhas da terra, onde encontrou a cabeça da cobra, mas, acima do chão, o som metálico do martelo de um ferreiro batendo na bigorna atravessou a terra e reconstituiu a cobra, que devorou Lébé inteiro. Como a cobra continuava a se balançar no ritmo do ferreiro, ela regurgitou os ossos do herói, que tinham sido transformados em pedras coloridas chamadas *dogué*. Essas pedras foram cuspidas numa disposição específica e significativa, a do corpo humano.

A cobra, sussurrou Ogotemmêli para Griaule, "[...] engoliu o homem primeiro pela cabeça e fez as pedras *dogué*, colocando-as na forma de um corpo estirado. Era como o desenho de um homem delineado por pedras".[29]

O velho sábio entendia essa regurgitação da forma humana como um acontecimento crucial na cosmologia dogon, por entrelaçar todos os aspectos das crenças mitológicas e espirituais dos dogons. O corpo humano, de acordo com Ogotemmêli, serviu de planta para a organização e o funcionamento da sociedade humana em todos os níveis.

"Ela organizou o mundo", concluiu Ogotemmêli, "ao vomitar as pedras *dogué* no formato da alma humana".[30*]

Foi lançada a pedra única da cabeça, representando a entidade suprema, seguida de oito pedras principais, representando as maiores articulações do corpo: pelve e ombros (articulações masculinas); joelhos e cotovelos (articulações femininas). Essas articulações simbolizavam os oito primeiros ancestrais. Indicavam também a transição dos seres humanos de um corpo espiritual (sem as articulações) para um corpo físico (com as articulações). Depois, os Nummo cataram pedras

---

\* Aqui parece estar parte da controvérsia citada pelo autor: quem vomita as pedras é a cobra, mas se atribui a ele, o herói Lébé, a organização do mundo. (N. do T.)

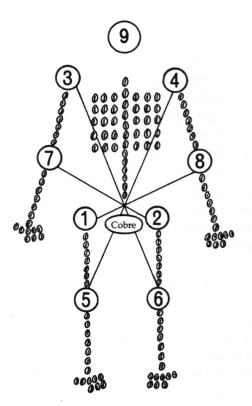

*Figura 26.* O plano dogon do mundo revelado na figura de pedras cuspidas por um deus criador morto e ressurrecto.

para os ossos menores: as costelas, a coluna vertebral e os ossos longos das extremidades. Foram usados búzios para representar os dedos das mãos e dos pés, dispostos segundo a ordem de nascimento dos primeiros oito ancestrais. Por fim, os Nummo colocaram cobre entre as pernas dessa forma humana.

Para Ogotemmêli, o corpo humano foi, por conseguinte, o símbolo e a marca mais sagrados dentre todos: simbolizava o espírito, a Palavra feita carne, o pacto entre Deus e a humanidade. Idealmente, assinalou ele, as aldeias dogons deveriam ser dispostas no formato de um corpo humano. Orientada no sentido norte–sul, a aldeia deveria parecer-se com o corpo humano de barriga para cima. Na cabeça desse corpo ficava a praça principal da aldeia, simbolizando o an-

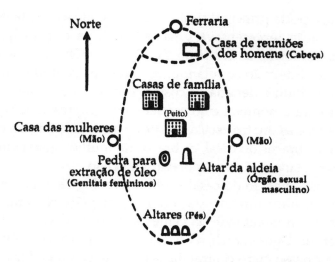

*Figura 27.* Planta ideal de uma aldeia dogon, disposta, segundo Ogotemmêli, à imagem do corpo humano.

tigo local onde Lébé morreu e ressuscitou para o bem da humanidade. Aí situava-se a ferraria da aldeia (simbolizando o sétimo ancestral transformado em cobra) e o conselho de anciãos (simbolizando Lébé, o homem mais velho). Em ambas as mãos ficavam casas em forma de útero para as mulheres menstruadas. As casas de família eram o peito e a barriga da aldeia. Os genitais femininos eram representados pelos pilões de pedra que as mulheres usam para extrair óleo de sementes trituradas. Próximo desses pilões ficava um altar com forma fálica, considerado o local de fundação da aldeia. E a aldeia dogon deveria fixar-se no sul com um conjunto de altares comunitários.

Até dentro de uma casa dogon, prosseguiu Ogotemmêli, devia-se reproduzir uma disposição parecida, seguindo a planta do corpo, erigida também no eixo norte–sul. No andar térreo, o solo simbolizava a terra sagrada que recebeu e ressuscitou Lébé. As casas dos dogons deviam ter uma sala central ampla que se comunicasse com o exterior por um corredor na face norte, do qual se distribuíam para leste e oeste as despensas. O corredor representava o chefe da família, a porta principal simbolizava um falo e a porta de comunicação representava uma vulva. A parte principal da casa, conforme a descrição de Ogotemmêli, representava um casal deitado copulando: os cômodos central e laterais eram a mulher deitada de costas com os braços estendidos; o teto era o homem, cujo esqueleto era representado pelos caibros; e as quatro estacas verticais que sustentavam o teto eram os braços do casal, os braços da mulher sustentando o homem, cujas mãos se apoiavam no chão.

Essa imagem do casal simbolizava, logicamente, o contorno da alma humana traçado no chão pelos Nummo para imbuir a humanidade da centelha da divindade. Portanto, observou Ogotemmêli, as crianças deviam ser concebidas e nascer nesse útero central da casa, onde então poderiam incorporar sua alma.

Sob a cama deviam ser colocadas sementes para plantio, visto que se considera que na relação sexual o homem está lançando uma chuva fertilizante no solo feminino. Um casal na cama com uma coberta por cima está também simbolicamente deitado no túmulo de terra do ancestral-herói morto e ressurrecto, Lébé; a cobra que o cuspiu tem acesso metafórico à casa pelas duas portas (genitais masculino e feminino), na face norte. Da mesma maneira que Lébé foi ressuscitado pelo poder do Espírito-serpente, as sementes e os filhos devem brotar desse mesmo Espírito agindo por meio do casal.

O corpo, esse veículo pelo qual participamos da vida, é aqui representado e santificado como veículo primário da participação mística em toda a organização da criação. Em cada caso — da planta de uma aldeia, de um celeiro ou de uma casa à construção de tambores, ao plano do Cosmo, ao ato sexual, à gestão do comércio, à execução da dança, à viagem da alma depois da morte —, Ogotemmêli identificou o corpo humano como principal oráculo divino. Ele revela os mistérios da vida e do Cosmo, representa a organização da sociedade, reforça a relação entre a vida humana e a terra e lembra à humanidade sua ligação constante com a divindade.

"Que capítulo imenso poderia ser escrito sobre a espiritualidade africana", escreveu Dominique Zahan, "com base em sua fundação principal, o corpo humano!"[31] Essa visão da santidade do corpo humano e a natureza divina primordial da humanidade contrastam acentuadamente com a do cristianismo ortodoxo, em que, por exemplo, lemos na epístola de São Paulo aos gálatas: "Digo, porém: Andai pelo Espírito, e não haveis de cumprir a cobiça da carne. Porque a carne luta contra o Espírito, e o Espírito contra a carne; e estes se opõem um ao outro, para que não façais o que quereis".[32] E essas opiniões de Paulo foram depois reiteradas na doutrina fundamental cristã do pecado original, exposta em 426 E.C. pelo teólogo Santo Agostinho, cuja mitologia poderia ser contraposta quase ponto por ponto à de Ogotemmêli:

> Assim que nossos primeiros pais infligiram o mandamento, a graça divina os abandonou, e eles se desconcertaram com a própria iniqüidade; e por esse motivo pegaram folhas de parreira e cobriram suas vergonhas. [...] Aí a carne começou a ansiar contra o Espírito, de cujo embate nascemos nós, colhendo da primeira transgressão uma semente de morte, e carregando em nossos membros, e na nossa natureza pervertida, a luta ou até a vitória da carne.[33]

Que diferença em relação à ratificação do pacto sagrado da carne e do espírito feita por Ogotemmêli e encontrada por toda a mitologia africana tradicional. Como a cultura ocidental seria hoje diferente não fosse esse cisma profundamente arraigado entre corpo e espírito.

## UMA TRINDADE AFRICANA

◎◎ No princípio das coisas, não havia nada, nem o homem, nem animais, nem plantas, nem céu, nem terra. Mas Deus *existia* e se chamava Nzame. Os três que são Nzame nós chamamos de Nzame, Mebere e Nkwa. No princípio Nzame fez o céu e a terra e reservou o céu para si. Em seguida ele soprou sobre a terra, e o chão e a água foram criados, cada qual em seu lado.[34] ●●

Assim começa um mito dos fangs do Gabão, no qual se diz que no princípio não havia nada, mas Deus *existia*; Deus, então, era o "criador não-criado" — símbolo do mistério transcendente que precedeu a criação, a totalidade de que surge a fragmentação da criação. Depois Deus recebe nomes e atributos, descritos aí na forma de uma Trindade. Por essa Trindade africana sabemos que Deus é a base da criação tanto transcendente quanto imanente: como Nzame, Deus é, por definição, ulterior e anterior à criação, mas Deus também é Mebere e Nkwa, representando os aspectos masculino e feminino da criação, a eterna dualidade em que se desenrola o mistério da criação.

O começo desse mito também apresenta a idéia de que o espírito de Deus é lançado sobre a terra, assim como o espírito do criador bíblico hebreu "andou sobre as águas". Neste mito fang, Deus "soprou sobre a terra", e a relação entre *respiração* e *espírito* é praticamente literal pela derivação latina da palavra *espírito*, *spiritus*, que significa respiração.

A criação prossegue, então, de um modo um tanto engraçado, com Nzame verificando seus avanços com os outros membros da sua Trindade africana:

●● Nzame fez tudo: céu, terra, sol, lua, estrelas, animais, plantas — tudo. Quando terminou tudo aquilo que vemos hoje, chamou Mebere e Nkwa e lhes mostrou sua obra.

"Esta é minha obra. Está boa?"

Eles responderam: "Sim, você fez direito".

"Ainda falta alguma coisa?"

Mebere e Nkwa responderam a ele: "Vemos muitos animais, mas não o chefe deles; vemos muitas plantas, mas não a senhora delas".

Para senhores de todas essas coisas, eles designaram o elefante, porque tinha sabedoria; o leopardo, porque tinha vigor e astúcia; e o macaco, porque tinha malícia e agilidade.

Mas Nzame queria fazer uma coisa ainda melhor e, trabalhando juntos, ele, Mebere e Nkwa criaram um ser quase como eles mesmos. Um lhe deu poder, o segundo, autoridade e o terceiro, beleza. Então os três disseram:

"Fique com a terra para si. Daqui por diante você é o senhor de tudo que existe. Como nós, você tem vida, todas as coisas lhe pertencem, você é o senhor."

Nzame, Mebere e Nkwa voltaram para sua morada nas alturas, e a nova criatura permaneceu lá embaixo, sozinha, e tudo e todos obedeciam a ele. Mas entre os animais o elefante permanecia em primeiro, o leopardo, em segundo e o macaco, em terceiro, porque foram eles que Mebere e Nkwa escolheram antes.

Nzame, Mebere e Nkwa deram ao primeiro homem o nome de Fam, que significa "poder".

Orgulhoso de sua autoridade, de seu poder e de sua beleza, porque nessas três qualidades ele suplantava o elefante, o leopardo e o macaco, orgulhoso de sua capacidade de derrotar todos os animais, o primeiro homem tornou-se perverso; ficou arrogante e não queria mais cultuar Nzame. E escarnecia dele:

> *Ieiê, o-leieiê,*
> *Deus nas alturas, homem na terra,*
> *Ieiê, o-leieiê,*
> *Deus é Deus,*
> *Homem é homem*
> *Cada qual em sua casa, cada um por si!*

Deus ouviu a música. "Quem está cantando?", perguntou.
"Procure", berrou Fam.
"Quem está cantando?"
"Ieiê, o-leieiê!"
"Quem está cantando?"

"Ora! Sou eu!", gritou Fam.

Furioso, Deus chamou Nzalan, o trovão. "Nzalan, venha cá!" Nzalan veio correndo com grande estrondo: bum, bum, bum! O fogo do céu caiu sobre a floresta. As plantações queimaram como tochas enormes. Fu, fu, fu! — tudo em chamas. A terra era, então como hoje, coberta de florestas. As árvores arderam, as plantas, as bananas, a mandioca, até os pistaches, tudo se ressequiu; animais, pássaros, peixes, todos foram aniquilados, tudo estava morto. Mas quando Deus criou o primeiro homem, ele lhe disse: "Nunca morrerás". E o que Deus dá Deus não tira. O primeiro homem foi queimado, mas nada sabe o que deu dele. Está vivo, sim, mas onde? ◎◎

Fam é criado à imagem de Deus e dotado das qualidades essenciais da Trindade: poder, preponderância e beleza. Dizem-lhe que ele tem, também, uma vida como a dos ancestrais — ou seja, vida eterna — e lhe dão domínio sobre a terra. Mas aí vem a virada no mito, porque esse primeiro ser humano é incapaz de incorporar essas dádivas celestiais, preferindo dar lugar às ânsias do seu ego. Vingando-se, Nzame lança um raio apocalíptico que destrói a terra e faz Fam esconder-se. Termina a segunda fase da criação, e uma terceira começa a se desenrolar:

◎◎ Mas Deus olhou para a terra, toda preta, sem nada, um vazio; sentiu-se envergonhado e quis consertar. Nzame, Mebere e Nkwa reuniram-se e fizeram o seguinte: sobre a terra preta coberta de carvão colocaram uma nova camada de solo; uma árvore cresceu, cresceu mais e mais, e, quando uma de suas sementes caiu, outra árvore nasceu; quando uma folha se desprendeu, ela cresceu mais e mais e começou a andar. Era um animal, um elefante, um leopardo, um antílope, um cágado — todos eles. Quando uma folha caiu na água, ela nadou; era um peixe, uma sardinha, um caranguejo, uma ostra — todos eles. A terra voltou a ser o que tinha sido e é ainda hoje. A prova de que isso é verdade é esta: quando se cava a terra em certos lugares, acha-se uma pedra preta e dura que se quebra; é só jogá-la no fogo que ela queima. ◎◎

Assim, a Criação continua de novo. A terra árida é fertilizada pelos deuses, e a árvore que nasce nesse solo abençoado solta folhas que se tornam animais e vegetais, reanimando a vida na terra. Agora esse símbolo já é familiar: a Árvore Cósmica, a Árvore do Mundo, a Árvore da Vida.

◎◎ Mas Nzame, Mebere e Nkwa reuniram-se de novo; precisavam de um chefe para comandar os animais. "Devemos fazer um homem como Fam", disse Nzame, "as mesmas pernas e braços, mas devemos mudar a cabeça dele, e ele conhecerá a morte".

Esse foi o segundo homem e pai de todos. Nzame chamou-o de Sekume, mas não quis deixá-lo sozinho, então disse: "Faça uma mulher para você de uma árvore".

Sekume fez uma mulher para si, e ela andou, e ele a chamou de Mbongwe.

Quando Nzame fez Sekume e Mbongwe, ele os fez em duas partes — uma parte externa chamada Gnoul, o corpo, e a outra que vive no corpo, chamada Nsissim.

Nsissim é o que produz a alma; Nsissim é a alma — são a mesma coisa. É Nsissim que faz Gnoul viver. Nsissim vai embora quando o homem morre, mas Nsissim não morre. Sabe onde ele* mora? Mora no olho. Aquele pontinho brilhante que você vê no meio, esse é Nsissim.

> *Estrelas acima*
> *Fogo abaixo*
> *Carvão na fornalha*
> *A alma no olho*
> *Nuvem fumaça e morte.*

---

* No masculino no original. (N. do T.)

Sekume e Mbongwe viveram felizes na terra e tiveram muitos filhos. Mas Fam, o primeiro homem, fora aprisionado por Deus debaixo da terra. Deus bloqueou a entrada com uma pedra grande. Mas o abusado Fam escavou, durante muito tempo, um túnel na terra, e um dia, por fim, saiu! Quem tomara seu lugar? O novo homem. Fam ficou furioso com ele. Hoje se esconde na floresta, à espreita, para matar o casal, ou sob a água, à espreita para emborcar o barco deles.

> *Fique em silêncio,*
> *Fam está atento*
> *para trazer desgraça;*
> *fique em silêncio.* ◉◎

A Trindade resolveu criar um homem como Fam, mas, como diz Nzame, "devemos mudar a cabeça dele, e ele conhecerá a morte". Fam, o primeiro homem, foi criado como os deuses, e os deuses, na verdade, não vivem, porque os deuses, na verdade, não morrem. Por ter sido feito para abraçar a morte, Sekume, o homem recém-criado, foi também feito para abraçar a vida. O desafio de descobrir a imortalidade a despeito da mortalidade é então apresentado a Sekume de duas maneiras. Primeiro, permitem que faça uma mulher, Mbongwe, de uma Árvore Cósmica. Isso mantém a clássica compensação entre morte e sexo, pois pelo sexo uma geração produz a seguinte, garantindo dessa forma sua imortalidade genética.

Mas também se dá outro caminho, uma viravolta interna para a descoberta do que é imortal. Sekume e Mbongwe ganham um corpo mortal (Gnoul) e uma alma imortal (Nsissim), e lhes dizem para descobrir a alma olhando para a luz dentro do olho. Em outras palavras, pelo olho da visão interna eles podem descobrir a luz da imortalidade morando no interior.

Nsissim é também traduzido como "sombra", e o mito sugere a existência na psique humana de forças tanto expiatórias (alma) quanto não-expiatórias (sombra). Fam, a princípio desterrado no mundo debaixo, consegue escapar e viver na floresta e sob a água, uma força malévola perigosa a qualquer um que ouse aventurar-se nesses lugares. Florestas e água são símbolos universais do inconsciente humano, e as criaturas que rondam lá representam o perigo e o dinamismo desse reino interior. Assim, a humanidade à procura do sagrado ouve uma advertência: viaje para dentro para encontrar a jóia da consciência imortal, mas cuidado com as forças adversas com que você se defrontará nessa busca interna.

# 10 Fecha-se o círculo sagrado

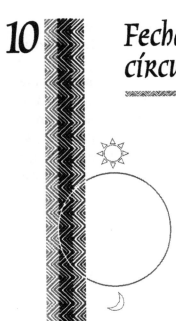

> Os sábios almejam fronteiras
> além do presente; com esse esforço,
> eles transcendem o círculo do seu
> ponto de partida.
>
> PROVÉRBIO AFRICANO

O círculo sagrado, o ciclo cosmogônico, a roda do surgimento e do falecimento do mundo criado e de todas as suas formas manifestas é como uma música sinfônica composta em três movimentos: prelúdio, crescendo e *finale*; emergência, efetivação e dissolução. As mitologias do ciclo cosmogônico alardeiam o surgimento da humanidade e do mundo que conhecemos a partir de um campo transcendente da existência; depois, orquestram a complexa relação entre a humanidade, o mundo comum de tempo e espaço e o grande mistério da existência; e, por fim, proclamam a nova dissolução desse mundo de fenômenos no mistério transcendente do qual surgiu.

Cantado nas vozes da mitologia africana, o ciclo cosmogônico é não apenas uma ode ao mundo, mas também um cântico da alma. Aponta o surgimento e o falecimento infinitos do mundo que conhecemos, depois nos pede que escutemos mais atentamente para ouvi-lo como metáfora da criação e dissolução dos mundos dentro de nós — a trajetória da consciência humana desde o nascimento, pela vida e até a morte.

## A Chegada da Morte

Morte do mundo, ou morte do eu, é a última etapa do ciclo da criação. A morte aparece em muitos mitos da criação africanos; na verdade, uma das formas como ela ingressou no mundo é tão trivial que ganhou o nome de "a mensagem malograda". A história fundamental, contada em diversas versões, é muito simples: duas criaturas são enviadas à humanidade; a primeira leva a mensagem da imortalidade, a segunda, a da mortalidade, mas a primeira mensagem não é entregue. Uma versão simples e exemplar dessa lenda é dada pelos khois do sudoeste da África:[1]

◎◎ Dizem que a Lua mandou certa vez um inseto até os homens e lhe disse: "Vá aos homens e diga: 'Como eu morro e morrendo vivo, vocês também devem morrer, e morrendo viverão' ".

O inseto partiu com a mensagem, mas no caminho foi alcançado pela Lebre, que lhe perguntou: "Que serviço lhe deram?".

O inseto respondeu: "A Lua me mandou ir aos homens para lhes dizer que, como ela morre e morrendo vive, eles também morrerão e morrendo viverão".

A Lebre afirmou: "Já que você é um corredor desajeitado, deixe-me ir". Mal acabou de falar, saiu correndo e, ao encontrar os homens, disse: "A Lua me mandou dizer a vocês: 'Como eu morro e morrendo eu pereço, do mesmo jeito vocês devem morrer e acabar de verdade' ".

A Lebre voltou então à Lua e contou a ela o que dissera aos homens. A Lua, zangada, deu-lhe uma bronca: "Como você ousa dizer às pessoas uma coisa que eu não disse?"

Ao dizer isso, a Lua pegou um pedaço de pau e bateu com ele no focinho da Lebre. Desde esse dia o focinho da Lebre é cortado, mas os homens ainda acreditam no que a Lebre lhes contou. ◉◉

Mais do que uma "mensagem malograda", percebo nesse mito e em suas variantes um resumo maravilhoso do ciclo da criação e da aventura espiritual humana da perspectiva da mitologia tradicional africana: a cada período de 28 dias a lua se livra da morte, na forma da sombra lançada sobre ela pela terra iluminada pelo sol, e renasce na plenitude da luz do sol. A luz do sol é constante (imortal), enquanto a luz da lua — reflexo da do sol — morre e renasce (mortal). Simbolicamente, então, a lua atinge a imortalidade por meio da sua mortalidade. E, assim como a lua se livra da sombra da morte para renascer na plenitude da luz do sol, também os seres humanos livram-se do manto da morte para descobrir aquela consciência que transcende a morte.

O malogro da humanidade em receber a mensagem da lua dá um toque esplêndido a esse mito, pois a lebre faz a figura do trapaceiro. Ao transmitir errado a mensagem da lua, a lebre funciona como uma tentação para a busca espiritual; o desafio é descobrir a mensagem que a Lua pretendia *a despeito daquilo* que o trapaceiro diz. E essa mensagem — a capacidade dos seres humanos de encontrar a imortalidade por meio da sua mortalidade — mostra a sabedoria mítica da África tradicional.

## O Ciclo do Espírito

A civilização congo registra o giro do ciclo cosmogônico com a simbologia concisa de um ideograma traçado no chão (Figura 28). Conhecida como *yowa*, essa cruz, anterior à introdução do cristianismo na África Central, é o elemento principal do juramento e de certos rituais de iniciação. Com discos solares na ponta de cada um dos braços e setas que indicam um sentido anti-horário, a cruz representa as quatro estações do movimento do sol pelo céu. Fu-Kiau Bunseki, bacongo contemporâneo que estudou essa cruz, observa: "A cruz era conhecida dos bacongos antes da chegada dos europeus e diz respeito à compreensão de sua relação com o mundo deles".[2] Bunseki nota em seguida que, quando o símbolo era usado como base do ritual de iniciação na congregação de cura dos lembas, o feiticeiro que conduzia a cerimônia

> [...] utilizava o sol a fim de expor seu conhecimento [aos principiantes reunidos] sobre a terra e a vida do homem, seguindo o curso do sol à volta da terra e assinalando, assim, as quatro fases que constituem o ciclo de vida do homem:
>
> - nascente, princípio, nascimento ou novo desenvolvimento [direita, leste]
> - ascendência, maturidade, responsabilidade [alto, norte]
> - poente, transmissão, morte, transformação [esquerda, oeste]
> - meia-noite, existência no outro mundo, renascimento eventual [embaixo, sul].[3]

A elipse central representa as águas míticas de Kalunga separando os dois mundos, que são um a imagem espelhada do outro: o mundo comum (Ntoto) e a "terra dos mortos" (Mputu). "Entre esses dois lados, a terra dos mortos e a dos vivos", escreve Bunseki, "a água é tanto uma via de passagem quanto uma grande barreira. No pensamento congo, o mundo é como duas enormes montanhas opostas pela base e separadas por um oceano".[4] Esse simbolismo mítico é praticamente universal e muito antigo. Um baixo-relevo sumeriano do período de 2350 a 2150 a.E.C., por exemplo, retrata o Deus-Sol despontando no mar e subindo a Montanha do Mundo até o cume, voltando depois para o mar.[5]

*Kalunga* é a denominação do mar infinito da cosmologia congo, a elipse no diagrama, e é o termo usado para descre-

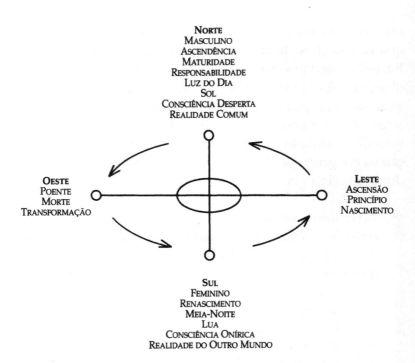

*Figura 28.* Cruz *yowa*, dos congos, simbolizando o Cosmo e a viagem da alma humana. Conforme Thompson (1983).

ver a terra dos mortos, para a qual o mar é tanto uma barreira quanto uma via de passagem. Kalunga é também a fronteira atravessada pelos escravos capturados que partiam na Travessia, e a terra para onde viajou Sudika-mbambi, o herói-mirim ambundu, a fim de enfrentar a morte e ser ressuscitado depois por seu irmão gêmeo (ver Capítulo 3). A cruz congo, assim, funciona como insígnia da viagem do herói, e a fórmula da busca do herói — partida, realização, regresso — corresponde à viagem do sol pelo céu.

Descobrimos outra forma de entendimento se analisarmos esse cosmograma não pela circunferência, mas do centro para as bordas, como uma mandala oriental, da qual ele é um parente africano.

As mandalas hinduístas e budistas são usadas como auxílio à meditação, ajudando o iniciante a visualizar, e portanto

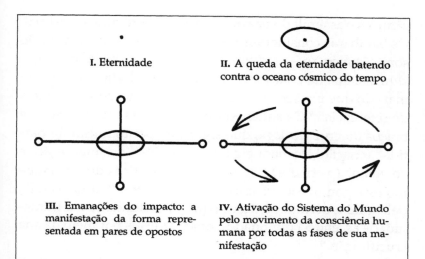

*Figura 29.* Etapas do ciclo da criação representadas no cosmograma congo.

compreender simbolicamente, a natureza da busca espiritual interna que está empreendendo. De modo parecido, a *yowa* é um apoio para a meditação; o iniciado na congregação de cura dos lembas concentra-se nele enquanto está em pé no meio do desenho em cruz riscado com giz no chão. Isso significa, segundo Bunseki, "[...] que ele conheceu a natureza do mundo, que ele tinha apreendido o sentido da vida e da morte".[6]

No centro da *yowa* (Figura 29, etapa I) encontra-se o ponto do Absoluto, da eternidade — representação simbólica da fonte do mistério transcendente antes de se manifestar no mundo conhecido. *"Yimbila ye sona"*, dizem os bacongos: deve-se "cantar e desenhar o ponto".[7] "Eles acreditam", diz o historiador da arte William Farris Thompson, "que a energia conjugada de pronunciar palavras em quicongo e desenhar no local certo, segundo a prescrição ritual, o 'ponto' ou 'sinal' de contato entre os mundos [da divindade e da humanidade] provoca a descida imediata do poder de Deus naquele mesmo ponto".[8]

Assim, para os bacongos, o Eixo do Mundo ou Centro do Mundo localiza-se onde ele for desenhado, celebrado em cânticos e assimilado na consciência do peregrino espiritual. Os bambaras consideram-no ponto central de emanação do som cósmico Yo — o " 'ponto de Deus' ou 'bola' de Deus, *kuru*, a etapa da criação em que a própria divindade não era mais do que um ser imensurável num universo sem pontos de referência".[9] Os sudaneses chamam essa intersecção dos braços da cruz de *dagu*, que significa "ponto inicial de partida" (criação), "cabeça gigante do limite" (desintegração) e "o velho" (o criador).[10] E nas leituras místicas do cristianismo esse ponto axial da cruz é descrito como "porta do sol", pela qual a divindade desce para a humanidade e a humanidade ascende à divindade, como fez Jesus por meio da sua crucificação.[11]

Como retratar o impacto do Absoluto nas águas cósmicas da criação (etapa II)? Imagine, por exemplo, aquele instante logo depois de a pedrinha que você jogou num lago sereno penetrar a superfície da água, mas antes de as ondulações na água, num movimento encadeado, começarem a se espalhar para fora do ponto de impacto. Ou, pense no momento logo após um espermatozóide ter rompido a camada externa do óvulo, unindo-se a ele mas ainda sem desencadear aquela explosão de desenvolvimento e atividade que gerará uma nova vida. Ou pense naquele momento longínquo, há bilhões de anos, o bilionésimo de segundo anterior à explosão cósmica do Big Bang. É a esse ângulo da criação, tão mal representado por qualquer símbolo, que se refere o ponto do meio da elipse no cosmograma congo: a pessoa no óvulo fecundado; o carvalho na bolota; o universo num ponto incomensurável; o potencial antes de se manifestar.

Kalunga, as águas cósmicas representadas por essa elipse, é a Água da Vida, a gema no ovo, o líquido amniótico do útero. Essa elipse simboliza, assim, o lado feminino que é a matriz da criação — o Útero Cósmico de que nasce toda a criação. *Kalunga* é uma palavra usada também para indicar toda a metade inferior do cosmograma, considerada feminina pelos congos; a metade superior é, analogamente, masculina. E, por fim, *kalunga* é associado à morte. Em vários mitos da criação africanos, a morte chega ao mundo no mesmo momento em que aparece a mulher, porque, quando se lê o cosmograma de fora para dentro, esse Útero Cósmico da criação se torna o Túmulo Cósmico da desintegração — o fechamento do círculo sagrado.

Na terceira etapa do nosso desdobramento do cosmograma congo, temos também a representação do mundo simbolizado em pares de opostos. Esse dualismo é tão básico no mundo criado e tão fundamental na nossa vivência de seres humanos que seria difícil existir um sistema mitológico ou cosmológico que não o reconhecesse de alguma forma, mesmo que no plano biológico básico da dualidade dos sexos.

Por fim, na última etapa da expansão, o cosmograma congo acrescenta linhas de movimento aos braços da cruz, simbolizando o curso do sol, o curso da vida do nascimento à morte e ao renascimento, e a progressão da consciência humana. Assim, uma cruz estática transforma-se em uma cruz dinâmica, um símbolo mitológico de alegria, na Antiguidade, e de tristeza, nos tempos modernos: a suástica. Por milhares de anos esse símbolo, encontrado em culturas de todo o mundo, refletia o sentido original das palavras do sânscrito de que seu nome provém, *suas* (auspicioso) e *tika* (sinal) — até que a Alemanha nazista o destituísse de seu significado, erguendo-o como símbolo de ódio e genocídio. É com o sentido original da palavra, evidentemente, que esse símbolo se insere no cosmograma congo. O cosmograma é aquele "sinal auspicioso" que se deve "cantar e desenhar", acolhendo a divindade para caminhar em meio à humanidade, convidando cada pessoa a descobrir deus dentro de si e assim fechar o círculo sagrado.

O poder de cura do símbolo congo não se extinguiu nem mesmo diante das marés traiçoeiras da História, pois, quando o círculo sagrado foi rompido pelos horrores do tráfico de escravos que arrancou os africanos de seu solo abençoado, o símbolo sobreviveu para fechar o círculo mais uma vez. Ele desafiou a Travessia, suportando o chicote e o martelo dos leilões, e ressurgiu do outro lado do Atlântico, onde até hoje encontra-se por todo o Caribe em desenhos místicos pelo chão; nos bairros afro-cubanos de Havana, Miami e Nova York, na forma de desenhos espiritualistas na base de vasos rituais chamados *prendas*; e entre os afro-americanos da América do Sul, ainda que modificado, na forma de amuletos da sorte, da cura e do amor.[12]

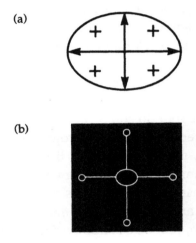

*Figura 30.* Sobrevivência da simbologia congo nas Américas: (a) desenho no chão em Cuba; (b) símbolo afro-cubano na parte inferior de uma *prenda*. Conforme Thompson (1983).

## O Fim da Viagem

Agora, na conclusão dessa viagem sagrada pela sabedoria mítica da África tradicional, vejo-me no meio de uma *yowa* que desenhei na areia. Estou de frente para o oceano, voltado para o oeste, a direção enfrentada por milhões de africanos lançados aos perigos de Kalunga, a direção mítica da transformação heróica e da compaixão infinita, a direção da escuridão e do sol poente. Se eu apurar o ouvido, vou conseguir identificar outra vez a voz dos ancestrais, eco sobre eco, como o movimento infindável das ondas. Começo a entender a mensagem que eles reservavam para mim em todos esses anos passados. Cheguei a pensar que as vozes quisessem me estimular a fazer e realizar muita coisa na minha vida, em face do seu enorme sacrifício. Agora acho que só queriam que eu soubesse que elas uma vez existiram. Só preciso seguir a rota de viagem desses heróis e, quando defrontar a Travessia, encontrar forças para sobreviver; quando defrontar os demônios da noite escura da minha alma, encontrar coragem para enfrentá-los em combate; e quando defrontar aquele que me acorrentará, encontrar firmeza de espírito para lutar até me ver livre. Porque esses heróis e heroínas com rosto africano acabam de revelar o herói dentro de mim.

# Notas e Licenças

PREFÁCIO

1. Kwame Gyekye e Kwame Anthony Appiah, ganenses, destacam-se nesse debate, em que Appiah geralmente discorda do ponto de vista pan-africano e Gyekye o defende. Ver Gyekye (1995) e Appiah (1992).
2. Adolph Bastian, C. G. Jung e Joseph Campbell estão entre os que tentaram abordar a mitologia dessa maneira. Bastian, mitólogo alemão do final do século XIX, afirmava que eram perceptíveis duas correntes na mitologia: *Elementargedanke*, "idéias elementares", comuns a toda a humanidade, e *Völkergedanke*, "idéias populares", que eram a expressão local, étnica, desses temas universais; Jung utilizou isso como base dos seus "arquétipos" do inconsciente coletivo, e Campbell adotou um ponto de partida similar em sua extensa obra sobre mitologia.

CAPÍTULO 1: A VOZ DOS ANCESTRAIS

1. Para conhecer um resumo excelente dos fatos históricos sobre o tráfico de escravos pelo Atlântico, ver a introdução de John Henrik Clarke em *The Middle Passage*, de Tom Feeling (Nova York, Dial Press, 1995).
2. O autor adota em inglês a grafia do nome "congo" com *K* maiúsculo para distinguir a civilização do povo *BaKongo* dos países República Democrática do Congo e República Popular do Congo. Segue também a norma lingüística desse povo de colocar um *Ki* diante do nome do idioma — *KiKongo*, a língua falada pelos *BaKongo*. Essa distinção é desnecessária em português porque o nome dos povos é escrito com inicial minúscula, ao contrário do inglês, não havendo confusão, portanto, com os países Congo, cujos cidadãos são congoleses. Assim, escrevemos os congos (os mesmos que trouxeram a congada para o Brasil) e os bacongos e, com relação ao idioma, quicongo.
3. Wyatt MacGaffey, *Modern Kongo Prophets*. Bloomington, Indiana University Press, 1983, p. 136.

4. MacGaffey, *Modern Kongo Prophets*, op. cit., pp. 129–40.

5. MacGaffey, *Modern Kongo Prophets*, op. cit., pp. 136.

6. MacGaffey, *Modern Kongo Prophets*, op. cit., pp. 135–6.

7. Pierre Grimal Larrousse (ed.) *World Mythology*. Londres, Paul Hamlyn, 1965, pp. 189–240.

8. A palavra *avesta* tem uma semelhança incrível com a palavra do sânscrito *sveta*, que é a raiz indo-européia da palavra moderna *white* [*branco*, em inglês].

9. Ver Martin Bernal, *Black Athena*, vol. 2. New Brunswick, New Jersey, Rutgers University Press, 1991, pp. 92–3.

10. Já que as palavras egípcias antigas não têm vogais para determinar sua pronúncia, os lingüistas criaram um sistema de código de escrita que usa consoantes e números. Bernal, *Black Athena*, op. cit., p. 93.

11. A forma lingüística correta de escrever é $\sqrt{(n)}$gr. Note, porém, que com o acréscimo de um *e* e um *o* a esse radical chegamos à palavra *negro*. Bernal, *Black Athena*, op. cit., p. 96.

12. Já em 600 a.E.C., por exemplo, os fenícios, um povo semita, circunavegaram a África a serviço do faraó Necho.

13. Esta é uma paráfrase retirada de John Mbiti. *African Religions and Philosophy*. Portsmouth, New Hampshire, Heinemann [1969] 1990, p. 141.

14. Joseph Campbell, *The Hero with a Thousand Faces*. Princeton, New Jersey, Princeton University Press [1949] 1968, p. 3.

15. Para ter uma visão geral das investigações arqueológicas atuais das origens humanas na África, ver Ian Tattersall, "Out of Africa Again... and Again?". In: *Scientific American* 276, nº 4, 1997, pp. 60-7.

16. Adaptado de Maria Leach, *Creation Myths Around the World*. Nova York, Crowell, 1956, pp. 140-2, e Barbara S. Sproul. *Primal Myths: Creation Myths Around the World*. São Francisco, HarperCollins, 1979, pp. 45–6.

CAPÍTULO 2: O HERÓI COM ROSTO AFRICANO

1. Joseph Campbell, depois de James Joyce, referiu-se a essa seqüência do mito heróico universal como *monomito*. Ver Campbell, *Hero with a Thousand Faces*, op. cit., p. 30.

2. Adaptado de Henry Callaway, *Nursery Tales and Traditions of the Zulus*. Westport, Connecticut, Negro Universities Press [1866] 1970, pp. 243–58.

3. Alice Werner, *Myths and Legends of the Bantu*. Londres, Frank Cass [1933] 1968, p. 84.

4. De *A Treasury of African Folklore*, de Harold Courlander. Nova York, Crown, 1975, pp. 120–3. Copyright © 1996 de Harold Courlander. Reproduzido sob licença de Marlowe & Company.

5. Ver Kwame Gyekye, *An Essay on African Conceptual Thought: The Akan Conceptual Scheme*. Filadélfia, Temple University Press, 1995, pp. 68–101.

6. Adaptado de Héli Chatelain, *Folk-Tales of Angola*. Nova York, Negro Universities Press [1894] 1968, pp. 85–97.

7. Amos Tutuola, *The Palm-Wine Drinkard*. Nova York, Grove Press [1952] 1994, p. 214.

8. O texto original diz que esse combate foi feito com armas de fogo, o que indica a criação ou adaptação desse trecho do mito depois da chegada dos portugueses a Angola.

### CAPÍTULO 3: MITOS DE MORTE E RESSURREIÇÃO

1. Adaptado de Rev. E. Casalis, *The Basutos*. Londres, James Nisbet, 1861, pp. 347-8.
2. Werner, *Myths and Legends of the* Bantu, op. cit., p. 218.
3. Callaway, *Nursery Tales and Traditions of the Zulus*, op. cit., p. 84.
4. Martin Luther King Jr., *Letter from the Birmingham Jail*. São Francisco, HarperSanFrancisco [1968] 1994, p. 26.
5. King, *Letter from the Birmingham Jail*, op. cit., p. 26.
6. MacGaffey, citado em Bolster, *Black Jacks: African American Seamen in the Age of Sail*. Cambridge, Harvard University Press, 1997, p. 65.
7. De *Myths and Legends of the Bantu*, de Alice Werner, pp. 70-6. Publicado primeiramente em 1933 por Frank Cass & Co. Ltd.; reimpresso em 1968. Reproduzido sob licença de Frank Cass Publishers, 900 Eastern Avenue, Ilford, Essex, IG2 7HH, Inglaterra.
8. Leo Frobenius, *Shicksalkunde im Sinne des Kulturwerdens*, p. 127, traduzido e citado em Campbell, *The Masks of God: Primitive Mythology*. Nova York, Penguin Books [1959] 1976, p. 166.

### CAPÍTULO 4: A ELEVADA AVENTURA DA ALMA

1. De *Hero with a Thousand Faces*, de Joseph Campbell, p. 69. Copyright © 1949 de Princeton University Press. Reproduzido sob licença de Princeton University Press.
2. Werner, *Myths and Legends of the Bantu*, op. cit., pp. 51-2.
3. De *Myths and Legends of the Bantu*, de Alice Werner, pp. 57-61. Publicado primeiramente em 1933 por Frank Cass & Co. Ltd.; reimpresso em 1968. Reproduzido sob licença de Frank Cass Publishers, 900 Eastern Avenue, Ilford, Essex, IG2 7HH, Inglaterra.
4. Werner, *Myths and Legends of the Bantu*, op. cit., p. 191.
5. Informação particular de K. Kajungu; ver também Malidoma P. Somé, *Of Water and the Spirit*. Nova York, Putnam, 1994, p. 20.
6. Adaptado de Courlander, *A Treasury of African Folklore*, pp. 369-72, e outras fontes.
7. Adaptado de Paul Radin (ed.) *African Folktales*. Nova York, Stockmen Books, 1983, pp. 73-8; Chatelain, *Folk-Tales of Angola*, op. cit., pp. 131-41.

### CAPÍTULO 5: O CORAÇÃO DO GUERREIRO SAGRADO

1. Dominique Zahan, *The Religion, Spirituality, and Thought of Traditional Africa*. Chicago, University of Chicago Press, 1979, pp. 146-52.
2. Adaptado de *The Mwindo Epic*, editado e traduzido por Daniel Biebuyck e Kahombo C. Mateene. Berkeley, University of California Press, 1969, com notas de rodapé da tradução original. Copyright © 1969 de The

Regents of the University of California. Usado com permissão de University of California Press.

3. Ver Otto Rank, "The Myth of the Birth of the Hero". In: *In Quest of the Hero*. Princeton, New Jersey, Princeton University Press [1909] 1990, pp. 3–86.

4. Ver Campbell, *Historical Atlas of World Mythology*, vol. 1, parte 2. Nova York, Harper & Row, 1988, pp. 244-8.

5. Ver John Williams Johnson, *The Epic of Son-Jara*. Bloomington, Indiana University Press, 1992.

6. Ver John P. Clark, *The Ozidi Saga*. Ibadã, Nigéria, Ibadan University Press, 1977.

7. Charles S. Bird e Martha B. Kendall, "The Mande Hero". In: Ivan Karp e Charles S. Bird (eds.) *African Systems of Thought*. Bloomington, Indiana University Press [1980] 1987, p. 15.

8. Ver, por exemplo, Campbell, *Transformations of Myth Through Time*. Nova York, Harper & Row, 1990, pp. 209–60.

### CAPÍTULO 6: A MANEIRA DOS ANIMAIS SUPREMOS

1. Adaptado de Radin, *African Folktales*, op. cit., pp. 229–34.

2. Ver Campbell, *Historical Atlas*, vol. 2, op. cit., pp. 154.

3. Ver, por exemplo, Campbell, *Transformations of Myth*, op. cit., p. 10.

4. George Bird Grinell, citado em Campbell, *Historical Atlas*, vol. 2, op. cit., p. 234.

5. Lembranças dele de quando era criança e viu pela primeira vez um louva-a-deus, na África Meridional, com sua babá boximane Klara, em Laurens Van der Post, *The Heart of the Hunter*. Nova York, William Morrow, 1961, op. cit., pp. 163-4.

6. Campbell, *The Mythic Image*. Princeton, New Jersey, Princeton University Press, 1974, p. 221.

7. Van der Post, *The Heart of the Hunter*, op. cit., p. 167.

8. J. D. Lewis-Williams, *Images of Power: Understanding Bushman Rock Art*. Johannesburgo, África do Sul, Southern Book Publishers, 1989, p. 119.

9. Lewis-Williams, *Images of Power*, op. cit., p. 120.

10. Lewis-Williams, *Images of Power*, op. cit., pp. 50-1.

11. Lewis-Williams, *Images of Power*, op. cit., p. 50.

12. Idem, ibidem.

13. Lewis-Williams, *Images of Power*, op. cit., p. 29.

14. Lewis-Williams, *Images of Power*, op. cit., pp. 20-1.

15. J. M. Orpen, "A Glimpse into the Mythology of the Maluti Bushmen", republicado em *Folklore* 30 [1874], 1919, pp. 143–5.

16. R. B. Lee, citado em Lewis-Williams, *Believing and Seeing: Symbolic Meanings in San Rock Paintings*. Nova York, Academic Press, 1981, p. 81.

17. M. A. Biesele, citada em Campbell, *Historical Atlas*, vol. 1, op. cit., p. 96.

18. Swami Nikhilananda (trad.) *The Gospel of Sri Ramakrishna*. Nova York, Ramakrishna-Vivekananda Center, 1942, pp. 829–30.

CAPÍTULO 7: A DEUSA NA ÁFRICA

1. Leo Frobenius, *Das Unbekannte Afrika*, citado em Campbell, *Historical Atlas*, op. cit., p. 40.

2. *Oxford English Dictionary* [Definição do original traduzida para o português]. (N. do T.)

3. Ver Mbiti, *African Religions and Philosophy*, op. cit., pp. 45–6, sobre essas e outras referências africanas a Deus.

4. Victor Turner, *The Forest of Symbols: Aspects of Ndembu Ritual*. Ithaca, Nova York, Cornell University Press, 1967, p. 54.

5. Campbell, *Transformations of Myth*, op. cit., p. 1.

6. Westerman, citado em J. B. Danquah, *The Akan Doctrine of God*. Londres, Frank Cass [1944] 1968, p. 17.

7. Ver, por exemplo, R. S. Rattray, *Ashanti*. Oxford, Clarendon Press, 1923.

8. Meyerowitz, citada em Marjorie Leach, *Guide to the Gods*. Santa Bárbara, Califórnia, ABC-CLIO, 1992, p. 54.

9. Parrinder, citado em Leach, *Guide to the Gods*, op. cit., p. 54.

10. De *African Genesis*, de Leo Frobenius e Douglas C. Fox. Nova York, Benjamin Blom [1937] 1966, pp. 97–110. Publicado originalmente em 1937 por Benjamin Blom, Inc.; reimpresso em 1966.

11. Ver Martha Ann e Dorothy Myers Imel. *Goddesses in World Mythology*. Oxford: Oxford University Press, 1993, p. 257.

12. Ann e Imel, *Goddesses in World Mythology*, op. cit., p. 319.

13. Ann e Imel, *Goddesses in World Mythology*, op. cit., p. 111.

14. Adaptado de Ulli Beier (ed.) *The Origin of Life and Death: African Creation Myths*. Londres, Heinemann, 1966, pp. 23–4.

15. Erich Neumann, *The Great Mother*. Princeton, Princeton University Press [1955] 1963, p. 44.

16. Zahan, *Religion, Spirituality, and Thought of Traditional Africa*, op. cit., p. 25.

17. Somé, *Of Water and the Spirit*, op. cit., p. 185.

18. Campbell, *The Power of Myth*. Nova York, Doubleday, 1988, p. 179.

19. Adaptado de várias fontes, principalmente Sproul, *Primal Myths*, op. cit., pp. 75–6, Melville J. Herskovits, *Dahomey, An Ancient West African Kingdom*. Evanston, Illinois, Northwestern University Press, 1967, vol. 2, p. 101.

20. Adaptado de várias fontes, principalmente Herskovits, 1967, op. cit., p. 113.

21. De *African Genesis*, de Leo Frobenius e Douglas C. Fox, op. cit., pp. 215–20. Publicado primeiramente em 1937 por Benjamin Blom, Inc.; reimpresso em 1966.

22. Ver Beier, *The Origin of Life and Death*, op. cit., pp. 15–7.

23. Judith Gleason, *Oya: In Praise of an African Goddess*. Nova York, HarperCollins [1987] 1992, p. 182.

24. Adaptado de Gleason, *Oya*, op. cit., pp. 183–9.

25. Gleason, *Oya*, op. cit., 190.

26. Robert Graves, *The Golden Ass*. Nova York, Farrar, Straus & Giroux [1951] 1973, pp. 264–5.

CAPÍTULO 8: ORIXÁS: MISTÉRIOS DO EU DIVINO

1. Wole Soyinka, *Myth, Literature, and the African World*. Cambridge, Cambridge University Press [1976] 1992, pp. 1–2.

2. C. G. Jung, "Archetypes of the Unconscious". In: *The Basic Writings of C. G. Jung*, Violet S. de Laszlo (ed.) Nova York, Random House, 1959. Uma relutância minha com a formulação dos arquétipos de Jung é a distinção que ele faz entre a psique do "homem primitivo" e a do "homem civilizado", insinuando contraditoriamente que, embora os arquétipos sejam coletivos, por algum motivo manifestam-se de forma diferente na mente "primitiva" em relação à mente "civilizada". Essa distinção, quando aplicada à África, como Jung faz, abre uma caixa de Pandora de interpretações racistas e culturalmente tendenciosas sobre a sabedoria sagrada e mítica africana. Ver também comentários parecidos e mais profundos de Soyinka sobre esse assunto em *Myth, Literature, and the African World*, op. cit.

3. Jean Shinoda Bolen, *Gods in Everyman*. Nova York, Harper & Row, 1989, pp. 6–7.

4. Numa etapa posterior, Orixalá, que significa "Grande Orixá", foi fundido ao orixá Obatalá. Na origem, os dois eram entidades distintas, e Orixalá representava o ser primordial. Ver Soyinka, *Myth, Literature, and the African World*, op. cit., p. 152. [N. do T.: Orixalá também se chama Oxalá no Brasil.]

5. Devo essa derivação ao professor Roland Abiodun, do Amherst College, de Massachusetts.

6. Agradeço ao professor Abiodun por essa conclusão.

7. Soyinka, *Myth, Literature, and the African World*, op. cit., p. 27.

8. Minhas fontes desses mitos dos orixás são muitas e variadas. Compreendem narrativas orais ouvidas de contadores de histórias, amigos e colegas e muitas versões diferentes de um mesmo mito em texto impresso. Já que recontei cada mito reunindo o que apreendi de cada uma dessas fontes, concluí ser impossível atribuir o mito a única fonte, a não ser onde indiquei.

9. Tomás, versículo 113, em James M. Robinson (ed.) *The Nag Hammadi Library*. São Francisco, HarperSanFrancisco, 1990, p. 138.

10. Soyinka, *Myth, Literature, and the African World*, op. cit., p. 18.

11. Ijimere, citado em Soyinka, *Myth, Literature and the African World*, op. cit., p. 20.

12. Robert D. Pelton, *The Trickster in West Africa*. Berkeley, University of California Press, 1980, p. 131.

13. Frobenius, *The Voice of Africa*. Nova York, Benjamin Blom [1913] 1968, pp. 240–3.

14. Pelton, *The Trickster in West Africa*, op. cit., p. 138.

15. Frobenius, *The Voice of Africa*, op. cit., pp. 213–4.

16. Marija Gimbutas, *The Language of the Goddess*. Nova York, HarperCollins, 1991, p. 275.

17. Friedrich Nietzsche, "Thus Spake Zarathustra". In: *The Philosophy of Nietzsche*. Nova York, Modern Library, 1954, p. 70.

18. Soyinka, *Myth, Literature, and the African World*, op. cit., p. 26.
19. Sandra T. Barnes (ed.) *Africa's Ogun*. Bloomington, Indiana University Press, 1989, p. 19.
20. Barnes, *Ogun: An Old God for a New Age*. Filadélfia, Institute for the Study of Human Issues, 1980, p. 31.
21. R. J. Armstrong, citado em Barnes, *Africa's Ogun*, op. cit., pp. 33–4.
22. Soyinka, *Myth, Literature, and the African World*, op. cit., p. 31.
23. Frobenius, *Voice of Africa*, op. cit., pp. 252–64.

CAPÍTULO 9: MITOS DO PRINCÍPIO E DO FIM DA CRIAÇÃO

1. Para saber mais sobre a cosmologia na astrofísica moderna, consulte qualquer livro didático sobre o assunto, como Robert Jastrow, *Astronomy: Fundamentals and Frontiers*. Nova York, John Wiley, 1977.
2. Para saber mais sobre a cosmologia bambara, ver Zahan, *Société d'initiation Bambara*, Paris, Mouton, 1960, e *La Dialectique de verbe chez les Bambara*, Haia, Holanda, Mouton, 1963; Germaine Dieterlen, *Essai sur la religion Bambara*, Paris, Presses Universitaires de France, 1951; Evan M. Zuesse, *Ritual Cosmos: The Sanctification of Life in African Religions*, Atenas, Ohio University Press, 1979; e Roy Willis (ed.) *World Mythology*, Nova York, Henry Holt, 1993.
3. Zuesse, *Ritual Cosmos*, op. cit., p. 154.
4. Juan Mascaró (trad.) *The Upanishads*. Londres, Penguin Books, 1965, p. 83.
5. Mascaró, *The Upanishads*, op. cit., p. 83. Os Upanishades referem-se aí aos três estados da consciência comum: a consciência desperta (A), a consciência dos sonhos (U) e a consciência que se manifesta durante o sono profundo sem sonhos (M).
6. Zuesse, *Ritual Cosmos*, op. cit., p. 154.
7. Mascaró, *The Upanishads*, op. cit., p. 102.
8. De *Historical Atlas of World Mythology*, vol. 1, de Joseph Campbell, op. cit., p. 14, traduzido de *Volksdichtungen aus Oberguinea*, de Leo Frobenius. Copyright © 1988 de Harper & Row Publishers, Inc. Reproduzido com permissão de HarperCollins. [Campbell afirma incorretamente que a origem desse mito é outro povo bassari (do norte do Togo.)]
9. Frobenius, citado em Campbell, *Historical Atlas*, vol. 1, op. cit., p. 14.
10. Paul Schebesta, *Revisiting My Pygmy Hosts*. Londres, Hutchinson, 1936.
11. Jean-Pierre Hallet, *Pygmy Kitabu*. Nova York, Random House, 1973.
12. Gênesis 3:22, 24.
13. Colin Turnbull, citado em Zuesse, *Ritual Cosmos*, op. cit., p. 18.
14. Turnbull, citado em Zuesse, *Ritual Cosmos*, op. cit., p. 20.
15. Turnbull, citado em Zuesse, *Ritual Cosmos*, op. cit., p. 6.
16. Tomás, versículo 77, em Robinson, *Nag Hammadi Library*.
17. Tomás, versículo 112, em Robinson, *Nag Hammadi Library*.
18. Zuesse, *Ritual* Cosmos, op. cit., p. 52.
19. Adaptado de Beier, *The Origin of Life and Death*, op. cit., pp. 42–6.

20. Dieterlen, "The Mande Creation Myth". *Africa* 17, n° 2. Londres, Oxford University Press, 1957.

21. Roland Abiodun, "Composing Time and Space in Yoruba Art", *Word & Image* 3, n° 3, jul.–set. 1987, p. 253.

22. J. Lebreton, "The Logos", In: *The Catholic Encyclopedia*. Nova York, Robert Appleton Company, 1910, pp. 328–30.

23. Leach, *Creation Myths Around the World*, op. cit., pp. 145–7.

24. Leach, *Creation Myths Around the World*, op. cit., pp. 19–20.

25. Beha Alotehka Zohar, citado em Campbell, *Mythic Image*, op. cit., p. 192.

26. Dante, citado em Campbell, *Mythic Image*, op. cit., p. 192.

27. Mascaró, *The Upanishads*, op. cit., 65.

28. Com o tempo se creditou muita coisa aos dogons: visitas de seres extraterrestres; conhecimento anterior ao da ciência sobre a existência das estrelas binárias Sírius A e B; e uma cultura mergulhada no exoterismo muito mais do que mostra o breve relato apresentado aqui. Com base nessas informações, escreveram-se livros, fizeram-se filmes e estabeleceu-se no Mali um comércio de turismo de grande porte, mas os antropólogos que efetivamente trabalham entre os dogons conseguiram confirmar muito pouco desses relatos. Várias dessas afirmações datam do tempo do antropólogo francês Marcel Griaule e seu assessor dogon Ogotemmêli. Já se disse que as perguntas centrais de Griaule é que provocaram as respostas que ele obteve. Para mim, os relatos de Ogotemmêli são confiáveis. É bem provável que ele tenha dado a Griaule uma interpretação pessoal da cosmologia dogon, interpretação a que poucos chegariam e representava um entendimento profundo da sabedoria sagrada dos dogons, o qual desapareceu junto com anciãos como ele. Também acho desnecessário transformar a cultura africana em "exótica" (como ao dizer que presenciou aterrissagens de óvnis, que é repositório de conhecimento paranormal, e assim por diante) para que se perceba a beleza e o valor de sua sabedoria sagrada. Entre os dogons e outras culturas africanas há muitas evidências de sua antiga investigação do "espaço interno" das dimensões psicológica e espiritual da humanidade, sem necessidade de afirmar que a origem da sua percepção mítica se encontra no "espaço exterior". Ver em Walter E. A. Van Beek, "Dogon Restudied", *Current Anthropology* 32, n° 2, abril de 1991, um bom apanhado dessa questão sob vários pontos de vista. Minha exposição sobre a cosmologia dogon baseia-se em Griaule, *Conversations with Ogotemmêli*, op. cit.

29. Griaule, *Conversations with Ogotemmêli*, op. cit., p. 50.

30. *Ibid.*

31. Zahan, *Religion, Spirituality, and Thought of Traditional Africa*, op. cit., pp. 55–6.

32. Gálatas 5:16–18.

33. Agostinho, citado em Campbell, *Hero with a Thousand Faces*, op. cit., p. 148.

34. Adaptado de Beier, *The Origin of Life and Death*, op. cit., pp. 18–22.

CAPÍTULO 10: FECHA-SE O CÍRCULO SAGRADO

1. Radin, *African Folktales*, op. cit., p. 63.
2. Bunseki, citado em MacGaffey, *Modern Kongo Prophets*, op. cit., p. 128.
3. MacGaffey, *Modern Kongo Prophets*, op. cit., p. 138.
4. MacGaffey, *Modern Kongo Prophets*, op. cit., p. 137.
5. Ver Campbell, *Mythic Image*, op. cit., p. 77.
6. Bunseki, citado em William Farris Thompson, *Flash of the Spirit*. Nova York, Random House, 1983, p. 109.
7. Thompson, *Flash of the Spirit*, op. cit., p. 110.
8. Idem, ibidem.
9. Zahan, *Religion, Spirituality, and Thought of Traditional Africa*, op. cit., p. 26.
10. Idem, ibidem.
11. Campbell, *Hero with a Thousand Faces*, op. cit., p. 260.
12. Ver Thompson, *Flash of the Spirit*, op. cit.

# Bibliografia

ABIODUN, Roland. "Composing Time and Space in Yoruba Art." In: *Word & Image* 3, n.º 3 (jul.–set.), 1987, pp. 252–70.

ANN, Martha & Dorothy Myers Imel. *Goddesses in World Mythology*. Oxford. Oxford University Press, 1993.

BARNES, Sandra T. *Ogun: An Old God for a New Age*. Filadélfia, Institute for the Study of Human Issues, 1980.

_____. (ed.) *Africa's Ogun*. Bloomington, Indiana, Indiana University Press, 1989.

BEIER, Ulli. (ed.) *The Origin of Life and Death: African Creation Myths*. Londres, Heinemann, 1966.

BERNAL, Martin. *Black Athena*. Vol. 2. New Brunswick, New Jersey, Rutgers University Press, 1991.

BIEBUYCK, Daniel & Kahombo C. Matene. *The Mwindo Epic*. Berkeley, University of California Press, 1969.

BOLEN, Jean Shinoda. *Gods in Everyman*. Nova York, Harper & Row, 1989.

BOLSTER, W. Jeffrey. *Black Jacks: African American Seamen in the Age of Sail*. Cambridge: Harvard University Press, 1997.

CALLAWAY, Henry. [1868] *Nursery Tales and Traditions of the Zulus*. Westport, Connecticut, Negro Universities Press, 1970.

_____. *The Religious System of the Amazulu*. Springvale, Natal, África do Sul, J. A. Blair, 1885.

CAMPBELL, Joseph. [1949] *The Hero with a Thousand Faces*. Princeton, Princeton University Press, 1968.

_____. [1959] *The Masks of God: Primitive Mythology*. Nova York, Penguin Books, 1976.

_____. [1968] *The Masks of God: Creative Mythology*. Nova York, Penguin Books, 1991.

_____. *The Mythic Image*. Princeton: Princeton University Press, 1974.

_____. *Historical Atlas of World Mythology*. Vol. 1, partes 1–2 Nova York: Harper & Row, 1988.

_____. *The Power of Myth*. Nova York: Doubleday, 1988.

CAMPBELL, Joseph. *Transformations of Myth Through Time*. Nova York: Harper & Row, 1990.

CASALIS, Rev. E. *The Basutos*. Londres, James Nisbet, 1861.

CHATELAIN, Héli[CMR2]. [1894] *Folk-Tales of Angola*. Nova York: Negro Universities Press, 1968.

CLARK, John P. *The Ozidi Saga*. Ibadã, Nigéria, Ibadan University Press, 1977.

COURLANDER, Harold. *A Treasury of African Folklore*. Nova York, Crown, 1975.

DANQUAH, J. B. [1944]. *The Akan Doctrine of God*. Londres, Frank Cass, 1968

DIETERLEN, Germaine. *Essai sur la religion Bambara*. Paris, Presses Universitaires de France, 1951.

_____. "The Mande Creation Myth." *Africa* 17, n² 2. Londres, Oxford University Press, 1957.

FEELINGS, Tom. *The Middle Passage*. Nova York, Dial Press, 1995.

FROBENIUS, Leo. [1913] *The Voice of Africa*. Nova York, Benjamin Blom, 1968.

_____. [1937] *African Genesis*. Nova York, Benjamin Blom, 1966.

GIMBUTAS, Marija. *The Language of the Goddess*. Nova York, HarperCollins, 1991.

GLEASON, Judith. [1987] *Oya: In Praise of an African Goddess*. Nova York, HarperCollins, 1992.

GRAVES, Robert. [1951] *The Golden Ass*. Nova York, Farrar, Straus & Giroux, 1973.

GREENBERG, Joseph Harold. *The Languages of Africa*. Bloomington, Indiana, Indiana University Press, 1966.

GRIAULE, Marcel. *Conversations with Ogotemmêli*. Londres, Oxford University Press, 1965.

GYEKYE, Kwame. *An Essay on African Conceptual Thought: The Akan Conceptual Scheme*. Filadélfia, Temple University Press, 1995.

HAHN, Theophilus. *Tsuni-Goab: The Supreme Being of the KhoiKhoi*. Londres, Trubner, 1881.

HALLET, Jean-Pierre. *Pygmy Kitabu*. Nova York, Random House, 1973.

HERSKOVITS, Melville J. *Dahomey, An Ancient West African Kingdom*. Vol. 2. Evanston, Illinois, Northwestern University Press, 1967.

JASTROW, Robert. *Astronomy: Fundamentals and Frontiers*. Nova York, John Wiley, 1977.

JOHNSON, John Williams. *The Epic of Son-Jara*. Bloomington, Indiana University Press, 1992.

JUNG, C. G. [1938] Violet S. de Laszlo (ed.) *The Basic Writings of C. G. Jung*. Nova York, Random House, 1959.

KARP, Ivan e Charles S. Bird. (eds.) [1980] *African Systems of Thought*. Bloomington, Indiana University Press, 1987.

KING, Martin Luther, Jr. [1968] *Letter from the Birmingham Jail*. São Francisco, HarperSanFrancisco, 1994.

LAROUSSE, Pierre Grimal. (ed.) *World Mythology*. Londres, Paul Hamlyn, 1965.

LEACH, Maria. *Creation Myths Around the World*. Nova York, Crowell, 1956.

LEACH, Marjorie. *Guide to the Gods*. Santa Bárbara, Califórnia, ABC-CLIO, 1992.

LEBRETON, J. "The Logos", em *The Catholic Encyclopedia*. Nova York, Robert Appleton Company, 1910.

LEEMING, David. *A Dictionary of Creation Myths*. Oxford, Oxford University Press, 1994.

LEWIS-WILLIAMS, J. D. *Believing and Seeing: Symbolic Meanings in San Rock Paintings*. Nova York, Academic Press, 1981.

_____. *Images of Power: Understanding Bushman Rock Art*. Joanesburgo, África do Sul, Southern Book Publishers, 1989.

MACGAFFEY, Wyatt. *Modern Kongo Prophets*. Bloomington, Indiana University Press, 1983.

MASCARÓ, Juan, trad. *The Upanishads*. Londres, Penguin Books, 1965.

MBITI, John. [1969] *African Religions and Philosophy*. Portsmouth, New Hampshire, Heinemann, 1990.

NEUMANN, Erich [1955] *The Great Mother*. Princeton, Princeton University Press, 1963.

NIETZSCHE, Friedrich. "Thus Spake Zarathustra", In: *The Philosophy of Nietzsche*. Nova York, Modern Library, 1954.

Nikhilananda, Swami. (trad.) *The Gospel of Sri Ramakrishna*. Nova York, Ramakrishna-Vivekananda Center, 1942.

ORPEN, J. M. [1874] "A Glimpse into the Mythology of the Maluti Bushmen." Republicado em *Folklore* 30: pp. 143–45, 1919.

PELTON, Robert D. *The Trickster in West Africa*. Berkeley, University of California Press, 1980.

RADIN, Paul. (ed.) *African Folktales*. Nova York, Stockmen Books, 1983.

RANK, Otto. [1909] "The Myth of the Birth of the Hero", In: *In Quest of the Hero*. Princeton, Princeton University Press, 1990.

RATTRAY, R. S. *Ashanti*. Oxford, Clarendon Press, 1923.

ROBINSON, James M. (ed.) *The Nag Hammadi Library*. San Francisco, HarperSanFrancisco, 1990.

SCHEBESTA, Paul. *Revisiting My Pygmy Hosts*. Londres, Hutchinson, 1936.

SOMÉ, Malidoma P. *Of Water and the Spirit*. Nova York, Putnam, 1994.

SOYINKA, Wole. [1976] *Myth, Literature, and the African World*. Cambridge, Cambridge University Press, 1992.

SPROUL, Barbara C. *Primal Myths: Creation Myths Around the World*. São Francisco, HarperCollins, 1979.

SWANTZ, Marja-Liisa. *Ritual and Symbol in Transitional Zaramo Society*. Uppsala, Suécia, Almquist & Wiksells, 1970.

TATTERSALL, Ian. "Out of Africa Again ... and Again?" *Scientific American* 276, nº 4, (abril): 1997, pp. 60–7.

THOMPSON, William Farris. *Flash of the Spirit*. Nova York, Random House, 1983.

TURNER, Victor. *The Forest of Symbols: Aspects of Ndembu Ritual*. Ithaca, Nova York, Cornell University Press, 1967.

_____. *The Drums of Affliction: A Study of Religious Processes Among the Ndembu of Zambia*. Londres, International African Institute, 1968.

TUTUOLA, Amos. [1952] *The Palm-Wine Drinkard*. Nova York, Grove Press, 1994.

VAN BEEK, Walter E. A. "Dogon Restudied." *Current Anthropology* 32, nº 2 (abril): 1991, pp. 139–67.

VAN DER POST, Laurens. *The Heart of the Hunter*. Nova York, William Morrow, 1961.

WERNER, Alice. [1933] *Myths and Legends of the Bantu*. Londres, Frank Cass, 1968.

WILLIS, Roy. (ed.) *World Mythology*. Nova York, Henry Holt, 1993.

ZAHAN, Dominique. *Société d'initiation Bambara*. Paris, Mouton, 1960.

ZAHAN, Dominique. *La Dialectique de verbe chez les Bambara*. Haia, Holanda, Mouton, 1963.

_____. *The Religion, Spirituality, and Thought of Traditional Africa*. Chicago, University of Chicago Press, 1979.

ZIMMER, Heinrich. [1946] *Myths and Symbols in Indian Art and Civilization*. Princeton, Princeton University Press, 1992.

ZUESSE, Evan M. *Ritual Cosmos: The Sanctification of Life in African Religions*. Athens, Ohio University Press, 1979.

# Crédito das Ilustrações

Dedicatória: Copyright © 1995 Tom Feelings.

Figura 24: © The British Museum.

Figuras 9, 10, 11, 12, 13, 14 e 15b: Cortesia do Rock Art Research Center, Universidade de Witwatersrand, Joanesburgo, África do Sul.

Figura 2: The Metropolitan Museum of Art, The Michael C. Rockefeller Memorial Collection, Legado de Nelson A. Rockefeller, 1979. Fotografia © 1991 The Metropolitan Museum of Art. (1979.206.75)

Figura 4: The Metropolitan Museum of Art, Doação de Lester Wunderman, 1977. Fotografia © 1982 The Metropolitan Museum of Art (1977.394.15)

Figura 5: The Metropolitan Museum of Art, Fundo Edith Perry Chapman, 1975. Fotografia © 1985 The Metropolitan Museum of Art. (1975.306)

Figura 15a: De *Up from Eden: A Transpersonal View of Human Evolution*, de Ken Wilber. Copyright © 1981 de Ken Wilber. Publicada com autorização de Quest Books, Wheaton, Illinois.

Figura 16: Fotografia cortesia da Sotheby's.

Figura 22: Cortesia do Octopus Publishing Group Ltd./Horniman Museum de Londres.

Figuras 26 e 27: De *Conversations with Ogotemmêli*, de Marcel Griaule. Copyright © 1965 International African Institute. Publicadas com autorização do International African Institute.

# Índice Remissivo

A numeração de página referente às ilustrações está em *itálico*.

Aardvark, 78n.
Abraão, 118, 119
Abutre, 104
Achantis
  Amokye (velha que recebe as almas na fronteira do mundo debaixo), 57
  ancestrais (nsamanfo), 54
  Assamandô (mundo das almas partidas), 52-60
  Kwa Ba (símbolo do poder feminino), 59
  lenda da viagem heróica de Kwasi Benefo, 52-61
  Nsamandau (cemitério dos achantis), 56
  Obossom (divindade andrógina), 172
  Sabedoria sagrada akan, 54
Achebe, Chinua, 59
Adão e Eva, 90, 245. *Ver também* Mitos da Criação
Adinkra
  Nyame Dua, símbolo adrinkra da "árvore de deus", 169
  Nyame Nwu M'Awu, símbolo, 91
África
  era dos mitos da, 10-11
  diáspora dos ancestrais, 41-42
  lendas *versus* mitos na, 7
  mapa, 14
  mitologia variada na, 6-7
  origens do mito na, difusão ou origem simultânea, 7
  panorama, 14
  útero da humanidade, 41
Agemo (camaleão iorubá), 214, 221
Agostinho (santo cristão), 259
Água da Vida, 107, 272
Ala (deusa ibo), 168
*Alaúde de Gassire* (epopéia soninque), 173-179
Alquimia, 38
Alucinação somática, 165
Ambundus, povo de Angola, 62
  Kimanaueze (herói), lendas de, 62-67, 76-82, 103-110
  passagem de escravos e mitos dos, 77-78
América do Sul, ligações espirituais com as tradições iorubás na, 206, 218
Amitabha (Buda da Luz Infinita), 36
Amma (divindade dogon), 254-255
Amokye (velha achanti que recebe as almas dos mortos na

fronteira do mundo de-
baixo), 57–58
"Anase, a Aranha", 146
Animais supremos, 15, 141–167
mito dos pés-pretos da Améri-
ca do Norte, 154
"O Milagreiro das Planícies"
(baronga), 146–154
significado dos, 145
"Mulher-Búfala Vermelha",
190–201, *201*, 233
Antílope, 104, 242, 262
Aranha e teia
elo entre a terra e o céu (Eixo
do Mundo), 107, 109, 146
Mulher-Aranha navajo, 126
na epopéia de Mwindo, 126
Arduisor I (deusa persa), 174
Arte rupestre
Lascaux, França, 167
Província do Cabo, África do
Sul, *167*
san, 9, 10, 15, 111, 123, *157*,
*158*, 159, 163, 165
Árvore (Árvore do Mundo ou
Árvore da Vida), 78, 107, 181,
213, 245, 250, 262–263
Cabala, 250
*kilembe* (árvore da vida banto),
63, 63n., 76, 78
palmeira, Gênesis bassari, 242
Upanishade, 250
Wapangwa, 250–251
Assamandô (mundo das almas
partidas achantis, 52–61
Atena, 118
Atunda (escravo de divindade io-
rubá e meio para adivinha-
ção), 208, 209

Babilônia
Grande Dilúvio, 251
mito de herói de Sargão I, 119,
122
Bacongo (congo), povo
cânticos e meditação, 270–271
cosmologia, 269

cruz (yowa), 270–271, *270*, *271*
história da escravidão, 32–33
Mputu (terra dos mortos), 33,
76–77, *77*, 269
Ntoto (mundo cotidiano), 269
Baganda, povo de Uganda, 101
ciclo de mitos de Kintu, 101
Kintu se casa com a filha de
Gulu, 101–102
Bambara, do Mali
*gla gla zo* (estado de consciência
mais elevado), 241
*kuru* (ponto de Deus), 44
mitologia dos, 15
Universo começa e termina com
o som Yo, 239–240, 249, 253,
272
Bantos
viagem do herói, 15
*kilembe* (árvore da vida), 63, 63n
lua, simbolismo da, 15
*makishis* (monstros), 63, 63n, 64
mundo subterrâneo (*mossima*),
50
sol, simbolismo do, 15
Barber, Samuel, 219
Barnes, Sandra, 234
Baronga, "O Milagreiro das Planícies", 146–154
Bassari, da Guiné, 242
Basuto
epitáfio para um herói, 70
Lituolone e a barriga do monstro, 71–72
Benin
cabeça de serpente, de bronze,
70
máscara de marfim, *46*
Bhagavad Gita, 228
Biebuyck, Daniel, 114
Biesele, Marguerite, 162–163
Bird, Charles S., 139
Bolen, Jean Shinoda, 208
Brama (mistério divino), 241
Branco
e língua, mitologia e raça,
34–40

símbolo na cosmologia iorubá, 212

Browner, Sir Thomas, 18

Buda, 65, 118

Budismo, cosmologia, 36
Amitabha (Buda da Luz Infinita), 36
boddhisatva, 144
criança-prodígio, 65
Dalai Lama, 36
divindade onipresente, 245
Mahavairochana e Akshobhya, 230, 234
mandala, 270

Búfalo
mito dos pés-pretos da América do Norte, 154
"Mulher-Búfala Vermelha" (iorubá), 190–201, *201*, 233
"O Milagreiro das Planícies" (baronga), 146–154

Bulu, povo de Camarões, 44

Bunseki, Fu-Kiau, 269

Cabre, do Togo, pedras sagradas, 182

Caçadores, 145–158. *Ver também* Animais supremos e Deusa, 146–154, 190–201, *193*, *200*
Ogum (iorubá), 233–234
ritual, "lavagem de Ogum", 235–236
rituais tongas, 112
san, 107, 156–158

Cágado, 262

Camaleão (Agemo, iorubá), 211, 214

Campbell, Joseph, 5, 40–1, 46, 144, 154, 156–157, 170, 182

Candomblé, 206

Capoeira, 206

Caribe, ligações espirituais com as tradições iorubás no, 206–218

Chaga
Iruwa, e o homem que queria alvejar o sol, 93

lenda de Murile, 82–89

moça que se casou com um *rimu* (lobisomem), 98

ritos pós-nascimento, grãos de painço, 84–85

viagem de Kyazimba ao sol, 92–93

Chatelain, Héli, 62

Chimpanzé, 44

Chuva, deus da, Mbura, 141–142

Círculo sagrado, 187–95

Clinton, Hillary, 39

Cobra. *Ver* Serpente

"Como o Leopardo Ganhou as Pintas", 146

Conga, cetro de, 116, 116n, 132, *132*, 133

Congo. *Ver* Bacongo

Corda (ligação entre dois reinos), 14, 116, 116n., 120, 127, 132

Cordeiro, criação do, 252

Corpo ou natureza humana com qualidade divina, 15, 88, 255–267, *256*, *257*, 258–259
Ghoul e Nsissim (corpo e alma no mito da criação fang), 264

*Corpus Hermeticum*, 201

Creston, Paul, 219

Criança-prodígio
Abraão, 118
Buda, 65, 118
Hércules, 64
Jesus, 65
Krishna, 65
Lituolone (basuto), 71–72
Miseke (ruanda), 97
Mwindo (nianga), 114–144
Navaho, 124–125
Siegfried, 64
Sudika-mbambi e Kabundun-gula (gêmeos ambundus), 63–67, 118–119

Cristianismo
afro-descendentes e, 43, 205–206, *218*
bem contra o mal no, 33, 234
criança-prodígio, 65

desejos da carne contrapostos aos desejos do espírito, 258–259
deidade masculina, 169–170
guerreiro sagrado, 144
mito da Criação, 242–244
mitologia do, 6
parto virginal, 73
ponto axial da cruz, 271
sacramentos, 84
temas padrão do, 43
Crocodilo, 80
Cruz, símbolo da, 43, 206, 266
  *dagu* sudanesa, 272
  "porta do sol", ponto axial cristão, 272
  suástica, 272
  *yowa* dos congos, 268–271, 270, 274
Cusanus, Nicholas, 235

Dagara, sociedade
  conversa com a criança na barriga, 101
  pedras da deusa, 181–182
*Dagu* sudanês (ponto axial da cruz), 272
Dança sagrada, 14
  Dança do Elã-Macho, 157
  iorubá, dançarino de Xangô, 226–227
  transe san (*tcheni*), 159–163
*Dausi* (epopéia soninque),173–180
Deméter, 84, 230
Desahai Devi (deusa indiana), 174
Deucalião e Lirra (mito romano do Grande Dilúvio), 251
Deus ou divindade. *Ver também* Lua; Sol; Trovão
  andrógino, 172
  casamento com, 94–100, 195–199
  desce pelo Eixo do Mundo para se encontrar com a humanidade, 104–107
divindade andrógina dogon, 172

Endalandala (ngombe), 169
Gulu (deus supremo baganda), 101
/Kaggen (deus criador san), 155, 161
Maori (divindade suprema uarrungüe), 185, 189
masculino, 170–171
Mawu-Lisa (fon), 172, 183
Mbuti, divindade onipresente, 246
Nalwanga (bassoga), 172
Nana Buluku (fon), 172, 182
Ngai (massai), 170
*nhialic*, modo ou estado de ser, 15
Njambi-Kaluna (lunda), 169
Nyame (achanti), 169, 172
Nzambi (bacongo), 172
Obosom (akan), 172
Ongo ou Sheburungu (deus criador nianga), 134, 134n.
origem da palavra, 169
orixás (iorubá), 172, *ver também Iorubá*
"Pai, Mãe, Filho", chona 171
personificação de, 205
Deusa na África, 169–202
  caçador e, 146–154, 190–199, 193, 200, 201
  cântico de louvor, 169
  casamento com, 101–109
  como Criadora, 182–190
  deusa com chifres das Montanhas Tassili, 176
  escondida, mito sonique do *Alaúde de Gassire*, 114–19
  fálica, 182–183, 187
  Ísis, 15, 182, 201–202
  Kuan-yin ou Kwannon (deusa da compaixão asiática), 90
  legado da, 201–202
  Mãe, 180–190
  Massassi (estrela-d'alva uarrungüe), 185
  Mawu-Lisa (Sol-Lua, divindade fon), 172, 183

Morongo (estrela vespertina uarrungüe), 126–27

Nyame Dua, símbolo adincra do lado feminino da divindade akan, *168*

pedras sagradas, 181–182

procura da, 169–180

serpente e, 182–185, *184*

Wagadu (deusa e nome de cidade), 174–175, 174n., 176, *176*, 177–180

Woyengi (ijo, da Nigéria), 180–181

Dilúvio, Grande, 43, 251

Dinca, 15

Dionísio, 118

Dogon, do Mali

Amma (deidade única), 254

deidade andrógina, *172*

cosmologia, 254–256

Criação do mundo, 249

palavras divinas, 249–250

planta das casas, 257

corpo humano como plano divino, 254–258, *256*, *257*, 259

informante Ogotemmêli, 254–258, 260

Lébé, mais velho dos homens, 255

Nummo, primeiros gêmeos, 254

casal sentado, *172*

planta de aldeia, *257*

Donzela

aprisionada ou seqüestrada, 96–100

triângulo donzela–príncipe–mãe ou madrasta perversa, 66–67

Egito, mitologia do, 37

Criação do mundo, 250

Hátor (símbolo egípcio da vida e do amor), 37

Ísis, 15, 182, 202

Nut (deusa do céu), 36, 37

Virgem Maria, 15,

Eixo do Mundo (ponto central entre o mundo espiritual e o mundo físico), 107, 146, 271, 272

Elã, 146, 156–158, *157*, *158*, *159*

N/um, força espiritual, 163, *163*

Elefante, 44, 74

Eleusinos, ritos/mistérios, 84

Elgon, moradores da floresta de, África Central, 7

Elmina, fortaleza escravista, 27–29 203

Endalandala (divindade ngmbe), 170

*Epopéia de Sundiata, A* (povo do Mali), 114, 138

Escravidão e tráfico de escravos

cristianização de Obatalá como Nossa Senhora da Misericórdia/Nossa Senhora de Monte Carmel, 218

diáspora e, 41

Elmina, fortaleza escravista, 27–29, 203

história dos bacongos, 96

viagem do herói/passagem das almas (Travessia), 41, 78 269–275

Kalunga (fronteira dos congos simbolizada pelo oceano) e, 77, *77*, 269–270, 272–275

Mputu (terra dos mortos bacongo) e, 33, 76–77, *77*, 269

passado afro-descendente, 29–34

regresso à África, 33

sincretismo iorubá, 9, *218*

Estrela, divindade da, Kubikubi (nianga), 142–143

Evangelho de João, 248

Evangelho de Tomás, 248–249

Exu (deus *trickster* iorubá), 211, 216, 219–226, *221*, *222*, 232

arquétipo, 224–225

barrete do *trickster*, 236–237, *237*

Fam (primeiro homem fang), 260–265

Fang, do Gabão, Trindade Africano, 259
criação dos humanos, 259–265
simbolismo da psique humana, 264
Faro (divindade mande), 247
*Feiticeira de Trois Frères, A,* 166, 167
Fenômenos entópticos, 165, *165*
Ferrovia Subterrânea, 36
Flor do mundo, 155
Flor, simbolismo da, 155
Floresta
Mbuti, floresta como entidade suprema ou criadora, 241
povo da floresta (pigmeus), 140, 140n.
símbolo do inconsciente, 55–57
Fogo
grego (Prometeu e Zeus), 88, 89
história bulu da criação, 44
história chaga da criação, 83–85
Nyame (deusa achanti) como, 172
símbolo de energia da vida, 45, 88
Fon, do Daomé
Mawu-Lisa (Sol e Lua, divindades), 172, 182–183
Nana Buluku (divindade andrógina), 172, 182–183
Ford, Clyde W.
alucinações somáticas, 165
cerimônia de batismo (Kojo Baako), 203–205
ensino de curso de geometria, 68–69
experiência quiroprática de, 47–48
interpretação de mitos, aproximação da, 72
mudança de carreira, 74
na fortaleza de Elmina, 27–29, 203
origem do interesse na sabedoria sagrada africana, 7–8
retiros budistas, 100

símbolo da cruz e, 44, 274
violência inter-racial e contador de histórias, 39–40
visita ao Vaticano, 202
Xangô, 203
Formigas-brancas, 249, 250
Freud, Sigmund, 128, 135
Frobenius, Leo, 87, 169, 201, 226, 236, 243–244
Fronteira e monstros da fronteira (ou guardiães), 30, 46
igikoko (ruanda), 99
Kahindo (nianga), 116, 129–130, 132, 135
Kalunga (bacongo, fronteira simbolizada pelo oceano), 76, 77, 269–270, 272–275
Musoka (nianga), 121
travessia (na viagem do herói), 57
Fruto proibido, 90, 243, 244

Gálatas, epístola de Paulo aos, 259
Gana
Ford em, 203–204
Matemasie, símbolo adincra estampado em trajes de luto, 27
Gavião, 104, 124, 133–134
Gêmeos, 61–67
Gimbutas, Marija, 229
Gleason, Judith, 191, 200
*Great Mother, The* (Neumann), 181–182
Griaule, Marcel, 247, 254, 255
Grilo, 116
Griot (bardo africano), 114
*Guerra nas estrelas,* 123
Guerreiro, 111, 144
Epopéia de Mwindo, 114–144
epopéias do, 113
Mali, estátua de bronze e ferro de guerreiro sentado, 14
menosprezo na vida moderna, 113
relação entre guerra e espiritualidade, 228
ritual, "lavagem de Ogum", 235

ritual tonga, 112
Guia de pronúncia de palavras africanas, 19
Gulu (deus supremo baganda), 102

Hall, Arthur, 219
Hátor (símbolo egípcio da vida e do amor), 37
Hércules, 64
*Herói das mil faces, O* (Campbell), 40
Heródoto, 84
Herói ou heroína, 30, *ver também* Viagem do herói
  busca dos heróis africanos, 49–50
  cultural ou nacional, 61, 64–65
  epopéia de Mwindo, 14–144
  Kimanaueze, dos ambundus, 61, 103–107
  papel feminino no mito, 101
  papel masculino no mito, 101
  risco esperado, 52
  rompendo a norma estabelecida, 262–263
  Sudika-mbambi e Kabundungulu (criança-prodígio ambundu), 64–66
  união com a divindade, 95–101
Hinduísmo
  Jivanmuki (legislador), 144
  Karni (herói), 119, 122
  Krishna (divindade), 65, 234
  *Mahabharata, O* (epopéia), 119
  mandala, 270
  Ramakrishna (mestre), 162
História curativa, 200, 273

Ibo, 168
Idowu, E. B., 91
Ifá (profecia com búzios ou dendês), 200, *200*, *203*, 209, 212, 219, 221, *221*, 236
Ifé (cidade sagrada nigeriana), 213, 214
Igikoko (monstro ruandês), 199

Ijimere, Obotunde, 217
Ijo, da Nigéria, 180
*Imprisonment of Obatala, The* (Ijimere), 217
Inconsciente
  árvore da vida e, 78
  divindades como arquétipos do, 208, *ver também* iorubá, orixás
  guardiões da fronteira e, 59
  presença divina no, 90, 91–92
  viagem do herói ao mundo debaixo simbolizando o, 51
Indivíduo *versus* grupo, 139
Inhame, raiz do, 84
Intelecto/razão, 45
Iorubá, da Nigéria, 206
  Agemo (camaleão), 211, 224
  Atunda (escravo de divindade e meio para adivinhação), 208, 209, 210
  babalaô (sacerdote), 200, *200*, 217, 217n, 236
  corrente de ouro, 212–213
  cosméticos vermelhos, 190
  divindades como arquétipos do inconsciente humano, 15, 203–237, 242
  escravidão e sincretismo do deus-herói Obatalá, 9, *218*
  Exu (deus *trickster*), 211, 217, 219–228, *221*, *222*, 236–237, *237*
  gato preto, 212, 213
  Iemanjá (deusa do rio), 220
  Ifá (oráculo com búzios ou com dendês), 200, *200*, *203*, 209, 212, 221, *221*, 236
  Ifé (cidade), 213, 214
  ligações culturais afro-caribenhas e afro-sul-americanas, 206, 218
  máxima, 177
  mito da Criação, 211–215
  "Mulher-Búfala Vermelha" (iorubá), 190–201, *200*, 233
  Obatalá (Rei das Vestes Bran-

cas, símbolo do poder de criar vida), 172, 211, 212, 214–219, 220

Oduduá, 172

Ogum, 220, 231–236

Olokum (rainha da terra primitiva), 211, 212

Olorum ou Olodumaré (divindade suprema), 211

Orixalá (divindade) despedaçado, 208

orixás (panteão), 206, 209

Orunmilá (filho mais velho de Orum e sabedoria sagrada), 211, 212, 216

Palavra Cósmica, Hòò, 248

palmeira, 213, 214, 220

provérbio, 203

Xangô (simbolizado pelo trovão), 216, 217, 220, 231–232 232

Iruwa (deus–sol chaga), 93

Ishtar (deusa babilônia), 122

Ísis, 15, 182, 202

Islã, o bem contra o mal no, 35

Iyangura (Mãe compassiva), 120–121, 125, 128, 136–137

Jasão, 40

Jivanmuki (legislador hindu), 90

Judaísmo, 9
bem contra o mal no, 35
mito da criação, 242–243

Jung, Carl G.
arquétipos do inconsciente (inconsciente coletivo), 207
sobre mitos, 37

Kabundungulu (criança-prodígio ambundu), 61–67, 81–82

/Kaggen (deus criador san), 155, 161

Kahindo, deusa da boa sorte nianga, 116, 132,133, 135

Kahungu (gavião nianga), 124–125, 133–134, 135

Kalunga (congo, fronteira simbo-

lizada pelo oceano), 76, 77, 77, 269–270, 272–275

Kalunga-ngombe (Senhor da Morte), 76, 78

Kammapa (monstro basuto), 32

Karemba, cinturão, 131, *131*

Karni (herói hindu), 119, 122

Katee (ouriço-caixeiro nianga), 124–125

Kentse (divindade do Sol nianga), 141–142

Khoi (hotentotes) 15, 267

Khoisan
animais supremos, 15
arte rupestre, 15, *111, 123, 157, 158, 159, 163, 164, 165*
dança sagrada, 15

*Kilembe* (árvore da vida banto), 63, 63n., 78, 79

Kimanaueze (herói ambundu), 62–63

King, Jeff, 125

King, Martin Luther, Jr., 61

Kipalendes (seres sobrenaturais dos ambundus), 66, *66n*, 76

Kirimu, o Dragão (nianga), 140

*Kra* (força vital), 172

Krishna (divindade hindu), 64, 236

Kuan-yin ou Kwannon (deusa da compaixão), 144

Kubikubi (divindade nianga da Estrela), 141–142

Kundalini, 162

*Kuru* (ponto de Deus), 44

Kwa Ba (símbolo achanti do poder feminino), 59

Kwasi Benefo (herói achanti), 79, 68

Kyazimba (mito dos chagas), 49–50

Lâmina, símbolo da, 30

Lébé (o mais velho dos dogons), 258

Lebre, 268–269

Lee, Richard, 161

Lenda de iniciação, passagem da mulher para a vida adulta, 96–97
Leopardo, 261, 262
*Letter from the Birmingham Jail* (King), 74–75
Lewis-Williams, David, 159, 160, 163, 165
Lituolone (herói basuto), 71–72
*Livros dos Mortos* egípcio, 36
Louva-a-deus, 15, 154–159
Lua
    ciclo de vida e morte, 267–268
    herói chaga Murile e o chefe-Lua ou divindade da Lua, 85, 86–87
    Mweri (Deus-Lua nianga), 141–142
    Mwetsi (lua uarrungüe como primeiro homem), 185–189
    Nyame (deusa achanti), 172
    simbolismo banto, aspecto mortal da consciência, 15
    simbolismo da, 104
    viagem do herói (busca espiritual) à, 93

M3nw (Montanha no Oeste), 36
Macaco, 261
"Macaco Falante, O", 146
MacGaffey, Wyatt, 78
Machado, 78, 95, 102, 116, 116n., Oxé de Xangô (de dois gumes), 226, 229
Macumba, 206
Mãe. *Ver* Mulheres
Magia, objetos de, 76, 78, 116, 116n., 125, 126, 127, *131*, 133, *133*, 135
*Mahabharata, O* (epopéia hindu), 119
Makishis (monstros bantos), 63, 63n., 64, 66–67
*Malcolm X* (filme), 34–35
Malcolm X, 68
Mali, estátua de bronze e ferro de guerreiro sentado, *114*

Mandamentos, 142–143
Mande, sociedade, 139. *Ver também* Deus bambara Faro provoca o Grande Dilúvio, 250
    deus Faro revela as primeiras trinta palavras, começando por *nko* (eu falo), 247
Manuscritos do Mar Morto, 211, 246–247
Maori (divindade suprema uarrungüe), 185, 189
Massassi (estrela-d'alva uarrungüe), 185–186
Matemasie (símbolo adinkra da sabedoria e da visão), *27*
Matene, Kahombo, 114
Mawu-Lisa (divindade fon), 172
Mbongwe (primeira mulher fang), 51–139
Mbumba (deus criador cuba), 256
Mbura (deus da chuva nianga), 141–142
Mbuti, povo da floresta de Ituri
    Gênesis, 245
    mudança de visão, *ekimi mota*, 247
    divindade onipresente ou da floresta, 246
Mebe'e (deus supremo zulu), 44
Mebere (divindade fang), 260, 261, 262, 263
*Melanosis*, 38
Melanto (deusa grega), 36
Meyerowitz, Eva, 172
*Middle Passage, The* (Feelings), 24
Miseke (heroína ruandesa), 95–96
Mito, 31. *Ver também mitos e temas específicos*
    africano, 5–11, 40, 41–44, 146
    como sonho coletivo, 47–49
    era do mito africano, 9–11
    folclore *versus*, 7, 8
    fonte, difusão ou origem simultânea, 10
    viagem heróica no, 8, *ver tam-*

*bém* Enfoque da interpretação da viagem do herói, 73
língua, raça e, 29–45
morte e ressurreição, 70
passado afro-americano, 34–40
propósito do, 33
semelhança entre culturas, 9
temas padrão, 41–44, 68
valor atual do, 8–10, 48
valor desconsiderado do, 33
Mitologia afro-asiática, *14*, 15
Mitos da Criação, 43, 238–265
africanos, 242
bambaras do Mali, 15, 239–240, 249, 253
bassaris da Guiné, 242
bulus de Camarões, 44
cordeiro, criação do, 252
cubas, 249
dogons, 15, 249–250 253–259
egípcios, 249
fangs do Gabão, 259–265
fons, deusa Mawu-Lisa e Aido-Hwedo (serpente), 183, *184*, 238
Gênesis africano, 242–246
iorubás, 210–213
Logos Africana (a palavra sagrada na África), 246–253
mandes, 246
mbutis da floresta de Ituri, 245
nilo-saarianos, 15
Ogum (iorubá), 231–232
participação humana na criação, 253–259
Trindade africana, 259–265
uapanguás da Tanzânia, 247, 248–250
uarrungües do Zimbábue, 184–190
Upanishades, 240, 250
Moisés, 119, 144
Monstros. *Ver também* Fronteira e monstros da fronteira
descida simbólica para a barriga da fera, 70–75, 80–81

dragão nórdico, 64
fábula tonga, 74
fábula zulu, 74
igikoko (ruanda), 99
Kammapa (basuto), 71
Kimbiji kia Malenda (crocodilo dos congos), 78–80
Kinioka kia Tumba (serpente dos congos), 77–78
Kirimu, o Dragão (nianga), 140
Makishi (banto), 63, 63n., 64
simbolismo dos, 72–73, 75
Morongo (estrela vespertina uarrungüe), 188–189
Morte. *Ver também* Mundo debaixo
cedendo ao renascimento, simbolismo da, 74, 80–81
ciclo de vida e, 234, 264–270, *270*, *271*
ciclo dia–noite e, 36, 37
deusa como Portadora da Morte, consorte da Cobra, 189
estado de transe, 159–163, *159*
fábula da "mensagem malograda", 267
Grande Dilúvio como morte e ressurreição, 251
Kalunga, associação a, 76, 78, 272–275
Matemasie, símbolo adincra estampado em trajes de luto,
resgate no mundo dos espíritos, 76–82
ressurreição do herói, 45, 70–74, 80, 82–90
Rito grego eleusino, 84
salvação feita por herói ou heroína, 99
sexo e, compensação, 264
Xangô, 226–228
*Mosima* (mundo dos espíritos banto), 50
Mossi, do Alto Volta, coroação de rei, 182
Mputu (terra dos mortos bacongo), 33, 76–77, 77, 269

*Mputuleezo*, palavra quicongo para português, 33
Muisa (governante do mundo debaixo nianga), 128, 128n., 130–131
Mukiti (serpente, senhor do mundo insondável), 121, 124, 127, 128n.
"Mulher-Búfala Vermelha" (iorubá) *131*, 190–201, *201*, 233
simbolismo da, 182
Mulheres
atribuição feminina no mito, entrega, 101
bruxa, figura da, 59, 66–68
fábula de iniciação, passagem da mulher para a vida adulta, 96–97
Kalunga como, 272
Mãe compassiva (Iyangura), 121, 122, 128, 136–137
mãe criadora, 71, 181–186
menstruando, 112, 157
Mulher-Aranha navajo, 126
poder feminino (Kwa Ba, achanti), 59
Portadora da Morte, consorte da Cobra, 189
Tentadora, 189
triângulo donzela–príncipe–mãe ou madrasta perversa, 66–68
velha, figura da, 58–60, 76, 78 81
Mundo
Árvore do, 78, 107, 181, 213, 245, 250, 262–263
dividido em mundo debaixo, intermediário e de cima, 9
Eixo do, 107, 146, 271, 272
Flor do, 155
Mundo debaixo (almas partidas)
Assamandô dos achantis, 52–61
egípcio, 14, 36
epopéia nianga, Mwindo e a busca do pai, 128,133
*mosima* dos bantos, 50

Mputu dos bacongos, 33, 76–77 269
níger-congo (banto), 15
resgate no mundo dos espíritos, 76–82
viagem da alma e viagem dos escravos, 36
viagem do herói ao, 50–52
Mundo de cima (deuses e deusas)
egípcio, 15
níger-congo (banto), 15
iorubá, 211
Mundo intermediário (seres vivos), 15
Murile (herói chaga), 82–90
Musoka (monstro nianga da fronteira), 121
Mweri (Deus-Lua nianga), 141–142
Mwindo (guerreiro nianga)
Episódio 1: O nascimento do guerreiro sagrado, 114–120
Episódio 2: Salvo pela mãe, 120–124
Episódio 3: O combate contra as forças do mundo insondável, 124–128
Episódio 4: A busca do pai, 128–136
Episódio 5: A reconciliação com o pai, 136–140
Episódio 6: A jornada final entre os deuses, 140–144
frase de, 111
Mwuetsi (lua uarrungüe como primeiro homem), mito da criação, 185–189
*Myth of the Birth of the Hero, The* (Rank), 119
*Myth, Literature, and the African World* (Soyinka), 207

N/um, força espiritual do elã, *163*, 164
Nalwanga (divindade dos bassogas), 172
Nambi (deusa bagadã), 102

Nana Buluku (divindade fon), 172

Nascimento. *Ver também* Criança-prodígio, Parto virginal
ciclo dia–noite e, 35, 37
milagroso/fantástico, 62–63, 64, 114–116
simbolismo do, 64

Navajo, iniciação de guerreiro, 125–126

Ndembu da África Central, ritos de iniciação, 170

Negro, 36, 37

Negros
alquimia e, 38
conotações positivas, 36
língua, mitologia e raça, 36–39
*M3nw*, 36
*melan*, 35
origens da mitologia cultural sobre, 34–36

Ngai (divindade massai), 170

*Ngona*, chifre, 186, 187, *187*

*Ngr* ("água que corre areia adentro"), 37

Nianga, da República Democrática do Congo, 114
cetro de conga, 116, 116n., 125, 132, *132*, 133
Iyangura (Mãe compassiva), 120, 121, 125, 128, 136–137
Kahindo, deusa da boa sorte, 116, 132–133, 135
Kahungu (gavião), 124–125, 133–134
Karemba, cinturão, 131, *131*
Kentse, o Sol, 141–142
Kubikubi, a Estrela, 141–142
Mbura, a Chuva, 141–142
Muisa (divindade do mundo debaixo), 128, 128n., 130–131
Mukiti (serpente ou peixe, senhor do mundo insondável), 121, 127, 128n.
Mweri, a Lua, 141–142
Mwindo, Epopéia de, 114–144
Nkuba (lançador de raios), 126, 128, 133, 140–141

Ongo ou Sheburungu (deus criador), 134, 134n.

Shemwindo, pai destrutivo, 114–144

Nietzsche, Friedrich Wilhelm, 230

*Niger*, 37

Níger-congo, mitologia (banto), *14*, 15

Níger-congo, mitologia (não–banto), *14*, 15

Nigéria. *Ver* Iorubá

*Nigredo*, 38

Nigretai (combatentes líbios), 36, 173

Nilo-saariana, mitologia, *14*, 15

Njambi–Kaluna (lunda), 169

Nkuba (lançador de raios nianga), 126, 127, 133, 140–141

Nkwa (divindade fang), 260, 261, 262, 263

Nomes, modos de dar, 203–205

Nsissim (alma dos fangs), 263

Ntoto (mundo cotidiano dos bacongos), 269

Nummo (primeiros gêmeos dogons), 255

Nut (deusa egípcia do céu), 36, 37

Nyame (divindade achanti), 169, 172

Nyame Dua (símbolo adinkra da "árvore de Deus"), 168

Nyame Nwu M'Awu (símbolo adinkra), 80

Nzalan (divindade fang do trovão), 262

Nzambi (divindade bacongo), 172

Nzame (divindade fang), 260–265

Obatalá (Rei das Vestes Brancas iorubá, símbolo do poder de criar a vida), 9, 172, 211, 212, 212–219, 233
arquétipo de, 218–219

Obossom (divindade akan), 172

*Obotala* (Hall), 219

Oduduá (divindade iorubá), 172

Ogotemmêli (informante dogon), 254–256, 258
Ogum (Chefe dos Caçadores, criador e destruidor do caminho da divindade para a humanidade), 220, 231–235
  arquétipo, 235–236
Okri, Ben, 59
Om, 240, 249
Ongo ou Sheburungu (deus criador nianga), 134, 134n.
Orixalá (divindade iorubá) despedaçado, 208
Orixás (iorubás), 172, 203–237, *ver também* Iorubá
Osíris, 15, 202
Ouriço-caixeiro, 124, 125

Pai
  busca, 123–124, 128–135
  decreto para matar recém-nascidos homens, 119
  Epopéia de Mwindo e conflito com Shemwindo, 114–144
  simbolismo do, 128, 135
Palavra sagrada (*Logos*), 247–253
Palmeira. *Ver* Árvore (Árvore do Mundo ou Árvore da Vida)
*O bebedor de vinho de palmeira*, (Turuola), 59–60, 64
Paracleto, sapo como, 105
Pardal, 128
Parrinder, Geoffrey, 172
Parto virginal, 43
  Atena, 118
  Buda, 118
  Dionísio, 118
  Hórus, 15
  Lituolone (basuto), 71
  Mwindo, 114, 118
  ruandês, mito do pretendente indesejado, 94
  significado simbólico do, 73, 118, 119
Pecado original, 243–244
Pedra sagrada e criação, 180–182, 210, 255

Pelton, Robert, 225
Pemba (irmão gêmeo mau de Faro, divindade mande), 250
Perséfona, 84
Pérsia, 34
Pés-pretos da América do Norte, mito dos, 153
Pinturicchio, 201
Poço, 107
Porco-espinho, 50
Pretendente indesejado, mito ruandês do, 94–99
Provérbios africanos, 27, 39, 201

Qing (informante san), 160

Radha (deusa estéril hindu), 122
Ramakrishna (mestre hindu), 162
Rank, Otto, 119
Rattray, R. S., 171
Rei
  busca do pai e, 128–135
  coroação entre os mossis, 182
  decreto para matar meninos, 118
  divindade lunar e, 86–87
  regicídio, 87
Relâmpago. *Ver* Trovão e raios
*Religio Medici* (Browne), 238
Ruanda, mito do pretendente indesejado, 94–95

Sacrifício, 87
  refeição solene, 89
Samadhi (estado de êxtase, na Ásia), 162
San (boximane), 15, 155n.
  arte rupestre, 9, 10, 15, *111*, *123*, *157*, *158*, *163*, *165*
  caçadores, 150, 156–158
  deus criador /Kaggen, 155, 165
  elã, 15, 157–158, *157*, *158*, *159*
  louva-a-deus, 15, 154–159
  menstruação, primeira, 157
  transe, dançarinos em, 15, 161–162

xamãs, 158–167, *159, 163, 165, 166*

*Santería,* 207, 218

Sapo, como mensageiro ou símbolo de transformação, 104–107

Sargão I, 119, 122

Schebesta, Padre Paul, 244

Sekume (segundo homem fang), 263–265

Serpente
  Aido-Hwedo (cobra divina fon), 184, *184,* 238
  Cobra (Gênesis bassari), 243
  cobra (mito da criação dogon), 255
  Kinioka kia Tumba (Congo), 79–80
  Morongo (estrela vespertina uarrungüe) e a, 189
  Mukiti (senhor do mundo insondável), 121, 124, 127, 128n.

Sexos, seus papéis na mitologia, 101–110

Sexualidade e casamento no mito africano, 94–101, *94,* 101–110, 193–199, 230, 255
  morte e compensação, 265

Shemwindo (pai destrutivo nianga), 114–144

Siegfried (herói da cultura nórdica), 64–65

Simplegades, 40

Sol
  Buda da Luz Infinita, 36
  ciclo vida–morte, 36
  Iruwa (rei-sol chaga), 93
  Kentse (divindade do Sol nianga), 141–142
  mito chaga da viagem de Kyazimba para o, 92–93
  Nut engolindo o, 36, 37
  poente, 36
  Rá, criando o mundo por masturbação, 249
  simbolismo banto do consciente, imortal, 15
  simbolismo do, 104

viagem do herói (busca espiritual) ao, 92–93

Somé, Malindoma, 181

Sonho
  ciclo sol–lua e, 36
  comunicação achanti com ancestrais (*nsamanfo*), 54
  exemplo de, Ford, 53
  exemplo de, Walter, 47–48
  estado hipnogógico, 53
  mito como sonho coletivo, 46, 206–207
  presságio da mulher de Obatalá, 216
  renovação e transformação e, 38
  revelação pelo, 100
  "sonho grande", 7

Soninque
  *Dausi,* epopéia, 173–180
  Wagadu (deusa e nome de cidade), 173, 173n., 174, *176,* 175–180

Soyinka, Wole, 206, 207, 216, 233, 234

Sudika-mbambi (criança-prodígio herói dos ambundus)
  nascimento sobrenatural e conquista de noiva, 62–67
  resgate no mundo dos espíritos, 76–82, 271

*Tcheni* (dança mediúnica san), 10

Terra e deusa da Terra, 180, 181, 207

Tonga
  fábula do ogre e do menino pastor, 74
  ritual de caçador ou guerreiro, 112

Touro, 89–90

Transformação, 44
  caçador, pacto com animal, 112 150–151
  descida simbólica à barriga da fera, 70–72, 49–50
  viagem do herói e, 62

Kahindo (deusa nianga), 116, 132–133, 135

Louva-a-deus, 157–159

"Mulher-Búfala Vermelha", 190–200, *201*, 233

Mwindo (herói nianga), 143–144

sapo, 105

xamã, 164–165, *163*, *165*

*Trickster*
Exu, 208, 211, 216, 217, 219–226, *221*, *222*, 232, 236–237, *237*

Lebre, 267–268

Trovão e raios, 82–83
cordeiro e, 252
Nkuba (lançador de raios), 126, 127, 133, 140–141
Nzalan (divindade fang), 262
Oxé de Xangô (machadinha de dois gumes símbolo do trovão), 226
ruandês, mito do pretendente indesejado, 94–101
Xangô (iorubá), 216, 221, 226, 230, 232

Turnbull, Colin, 246

Turner, Victor, 170

Tutuola, Amos, 59, 65, 123

Uapanguá, da Tanzânia, 246, 247–249

Uarrungüe, povo do Zimbábue
mito da criação, 184–190
*ngona*, chifre, 184–187, *187*

Uncama (herói zulu) 50–51, 79

União sagrada, 94–110
ambundu, casamento de herói com a filha do sol e da lua, 104
baganda, casamento de herói com deusa, 102–103
"Mulher-Búfala Vermelha", 166–200, *201*, 233
ruandês, mito do pretende indesejado, 94–95

Unumbote (divindade suprema bassari), 243

Upanishades, 240
*Katha*, 250

Urso, culto ao (eurasiático e norte-americano), 149

Van der Post, Laurens, 145, 156

Viagem do herói
busca do pai, 123–124, 128–136
como mito requintado, 8
entrada na barriga da fera, 71–72, 73, 80–81
entrada no inconsciente e, 50–51, 56–57
epopéia nianga de Mwindo, 114–119
escravos e, 29–34, 76–77,
fábula achanti de Kwasi Benefo, 51–61
fábula ruandesa de Miseke, e casamento com o deus Trovão, 94–101
fábula tongo do ogre e do pastor, 74
fábula zulu da heroína e do elefante, 74
fábula zulu de Uncama, 50–51
fórmula padrão da (partida, realização, regresso), 30, 49–50, 271
fronteiras, *ver* Fronteiras e Monstros da fronteira
lenda basuto de Lituolone, 71–72
lenda chaga de Murile, 82–90
motivação para, 51
na mitologia níger-congo (banto), 15
resgate do herói ambundu ou congo Sudika-mbambi no mundo dos espíritos, 76–82, 271
simbolismo da, 30, 50, 58
subida ao sol, à lua ou a lugar celestial (busca espiritual), 91–110, 140–144
viagem ao mundo debaixo, 8, 50–61, 78–79

Virgem Maria (Virgem e Menino), imagem, 15, 181

Von Daniken, Erich, 103

Wagadu (deusa soninque e nome de cidade), 173, 173n., 174, *176*, 175–180
We Can All Get Along: 50 Steps You Can Take to Help End Racism (Ford), 39
Westerman, Diedrich, 172
Woyengi (ijo, da Nigéria), 180

Xamãs, 159–167, *158, 163, 165*
Feiticeira de Trois Frères, A, *166, 167*
Xangô (rei iorubá, símbolo do trovão), 216, 217, 220, 231–232, *230, 232*
arquétipo, 229–230

Yo, som da criação bambara, 238–240, 248, 272

Zahan, Dominique, 181, 259
Zambi (divindade bulu), 44
Zaratustra, 35
Zohar (cabala), 250
Zoroatrianismo, 34
Ahura Mazda, 35
Angra Mainyu, 35
Zulu, 50
fábula da heroína e do elefante 74
viagem de Uncama ao mundo debaixo, 50–52, 79
mundo debaixo na mitologia, 35

# Clyde W. Ford

CLYDE W. FORD é natural de Nova York e se formou na Universidade Wesleyan de Connecticut e no Western States Chiropractic College. Sua formação profissional como psicoterapeuta foi feita na Synthesis Education Foundation e no Psychosynthesis Institute de Nova York.

Quando estava na Wesleyan, ganhou a bolsa de estudos Danforth para pesquisar a história africana e afro-americana. Também colaborou na fundação do Institute of the Black World, no Martin Luther King Jr. Memorial Center, em Atlanta, e depois se tornou um dos primeiros alunos desse instituto.

Viajou por toda a África Ocidental, lecionou suahili na Universidade de Colúmbia, história afro-americana na Western Washington University e psicologia somática no Institut für Angewandte Kinesiologie, de Freiburg, Alemanha. Foi também editor da *Brain/Mind Bulletin*, dirigida por Marilyn Ferguson (autora de *The Aquarium Conspiracy*). É co-fundador da Northern Puget Sound, filial da National Association for the Advancement of Colored People (NAACP).

Entre seus livros publicados anteriormente estão *Where Healing Waters Meet: Touching Mind and Emotion Through the Body* (Barrytown, Nova York; Station Hill, 1989), *Compassionate Touch: The Body's Role in Healing and Recovery* (Nova York; Simon & Schuster, 1993) e *We Can All Get Along: 50 Steps You Can Take to Help End Racism* (Nova York; Dell, 1994). Foi convidado do programa de TV *Oprah Winfrey Show* para discutir seu trabalho contra o racismo. Escreveu numerosos artigos, publicados em *Chiropractic Economics, Massage Therapy Journal, Massage Magazine, Hollyhock Review* e *Journal of Manipulative and Physiological Therapeutics* (em que seu artigo ganhou o prêmio de texto inovador de 1980). A edição comemorativa dos vinte anos da publicação *East West Journal* distinguiu sua contribuição para a terapia corporal como uma das vinte mais importantes iniciativas para a renovação da sociedade.

Clyde Ford mora em Bellingham, Washington, onde escreve, tem um consultório particular e se dedica ao montanhismo, à canoagem no mar e a passeios marítimos pelo nordeste do Pacífico.

É diretor-fundador do IAM, Instituto de Mitologia Africana. Para obter o programa do instituto e entrar em contato com ele para palestras e entrevistas, escreva para:

Institute of African Mythology
P.O. Box 3056
Bellingham, WA 98227-3056
Telefone: 360/758-7662
Fax: 360/758-2698
E-mail: cwford@premier1.net